有山輝雄著

近代日本のメディアと地域社会

吉川弘文館

目次

図表目次

序章　メディア史における読者・視聴者研究の方法

一　「下からのメディア史」の試み

ふつうの暮らしをしていた人々がどのような新聞を読み、どのような雑誌を読んでいたのかという問題は、メディアの歴史研究にとって最も重要であることはいうまでもない。人々が読むから新聞はメディアになるのであって、読まれなければ、生まれついての故紙である。読者・視聴者を明らかにして初めてメディア史が成立する。しかし、読者・視聴者についての歴史的研究はなかなか進まない。研究方法や資料などに多くの隘路があり、それを乗り越えるのは容易ではないのである。本書は、その一つの進路を切り開こうとする一つの試みである。(1)

まず最初に確認する必要があるのは、読者・視聴者を研究するためには、基本的な視座を読者・視聴者の側に置かなければならないことである。新聞を読む側、雑誌を読む側、映画を観る側、ラジオを聴く側からそれぞれのメディアを見なければ、読者・視聴者の研究は始まらないのである。それは、E・P・トンプソンの「下からの歴史」(2)のひそみにならえば、「下からのメディア史」といってよいかもしれない。

しかし、「下からのメディア史」という言い方に対しては、いくつかの反論がありうるだろう。一つは、コミュニケーションの送り手と受け手の関係は水平的であって、決して上下関係と見るべきではないという反論である。確かに、コミュニケーションの関係は本来的には上下関係ではない。だが、新聞や放送などのメディア・コミュニケーションにおける、送り手・受け手の関係が固定化され、送り手が受け手に大量の情報を一方通行的に送り続けるという関係を上下関係と見なしておかしくない。また、そうしたコミュニケーション関係は、政治的・経済的関係における送り手の優位性が伴っているのが通常である。それからすれば「下からのメディア史」という言い方は決して的はずれではないだろう。

もう一つの予想できる反論は、「下から」という言い方は曖昧であって、実際にはメディアに接する層の下に、接することができない社会層が存在するはずだというものである。確かに本書でこれから明らかにする通り、最も広く普及したメディアである新聞でも、それを読む層は社会全体から見れば一定の階層以上であった。その下に読まない層が厚く存在していたのである。しかし、非読者との相対的関係では上位にいる読者層といえども、送り手との相対的関係では下に位置していることは間違いない。また、非読者を無視せず、むしろ非読者の存在を視野に入れたかたちで「下からのメディア史」ということは可能であろう。

いずれにせよ、「下からの歴史」の提唱は、「集団としての『ありきたり』の人びとの経験を再構成する必要」だけではなく、「過去の人びとをその人自身の経験と、その経験に対する反応という光にてらして理解する必要性」(3)と考えて、「下からのメディア史」という視角を深化させていくことは有効である。

そこで求められるのは、コミュニケーション研究における送り手と受け手という図式からの脱却である。それは結局、客体としての受け手、影響を受けるものとしてしか「ふつうの人びと」を見ないことである。しかも、鳥瞰的な視点から生活を見おろし、生活のごく一局面だけを切り取り、断片化してしまう。その結果、生活のなかでのメディアの役割、あるいはコミュニケーションのあり方も実は見えなくなってしまうのである。

読者・視聴者に視座をおいて見たときに、改めて痛感するのは新聞を読む行為、ラジオを聴く行為などは、生活のなかの一局面にしかすぎないことである。しかも、それは生活のなかに深く組み込まれており、それだけを生活から切り離して単独に取り出して論ずれば、その体験の意味は色あせてしまう。「下からのメディア史」を進めるためには、生活のなかに組み込まれたコミュニケーション行為を観察していく研究の方法が必要なのである。

一般の人々の生活、広義のコミュニケーションの問題を歴史的に論じた優れた作品として、誰でも思いつくのは柳田国男の『明治大正史世相篇』である。しかも、この作品のユニークさの一つは、意識的に固有名詞を排除した歴史であることである。

被調査者が現存していることが多い社会学や民俗学の調査報告では、固有名詞を避け、「A市のB家」などと表記されることも珍しくないが、固有名詞を欠いた歴史研究というものはありえない。歴史は、一回限りの事象を具体性をもって論ずるものであるからである。

にもかかわらず柳田国男は、あえて固有名詞を排除した。「この書が在来の伝記式歴史に不満である結果、故意に固有名詞を一つでも掲げまいとしたことである。従って世相篇は英雄の心事を説いた書ではないのである。国に遍満する常人という人々が、目を開き耳を傾ければ視聴し得るものの限り、そうしてただ少しく心を潜めるならば、必ず思い至るであろうところの意見だけを述べたのである」[4]という。

匿名の歴史を裏づける資料について、柳田は、「現に読者も知り自分も知っているという事実を、ただ漠然と採用するの他はなかった。努めて多数の人々が平凡と考え、そんな事があるかと言わぬような事実だけを挙示して、出所を立証せずに済むという方法を採るの止むなきに至ったのである」と述べている。

もともと、柳田は、「新聞のあり余るほどの毎日の記事を、最も有望の採集地と認め」、全国各府県の新聞を過去六〇年までさかのぼって渉猟してみたという。しかし、「最後になっておいおい判って来たことは」、「現実の社会事相はこれよりもまたはるかに複雑であって、新聞はわずかに一部しか覆うていない」、また「生活の最も尋常平凡なものは、新たなる事実として記述せられるような機会が少なく」、新聞記事を資料とすることは断念せざるをえなかったという。

確かに、柳田の指摘する歴史資料としての新聞記事の限界は正鵠を得ている。しかし、かといって「現に読者も知り自分も知っているという事実」を典拠ぬきで語ることができるのは、柳田国男だからであって、常人のなしうるところではない。

むしろ、「英雄の心事」ではなく、「国に遍満する常人」の歴史を語ろうとすれば、やはり常民の名前を探り、それを手がかりに常民の生活を明らかにし、そこでのメディア利用を具体的に考えるしかない。

ふつうに暮らした人物の研究として名高いアラン・コルバンの『記録を残さなかった男の歴史』の主人公である、名もない平凡な木靴職人も実は名前をもっている。歴史家アラン・コルバンは、古文書館の戸籍記録からルイ＝フランソワ・ピナゴという名前を見出すことができたから、その男の生活を知り、歴史を書くことができたのである。

名もなく生きた「ふつうの人」の名前を知ることが研究の第一歩である。名前を手がかりに、できる限り情報を集め、その人の生活を再構成し、そこに視座を置いてメディア利用、コミュニケーション活動を考えてみるしかない。しかし、たまたま名前を知ることができても、その人がどのような職業に生きていたのか、どのような生活を送っていたのかを知ることは非常に難しい。まして、その人が新聞を読んでいたのか、読んでいたとすれば何新聞をどのように読んでいたのか、などについて知ることはますます難しい。

二　「社会的顕微鏡」による地域社会の観察

しかし、手をこまねいているわけにはいかず、可能な方法を探求しなければならない。本書でとろうとするのは、特定の地域社会を事例にして、そこでの生活とコミュニケーション・メディアについて観察を集中する方法である。これは、民俗学、文化人類学、社会学などが通常行っている事例研究に近い。

すでになくなった過去の社会を研究する歴史研究では、現に生きている社会を調査する人類学者などと同じ研究方法というわけにはいかないが、特定の地域社会を微視的に分析する研究、「社会的顕微鏡」を使った「微視的歴史（ミクロヒストリー）」は、近年の歴史研究における一つの潮流となっている。その最も注目すべき成果は、いうまでもなくフランスの歴史家エマニュエル・ルロワ・ラデュリの『モンタイユー　ピレネーの村一二九四～一三二四』である。[5] その第一五章は「文化的交流と社会的結合の構造―書物と夜語り」と題され、この村での読書についての分析がなされているが、読書はきわめて限られており「モンタイユーの文化は大量の書物や文書の介在なしに、階層的構造をもった地域の社会的結合を通じて生産ないし再生産されていた」としている。[6] こうした読書の役割の相対的小ささの発見も、村の生活や文化を多面的にかつ詳細に分析した「微視的歴史」の成果だろう。

しかし、「微視的歴史」には、その事例の適否という問題がついてまわる。きわめて特殊かもしれない一つの事例から引き出した結論を、一般化しうるのであろうか。これは社会学の事例研究などでもしばしば問題となる点で、そうした際には典型性という概念がもち出される。見田宗介は事例の質的な典型性を考慮することで、分析の有効性を高められるとし、典型性をもった事例では、「『平常な』事例においては、アイマイなままに潜在化していたり、中途半端なあらわれ方をしたり、相殺し合ったりしている諸要因が、より鮮明なかたちで顕在化している」と説明している。そして活火山の比喩を用いて、「活火山はけっして地表の『平均的』なサンプルではない。しかし活火山から噴き出した熔岩を分析することをつうじて、地殻の内部的な構造を理解するための有力な手がかりが得られるのである」という。(7)

社会学の場合、他方で一般的動向を見るための数量的調査が種々実施されており、それとの対比で、事例研究の典型性が担保されているのだが、歴史研究では、一般的データが得られるとは限らないのが苦しいところである。しかも、歴史研究においては、資料が現存しているかどうかという別次元の問題が事例研究を左右する。モンタイユー村の研究も、ジャック・フルニエの執拗な異端審問記録があり、そこに二五名のモンタイユー村民の資料があったからこそ可能になったのである。歴史資料が残るか否かには偶然性の要素があることは否定できないから、歴史研究者による事例の選択には典型性への考慮とともに偶然性が入ってこざるをえないことになる。

このように特定の地域社会の事例を対象とする「微視的歴史」は問題点を抱えているが、「社会的顕微鏡」による詳細な観察は、今まで知られていない知見を発見しうる有効な方法であることは間違いない。むしろ、事例研究法の問題点を研究のなかに取り込みながら、研究を進めていけば、より豊かな観察が可能であろう。

三　伊達郡梁川町と阿部回春堂

高知県出身の小説家安岡章太郎に、自らの安岡一族の幕末以来の波乱に満ちた歴史を描いた『流離譚』という小説がある。その冒頭は、「私の家に一軒だけ東北弁の家がある」という一行から始まる。そして、ある日突然、五十格好の見知らぬ紳士が訪ねてきて、東北弁で「実は私は、あなたの家とは親戚の者ですが、安岡秀彦さんはおられますか」と問い、ただ「やすおか」という発音だけが土佐訛りであったというところが、土佐の郷士安岡一族の歴史をさかのぼる糸口である。

幕末の激動のなかで、安岡の一族が次々と非命に倒れていく小説の結末近く、安岡家の本家筋に婿養子に入ることになる藤田克馬が保安条例によって東京追放となり、横浜から仙台へと流れていく。そして仙台で、「郡山から、ちょっと行ったところに梁川という町がある。そこは養蚕がさかんで、繭とりの作業をさかんにやっているが、作業場は閉め切ったところで、湯気や煙をたてるため女工で眼病になる者が大勢いる。だから梁川で眼医者をやれば、きっと繁盛するし、感謝される」という話を聞き、実際に梁川に行って眼医者を開業したところ大盛況であった。藤田克馬改め安岡正熙は結局、梁川に住み着き、「奥州の安岡」となっていくというのである。

本書で事例として取り上げるのは、この安岡正熙が眼科医を開業した梁川町（現伊達市梁川町）である。梁川町の概況については後に述べるが、梁川町は福島県北部に所在し、明治末期の世帯数約九七〇、人口約六〇〇〇人の小さな町であるが、明治・大正・昭和と蚕業が大変盛んで栄えていた。

ここを対象として研究に取り組むことになったのは、この町の阿部長兵衛氏の経営する新聞販売店阿部回春堂が、一九〇三年から三四年（明治三六～昭和九）に至るまでの詳細な新聞雑誌購読者名簿を保存しているためである。阿部回春堂の歴史等の詳しいことはわからないが、代々阿部長兵衛を襲名しており、現阿部長兵衛氏によれば、元来は薬の販売を行っていたが、明治中期頃から新聞販売を業とするようになったという。現在は、創業地とは別の場所で、朝日新聞社の専売店であると同時に書籍店として経営されている。しかも、阿部回春堂は明治末期から少なくとも昭和初期まで梁川町唯一の新聞販売店であったので、阿部回春堂の資料によって一つの地域社会の新聞・雑誌の読者の全容を明らかにできるのである。

阿部回春堂には、一九〇三年から三四年までの「新聞配達元帳」一八冊、「雑誌配達元帳」二冊、「新聞雑誌仕入元帳」二三冊が保存されている。(8) このうち「新聞雑誌仕入元帳」はその名の通り、新聞社から新聞を仕入れた際の元帳で新聞販売店の経営を知るうえでは、貴重な文書であるが、今回は取り上げなかった。

「新聞配達元帳」は、阿部回春堂が購読者に新聞を配達し購読料を徴収した記録で、月別に購読者の名前と新聞名、購読料が克明に記入されている。全国的に見ても、これだけ詳しい新聞雑誌購読者名簿が保存されている事例はない。しかも、符丁ではなく、姓名を記入しているため、他の資料とつき合わせることによって、記載されている人びとのすべてではないが、相当数の人びとの職業や生活と購読新聞の関係について知ることができるのである。無論、眼科医安岡正煕も新聞読者の一人として出てくる。三一年間のすべての年がそろっているわけではないにしても、これだけの長期間にわたる文書が残っているので、新聞購読の通時的変化を詳細に追跡することが可能である。

「雑誌配達元帳」は二冊しか残っていないが、一九〇三年の「新聞配達元帳」の末尾の部分に雑誌の配達記録がついているので、実質的には三年分ある。これには、やはり住民ごとに販売した雑誌名と書籍名、販売価格が月ごとに記帳されている。雑誌や書籍の読書にとって貴重な資料であるだけでなく、「新聞配達元帳」と「雑誌配達元帳」を照合すれば、一人の住民が何新聞を購読し、同時にどのような雑誌・図書を購読していたのかを明らかにできる。

この「新聞配達元帳」「雑誌配達元帳」をデータベース化することによって、住民の読書について様々な角度からの知見を得ることができるのである。ただし、これが、あくまで阿部回春堂による住民への新聞・雑誌・書籍の販売を記録した「配達元帳」という性格の文書であることは考慮しておく必要がある。

シャルティエは読書という行為を、「テクスト・書物・読解」という段階に分けているが、(9) それに従えば、「新聞配達元帳」は書物と読解のあいだ、書物が読解する読者に届けられる流通段階の記録である。厳密にいえば購入者の記録であり、読者そのものの記録ではない。異端審問の記録には、ともかくも農民たち自身の語りがあり、それをもとに農民たちの生きた体験を再構成することができるのに比べ、「新聞配達元帳」は住民たちが新聞や雑誌を購入したという生活の一こまを記録しているだけで、購入した新聞や書物をどのように読書し、読解したのかについては直接的にはわからない。

しかし、読解という行為が成立するためには、新聞・書物が住民のもとに届けられなければならない。「配達元帳」を住民の側から見れば、ある住民がある新聞や書物を選択したという主体的行為の記録であり、それを通時的に追跡し、また共時的に比較することによって、その住民が新聞や書物をどのように読書し読解しようとしたのかを推測する手掛かりを得ることができるだろう。

そして前述のように新聞・雑誌を読むことは、日常生活のなかに孤立してあるわけではなく、他の様々なメディアの利用と連関している。梁川の住民についても、一九一〇年代から導入された電信・電話、一九二〇年代半ばからのラジオの利用を明らかにしていかなければならない。しかし残念ながら、電信・電話・ラジオについては資料が乏しく、その利用を把握するのはなかなか難しい。

さらに、それらメディア・コミュニケーションを包み込んでいるのが、口頭メディアのコミュニケーションである。梁川のような規模の地域社会におけるコミュニケーションの根幹になっているのは、口頭コミュニケーションの濃密な網の目であることは容易に推測できる。しかし、口頭コミュニケーションは、その本性からして文字資料として記録されることはまれである。実際、梁川でも、日常会話を記録した住民の日記などの資料はまったく見出せない。

しかし、例えば、「梁川町郷土誌」に収録されている伝承や方言、『梁川町史』第一〇巻に収められている年中行事や祭りには、梁川の口頭コミュニケーションを通じて独自の自生的文化が形成されていたことが十分にうかがえる。そこでは、日常的な会話やつき合いなどの口頭コミュニケーションは単なる情報の伝達ではなく、文化をともに作り、保持していく活動そのものであった。

新聞や雑誌を読み、ラジオを聴くという行為は、そうした口頭コミュニケーションが作り出してきた文化に入り込んでいったわけで、いつ、どのように入り込み、また既存の文化とどのように接合し、互いがどのように変質し合ったのかが問題である。

四　基本となる資料

最も基本的な資料は、前述の「新聞配達元帳」「雑誌配達元帳」である。「新聞配達元帳」「雑誌配達元帳」は、阿部回春堂が配達していた全購読者の氏名、購読料を月別に記帳している。定期購読者は原則的に新聞ごとにまとめられているが、途中からとった者や、不定期購読者はばらばらに記されている。帳面は配達区域ごとに整理されており、それによれば、阿部回春堂の配達区域は旧梁川町に限定されていたわけではなく、その周辺地域である粟野、堰本、五十沢、白根、山舟生、東大枝、霊山などにも及んでいた。

ただし今回、集計結果をまとめたのは、一九五五（昭和三〇）年の町村合併以前の旧梁川町の区域に限っている。それは、地理的関係からして、粟野、堰本、東大枝、霊山などの地域は、桑折や保原の新聞販売店が新聞を配達していた可能性があり、阿部回春堂の「元帳」に記載されている氏名をその地域の新聞購読者すべてとすることはできないからである。ちなみに『福島民報』一九一一（明治四四）年一月四日掲載の「福島民報売捌店」には、桑折に神田新聞

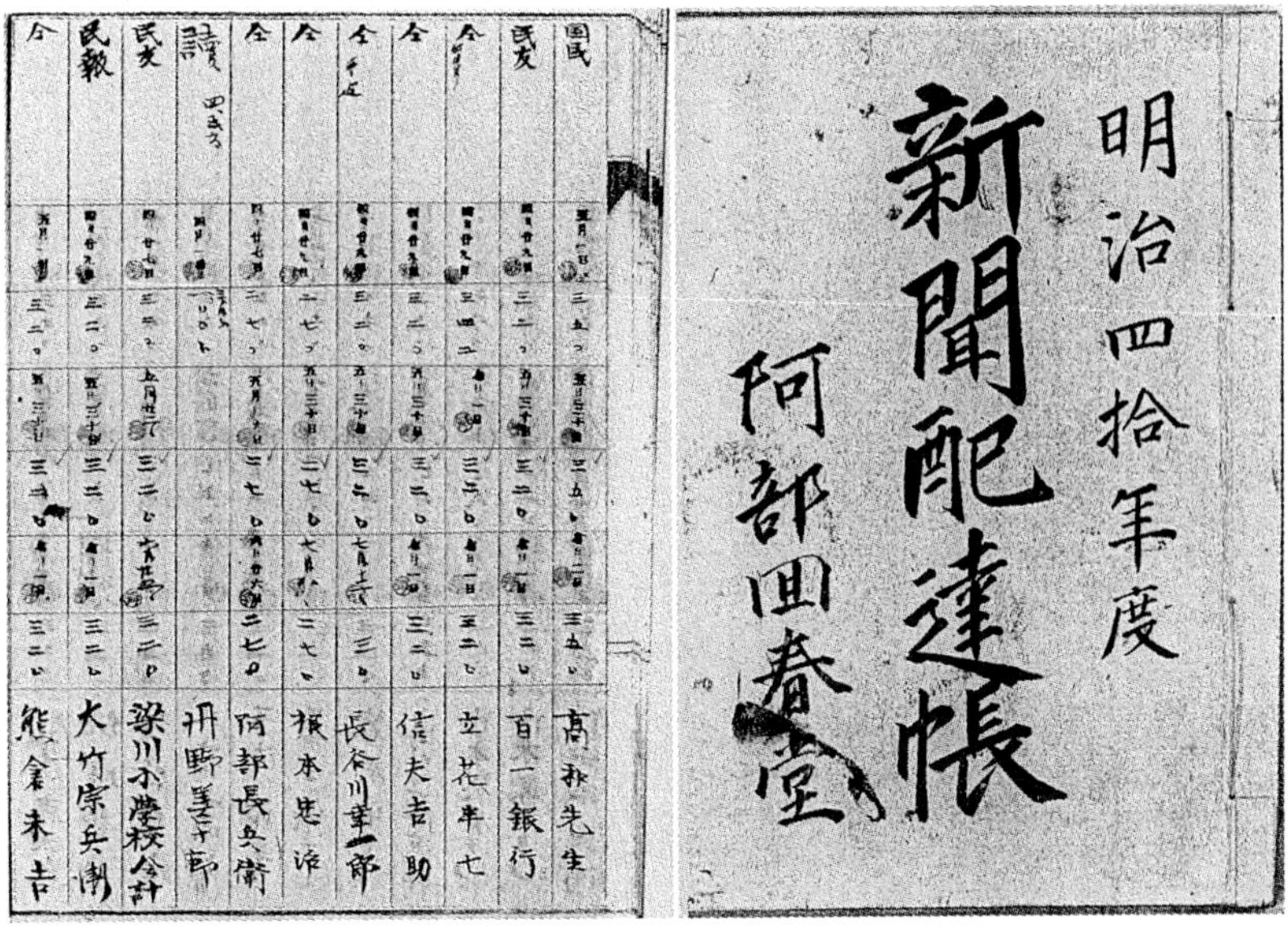
明治四拾年度
新聞配達帳
阿部回春堂

図１　新聞配達元帳

店、角田新聞店の二店、藤田に武田新聞店、保原に精文堂という売捌店が記載されている。

　したがって、阿部回春堂「元帳」の記載が購読者を網羅していることが確実な北梁川、北裏梁川、南梁川の三地区からなる旧梁川町だけを集計し分析することとした。三地区は明治期の梁川町の中心部で、町役場・銀行・郵便局等が集中し、町の有力者もこの地域に居住していたのである。

「新聞配達元帳」は大変几帳面に記載されているが、時折は新聞名や氏名に誤記が見られる。同一姓名が繰り返して出てきたり、姓名が違った表記になっていて同一人物なのか、別人なのか判断に迷うものもある。例えば、「正蔵」「正造」といった類である。また、梁川の多くの家では、当主になると特定の名前を襲名するのが通例である。襲名によって家系をたどることができるが、襲名前と後で同一人物なのかわからない場合も生じた。これらのために、集計結果に若干の食い違いが生じたが、できるだけ一貫した方針で集計した。

　梁川住民の生活、梁川の政治・経済等を知る資料として全一二巻の『梁川町史』、蚕業関係などの資料を用いるが、それとともに地元の新聞、主として『福島民報』と『福島民友新聞』から梁川町に関する記事を収集し、利用することとした。新聞記事は、確かに先の柳田国男の指摘のように「わずかに一部しか覆うていない」し、また「生活の最も尋常平凡なものは、新たなる事実として記述せられるような機会が少な」い。しかも、梁川町に記者が常駐していたわけではなく、時折訪問する新聞記者の記事や通信員を兼ねた地元住民が送った原稿が採用された記事などであるから、そう多く掲載されているわけではない。梁川で当然あったはずの出来事でも記事になっていない例もある。だが新聞記事は、行政資料などではわからない梁川の町の記録として得難い資料である。

しかし、梁川の社会や人びとの暮らしを知ることのできる資料の量は全体として多いとはいえない。資料の不足を補うために、当時の社会的・経済的文脈から梁川町の有様を推測する方法、また近隣町村の事例から梁川町の状況を推測するといった方法をとらざるをえなかった。これは、ふつうの人びとの波乱のない生活を探究しようとする研究が用いざるをえない方法である。

カルロ・ギンズブルグも、「コンテクストは、それが歴史的に特定されたもろもろの可能性の場として解されるならば、ある個人の人生にかんしての多くの場合ばらばらの断片のみからなる証拠を補完する可能性を歴史家に提供してくれる」(10)と、コンテクストを見る方法の有用性を認めている。

しかし、コンテクストへの依存は、かえって事例のもつ具体性を見失わせ、コンテクストという一般論に解消させてしまう危険が存在している。梁川という個別具体的な事例を研究し、そこからなんらかの知見を帰納しようとするのがこの研究の目的であるから、そこにコンテクストからの推論をもち込むのは本来の目的に反しているのである。しかし、「多くの場合ばらばらの断片のみからなる証拠」しかない事例を明らかにするためには、コンテクストによる推論は、過度の依存を自戒しなければならないにしても必要な方法である。

また、断っておかねばならないのは、本書では実名主義をとっていることである。先にも述べたように柳田国男は、「英雄の心事」を説くのではなく、「国に遍満する常人という人々」が思いあたることを書くのだとして、『明治大正史世相篇』からあえて一切の固有名詞を排除している。それとは逆の立場に立ちたいのである。

歴史研究が実名主義であることは当たり前であって、いちいち断るまでもないことである。伊藤博文や福沢諭吉を匿名にしたのでは研究は成立しない。しかし、そのことをあえて断るのは、本書で対象とするのがいわゆる歴史上の有名人ではないからである。多くの人々は、梁川とその周辺の地域社会では名前の知られた人びとであり、かつその子孫、親類縁者、知人たちは多く今もそこに暮らしておられる。その人びとの過去をほじくり返すことには、やはりためらいを感ぜざるをえない。

しかし、梁川町史編纂室、梁川町生涯学習課、その他直接お目にかかって話しを聞いた方々に、この点を確認したところ、どなたも一向にかまわない、気にする必要はないとのお答えであったので、研究の過程で発表したいくつかの論文では実名のままで通した。

その過程でさらに考えたのは、歴史上の有名人ではないからという理由で、実名をあげるのをためらい、伊藤博文のような人物の名前を出すのを自明視するのは、かえって有名人を特別扱いし、ふつうの人びとに失礼ではないかということである。その時、たまたま著名な写真家ゼバスティアン・サルガドに対するスーザン・ソンタグの批判を目にし、虚を突かれた。サルガドの飢え死にしそうにやせ衰えた母親の乳にしゃぶりつく赤ん坊の写真、砂漠のなかで朽ち果てようとしている兵士の死体などは、現代の飢餓や難民の悲惨さを訴えた卓越した報道写真である。写された難民の顔や肉体は、個々の人間を超えた普遍的な問題を表象し、一種の宗教画のようにさえ感じられる。それをソンタグは告発する。

問題は、写真が無力な人々、無力な状態へと追いやられた人々に焦点を定めているところにある。無力な人々がキャプションのなかで名前を与えられていないのは意味深長である。被写体に名前を伏さない肖像は、意図的でないにせよ、有名人崇拝の文化に――無名の被写体の写真とは正反対の性格をもつ写真への飽くことのない渇望が煽りたてられている文化に――加担している。有名な人々にのみ名前を付与することはその他の人々を、職業団体、民族集団、悲惨な状況にある集団の代表例という存在に格下げする。(11)

被写体の名前を出さず抽象化することは、「苦しみや不幸はあまりに巨大で、あまりに根が深く、あまりに壮大なので、地域的な政治的介入によってそれを変えることは不可能だと、人びとに感じさせる」というソンタグの鋭い批判は、歴史研究での実名主義とは別次元の問題だが、「有名人崇拝の文化」を否定し、名もない人びとを抽象的な存在に解消しないということでは通じており、共感する。本書では、有名人もふつうの人びとも平等に取り扱うということからも、すべて実名で書くことにした。

注

（1）メディア史研究における読者研究の検討については、拙稿「メディア史研究における読者研究」（『マス・コミュニケーション研究』第六七号）で論じたので、参照いただければ幸いである。

（2）E.P.Thompson, "History from Below "in E.P.Thompson, *The Essential E.P.Thompson* (2001 New York).

（3）ジム・シャープ「下からの歴史」（ピーター・バーグ編、谷川稔他訳『ニュー・ヒストリーの現在　歴史叙述の新しい展望』人文書院、一九九六年）三三三頁。

（4）『柳田国男全集』二六（ちくま文庫、一九九〇年）一一二頁。仮名づかい等はちくま文庫版に従った。

（5）ピーター・バーク（佐藤公彦訳）『歴史学と社会理論』（慶應義塾大学出版会、二〇〇六年）五五頁。
（6）エマニュエル・ルロワ・ラデュリ（井上幸治他訳）『モンタイユー　ピレネーの村一二九四～一三二四』（刀水書房、一九九一年）、引用箇所は下巻七〇頁。
（7）見田宗介『現代社会の社会意識』（弘文堂、一九七九年）一六〇頁。
（8）大正期の「雑誌配達元帳」がもう一冊ある模様であるが、未見である。
（9）シャルティエ（福井憲彦訳）『読書の文化史　テクスト・書物・読解』（新曜社、一九九二年）。
（10）カルロ・ギンズブルグ（上村忠男訳）『歴史を逆なでに読む』（みすず書房、二〇〇三年）九四頁。
（11）スーザン・ソンタグ（北条文緒訳）『他者の苦痛へのまなざし』（みすず書房、二〇〇三年）七七頁。

第一部　メディア受容の階層構造

第一章　梁川の社会と読者構造
――一九〇三年～一九一二年――

一　梁川町の概況

1　地理的位置

まず最初に、梁川町の概況について述べておかなければならないだろう。梁川町は、福島県中通りの伊達郡の北部、阿武隈川の南東に位置している。福島県としても最北東部にあたり、町の北部は宮城県と隣接し、東部は阿武隈山系、西部は福島盆地につながっている。地名は阿武隈川の簗場に由来するといわれ、古くは簗川と書いたとされる。阿武隈川と広瀬川の合流地という水運にめぐまれた地に町場が発達した。近隣の村々を含め、養蚕、特に蚕種の生産・販売の盛んな地域で、梁川はその中心として「蚕種本場」を誇りにしてきた。

たびたび変更された明治初期の行政管轄は略すことにして、一八七八（明治一一）年の「三新法」によって伊達郡梁川村ということになり、一八八九（明治二二）年の町村制施行により伊達郡梁川町となった。その後、一貫して梁川町であったのだが、いわゆる平成の大合併によって、二〇〇六（平成一八）年一月一日、梁川町は伊達町、保原町、霊山

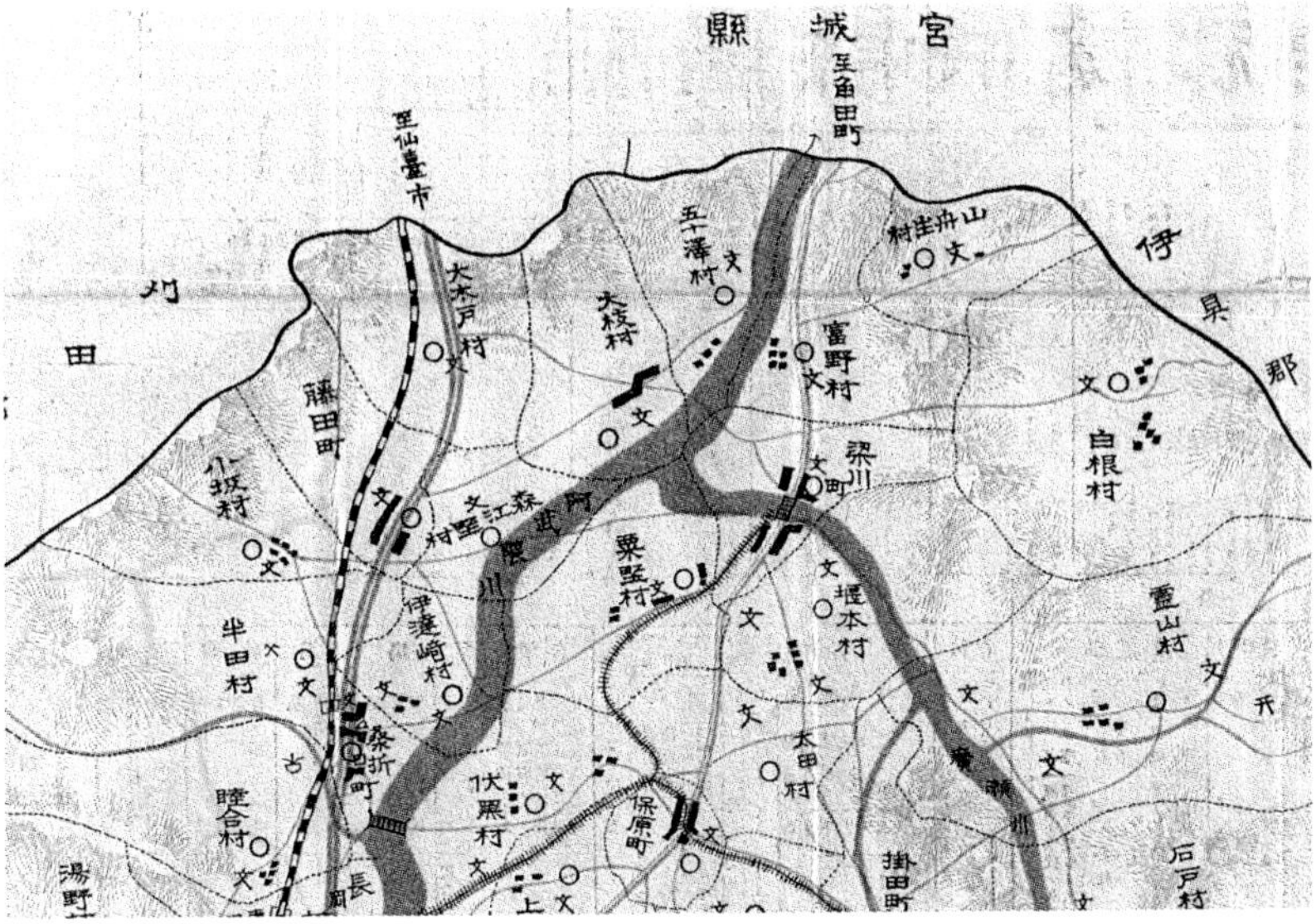

図２　梁川町の位置（『大正六年 福島県伊達郡勢一班』より）
画面中央が阿武隈川と広瀬川の合流地であり，その右に梁川町がある．

町、月舘町と合併して新発足した伊達市の一部ということになった。新市役所が隣町の保原町に置かれるなど行政的には大きく変わったが、町としてのまとまりは以前のままのように見える。本書で扱う時期は、行政的にも文化的にも梁川町が一つの町として活動していたのであるから、現在の名称はともかくとして、梁川町ということにする。

現在の人口は二万一五七人、五七一六世帯（二〇〇五年国勢調査）という小さな町である。一九一一（明治四四）年時点の人口は五二五七人、戸数数九七〇。これと比べれば、人口・世帯数とも大きく伸びたように見えるが、この間に町域拡大等があり、一概に比較はできない。

むしろ後述するように、明治・大正期には養蚕業などで繁栄したのだが、近年は人口の漸減に悩んでいるといったほうがよい。これには、東北本線・東北新幹線・東北自動車道という交通の要路からはずれていることが影響していることは間違いない。一八八七（明治二〇）年に仙台まで開通した東北本線の路線設定にあたって、当時の町民は桑への煙害をおそれて鉄道反対を唱え、梁川町は路線からはずれたといわれている。こうした鉄道忌避伝説は、全国各地にあるようだが、梁川もその一つである。[1]この伝説の真偽はともかく、その後、東北本線にほぼ沿って新幹線、高速自動車道が走ることになったことからすれば、東北本線からはずれたことは町の発展に二重三重に大きな結果をもたらしたことになる。ただ、この挿話は、明治期の梁川町民が、鉄道からはずれても町は蚕業で発展できると考えたわけであるから、当時の梁川の経済的繁栄と便利な水運を伝える挿話とも解しうるのである。

東北本線からはずれた梁川町の人々は、鉄道を利用する際、隣町の藤田駅もしくは桑折駅に歩いて出ることになった。また、県都福島との間は、一九一〇（明治四三）年に軽便鉄道が運行され、これが一九二六（大正一五）年に拡幅され電車となった。またこの同じ年には、福島・梁川間で定期自動車の運行が始まっている。しかし、戦後は利用者の漸減に悩み、一九七一（昭和四六）年に福島電鉄は廃止となった。その後、阿武隈急行電鉄として電車が復活し、現在は福島市から約三〇分で結ばれている。

2　歴史と産業

梁川附近は古くから「伊達の浜」と呼ばれ、水利・水運にめぐまれ、現在の伊達郡一帯の中心の一つであった。南北朝時代には近隣の霊山が南朝の拠点となったことはよく知られている。その後伊達氏が興隆し、一時梁川に居城を構えたこともある。江戸時代には、幕府領と小藩領地と交替を繰り返し、いずれの場合も梁川城に陣屋が構えられ、この地の行政が行われた。

一八〇七（文化四）年には北海道松前藩が転封されたが、北海道への帰還を希望する家老蠣崎波響等の必死の工作によって、一八二一（文政四）年に再び松前に移封となり、松前藩支配は短期間に終わった。ただ、画家としても知られる蠣崎波響の描いた当時の梁川城下の図は彼の代表作の一つである。また、町内の天神社には蠣崎波響奉納の石灯籠が現存しているなど、松前藩支配の名残りがある。その後、幕府領となった後、一八五六（安政三）年に松前藩の飛地となって松前家の奉行の支配下に入り、そのまま廃藩置県となった。(2)このため、梁川の町は城下町の風情を残しているが、江戸末期・明治期には士族はほとんど町に居住していなかった。これは、梁川町が自由民権運動やその後の政治運動の影響をあまり受けなかったことなど、町の政治・文化の形成を考えるうえでの一つの条件である。

梁川は、主に交通の便を生かした商業活動の町として栄えてきたのである。その様子は、「梁川町郷土誌」に次のように描かれている。

阿武隈河ノ沿岸ニ坐シ信達平野ノ咽喉ヲ扼シ実ニ文字通リ伊達ノ浜ナリキ阿武隈川ト広瀬川トハ貨物ヲ満載シタル仙台商人船ノ出入繁ク阿武隈山脈ヲ越シテ相馬ノ浜ヨリ海産物ヲ持込ム其ノ漁師ノ服装ハ異様ノモノニシテ大イニ町ヲ賑ハシタルモノナリ。街ハ各種貨物ノ集散市場ニシテ料亭遊郭等繁昌ヲ極メタリ比較的富有ナル町民ハ豪放ナル彼等ノ取引ヲ傍観シタリシナルベシ。(3)

集散市場を賑わしたのは仙台や相馬など外からの物産だけではなかった。梁川は蚕種や蚕糸の有力生産地であったのである。特に江戸中期から、梁川、桑折、保原一帯は蚕種の生産地として広く知られ、なかでも梁川、向河原、二野袋、粟野などの村々は、「蚕種本場」という称号を認められ、全国市場でも大きなシェアを占めるまでになった。(4)粟野村の池田善兵衛家とその分家の池田友吉家は巨額の生糸を取引し、三井越後屋など糸問屋の大荷主であったという。(5)さらに梁川の蚕種家の隆盛をもたらしたのは開国である。よく知られている通り、海外との貿易において、蚕種・生糸は茶などと並ぶ主要な輸出品となったのである。それは、梁川町が世界市場のなかに組み込まれたことを意味し、長期的には大きな影響を受けることになった。

図３　1951年当時の梁川町図（１万分の１）
大正・昭和期とほとんど変わっていない.

一八七一（明治四）年には、田口半三郎が蚕種の輸出販路を開拓するために蚕種を携えてフランスに渡った[6]。一般的に蚕種家たちは海外販路の開拓に積極的で、群馬県島村の蚕種家たちがイタリアへの直輸出をめざして三井物産と提携してイタリアに渡ったのが、一八七七（明治一〇）年のことである[7]。条件が違うにせよ、梁川の蚕種家は非常に早い時期から海外にまで出かける行動力をもっていたのである。田口半三郎の渡仏によって安定的な海外販路が開けたわけではないが、フランスの蚕業技術が取り入れられるなど梁川の蚕業の改良をもたらした。

その後、蚕種・生糸は最も重要な輸出品になり、生産はますます盛んになったが、それに伴い粗製濫造が大きな問題となった。梁川では、大竹惣兵衛を社長に一二〇余名を組織した蚕種製造人結社である扶桑社が設立され、品質維持と生産管理にあたった。さらに一八七五（明治八）年二月、政府が蚕種製造を取り締まるために蚕種製造組合条例を出すと、梁川地方では前年結成の扶桑社を母体に、梁川村ほか一六ヵ村の蚕種製造家でつくる蚕種業組合扶桑組が結成された[8]。

扶桑組には、梁川と近隣の蚕種製造家のほとんどが網羅されたが、その掃き立て原種枚数上位三〇戸（全体戸数の四％）で総掃き立て原種枚数の二五％を占めるほど大規模蚕種家の力が大きかった。三〇戸のうち九戸は梁川で、中村佐平治、齊田宗兵衛、石井市左衛門、大竹宗兵衛、横山清次郎、中村新右衛門、中村佐四郎、中木誠助である[9]。

彼らが中心となって一八七八年一一月三日に、第百壱国立銀行が梁川に創立された。資本金は六万円、株主八二名であった。上位株主を表1に掲げたが、当時の梁川、粟野の有力者のほとんどが株主となっており、特に中村佐平治、池田善兵衛、大竹宗兵衛、中山三郎左衛門、池田友吉といった上位五名で合計四〇〇株、全体の三分一を占めている[10]。初代頭取は大竹宗兵衛が務め、この銀行が文字通り梁川地方の経済の中心となった[11]。

「明治二十年梁川村外十一か村事業者所得調査」を見ると、所得金高四七一六円（税金高三五円三七銭）の池田善兵衛

（粟野村）を筆頭に、池田友吉（粟野村）、中村佐平治（梁川村）、大竹宗兵衛（梁川村）、中山三郎左衛門（二野袋村）、菅野五郎治（梁川村）、田口留兵衛（梁川村）、中木直右衛門（梁川村）、熊倉喜八（梁川村）、大竹権右衛門（梁川村）らの蚕種家が上位にランクされている。(12)

また、「明治二七年伊達郡『所得金高下調書』」には、二一九名の梁川町民の名前がある。所得順に列記すると、菅野五郎治、中村佐平

表1　第百壱銀行上位株主（増資分は省略）

氏　名	居住村	元株数	元金額
中村佐平治	梁川村	100	5,000
池田善兵衛	粟野村	80	4,000
大竹宗兵衛	梁川村	100	5,000
中山三郎左衛門	二野袋村	60	3,000
池田友吉	粟野村	60	3,000
和田与八	梁川村	60	3,000
中村佐四郎	梁川村	50	2,500
浅野徳右衛門	梁川村	40	2,000
池田善三	梁川村	30	1,500
八巻長右衛門	梁川村	40	2,000
斉藤平重郎	梁川村	40	2,000
大竹兵吉	梁川村	40	2,000
菅野五郎治	梁川村	30	1,500
半沢平三郎	大木戸村	20	1,000
宍戸七郎治	五十沢村	10	500
林勘七	梁川村	20	1,000
加藤新左衛門	粟野村	30	1,500
大竹権右衛門	梁川村	20	1,000
遠藤喜三郎	二野袋村	6	300
計		836	41,800
他		164	18,200
合　計		1,000	60,000

＊『梁川町史』第3巻 p.102より作成.

治、大竹宗兵衛、中木直右衛門、熊倉喜八、田口留兵衛、大竹権右衛門、横山清次郎、鹿俣政之助、林勘七、浅野徳右衛門、斎藤平重郎、石井市左衛門、北徳四郎、中木儀左衛門、久保田太次兵衛、久保田幸助、中村佐五右衛門、和田与八、三浦助四郎、八巻善兵衛、阿部忠吉、丹野亀之助、渋谷正路、毛利幸七、下山三七、貝津伊之助、堀江里、丹野善兵衛である。(13)代替わりがあり、若干の異動があるが、ここに名前が出てくる人たちが、その後も梁川の名望家階層である。

明治末期から大正初期にかけてが養蚕業の全盛時代であり、この時期には、梁川の養蚕業の動向が、全国市場にも大きな影響を及ぼしたといわれている。そのなかで、養蚕県に蚕と桑苗に関する試験を勧める農商務省の政策にそって、福島県が設立した福島県立農事試験場蚕業部は、一九〇三（明治三六）年四月に梁川町に開業した。この蚕業部は一九〇六（明治三九）年に閉鎖となったが、伊達郡蚕種同業組合は組合立蚕業講習所を設置し、試験を続けた。さらに

一九一四（大正三）年、福島県が原蚕種製造所を設置する際には、梁川町有志が土地を寄附し誘致している。この原蚕種製造所は、一九二三（大正一二）年に福島県蚕業試験場となった(14)。また、一九〇八（明治四一）年に五十沢村に五十沢製糸合資会社が設立され、羽二重経糸を生産し、県下第一との評価を得た。一九〇九（明治四二）年には梁川製糸株式会社（初代社長中木直右衛門）が設立され、輸出向き生糸の生産にあたった(15)。

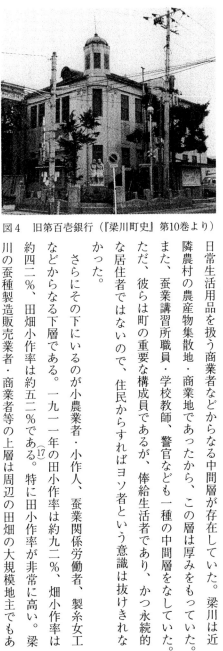

このように梁川の蚕種家たちは積極的に事業を展開し、伊達郡・福島県にとどまらず、日本国内さらには海外市場へと広い商圏を形成していった。また、彼らは町の経済・行政等の基盤整備においても力を尽くし、梁川の政治・経済・文化において指導的役割を果たす名望家層を形成していったのである(16)。

図4　旧第百壱銀行（『梁川町史』第10巻より）

大規模な蚕種家を中心とする名望家層の下に中小規模の蚕種家、蚕業関係農業関係の資材・器具などを扱う商業者、日常生活用品を扱う商業者などからなる中間層が存在していた。梁川は近隣農村の農産物集散地・商業地であったから、この層は厚みをもっていた。また、蚕業講習所職員・学校教師、警官なども一種の中間層をなしていた。ただ、彼らは町の重要な構成員であるが、俸給生活者であり、かつ永続的な居住者ではないので、住民からすればヨソ者という意識は抜けきれなかった。

さらにその下にいるのが小農業者・小作人、蚕業関係労働者、製糸女工などからなる下層である。一九一一年の田小作率は約九二％、畑小作率は約四二％、田畑小作率は約五二％である(17)。特に田小作率が非常に高い。梁川の蚕種製造販売業者・商業者等の上層は周辺の田畑の大規模地主でもあり、下層の人々は主にその田畑で働く農業者であったのである。蚕業は時期によって大量の労働力を必要としたので、この層もかなりの厚みがあったと推測できる。

蚕業を基軸とする、このような梁川の社会構成においては、それぞれがその生業によって生活様式をかなり異にしている。そのことは、梁川社会のコミュニケーションを考えるうえでの基本的前提である。

梁川の人びとは、自分たちの町をどのように認識していたであろうか。一九三二（昭和七）年作成の「梁川町郷土誌」には次のように書いている。(18)

町民ハ一般ニ温和ニシテ人情ニ厚ク一面保守的消極的ナリ又町民ハ多趣味ナル反面ニ於テ彼等ハソレノミニ偏シ易イ性格ノ所有者ニシテ一ノ新流行来レバ直チニ模倣ス、此所ニ批判モナク反省モナシ、古ヨリ養蚕業発達セシタメ比較的余裕アル生活ヲナシ贅沢ナル生活ヲ得意トスル傾モ見ユ、其ノ昔伊達ノ浜時代ヨリ料亭ハ繁昌ヲ極メ比較的富裕ナル町民ハ自ヅト料亭ニ足ヲ運ビ風俗ヲ損ヒ易カリキ。

「保守的消極的」とか「贅沢」とか批判しているところには、蚕業の衰退によって「蚕都」の自信が揺らいでいる一九三二年頃の意識が投影しているが、蚕種や生糸の商取引で人や物資の往来が活発なところから生まれる、流行に敏感で派手な雰囲気を自認しているのである。しかも、それが「比較的富裕ナル町民」に見られるといっているところが先に述べた社会構成と重なっている。

3　阿部回春堂とその文書

資料としての阿部回春堂の「新聞配達元帳」の性格については序章で述べたが、本章では「明治三六年」「四〇年」「四二年」「四四年」「四五年」の五冊の「新聞配達元帳」を利用することとする。

前述のように阿部回春堂の配達区域は、梁川町の外の粟野、堰本、五十沢、白根、山舟生、東大枝、霊山などにも及んでいた。ただ、それらの地域は桑折や保原の新聞販売店と新聞配達が重複しており、阿部回春堂「新聞配達元帳」記載の氏名を、その地域の新聞購読者すべてとすることはできない。阿部回春堂以外の新聞販売店が進入していない梁川町だけの氏名を集計する方針とした。ほとんどの「新聞配達元帳」は配達区域ごとの区分けがはっきりしているので、それが可能なのである。

ただし、「明治三六年新聞配達元帳」では、この年の一〇月以降は区域別に記載されているが、それ以前は様々な区域の読者が混在して記入されている。多くは氏名の横に「大枝」「五十沢」などと区域の注記があるが、阿部長兵衛氏の熟知の購読者には注記がないこともあり、梁川町の居住者を識別することができない。

このため、やむなく梁川と区分けされている一〇月以降の購読者を先に集計し、それから一〇月以前の購読状況を集計することとした。この集計法では、一〇月以前に新聞を購読し、一〇月以降には購読をやめていた梁川住民は脱落してしまうので、梁川の購読者数は実際より少なくなってしまう。しかし、次善の策として梁川住民であることが確実な購読者だけを集計することにしたのである。

二　新聞購読

1　新聞普及状況

新聞の普及率は様々な指標によって計られるが、最初に現在普及率の指標としてよく用いられる「新聞一部あたりの人口」を算出し、同時期に関する他の推計と比較してみることとする。一九〇三年一二月時点の梁川町の新聞購読者数は二〇二人、この年の人口は六一三五人であるから、一部あたり約三〇・四人である。また、一九一一年一月現在、梁川町で購読されている新聞は二三九部、同年の梁川町人口は五二五七人であるから、一部あたり約二二・〇人ということになる。[19]

この時期の全国の新聞発行部数統計は存在せず、新聞の普及率の推計も困難である。新聞普及率の研究としては、内川芳美のものがあるくらいである。[20]内川の推計は、毎日繁昌社発行の『広告大福帳』記載の全国主要日刊紙六三紙の合計発行部数から割り出したもので、根拠としている発行部数自体がかなりラフな推計であるが、一九〇四（明治三七）年時点の新聞一部あたりの人口の全国平均を二九人と推計している。

だが、梁川町の一九〇三年のデータは前述のように約三〇・四人であるから、内川推計とほぼ同じである。内川は一九一一年の全国平均については推定値を明らかにしていないが、一九〇四年から若干向上したとすれば、一九一一年の梁川町新聞普及率の約二二・〇人と同程度か、あるいはそれより低いくらいであったろう。

このことは、今後梁川町という事例を研究するうえでも、押さえておく必要がある。すなわち梁川町は、東北の交通不便な辺鄙な地域における例外的事例ではない。全国平均と近く、むしろそれより若干普及率の高い地域であったのである。

それを踏まえて、「新聞配達元帳」の集計から導き出される知見をまとめてみよう。第一に新聞普及の程度である。先の一部あたり人口という指標は、わかりにくいので、新聞普及をイメージしやすい戸数に対する普及率を見ることとする。阿部回春堂の「新聞配達元帳」から集計した明治後半期の梁川町の新聞購読者数を表2に掲げた。「新聞配達元帳」は購読者の個人名を記しているので、その集計から得られるのは当然、購読者数であるが、新聞は通常戸別に配達され一戸単位で購読されたのであるから、購読者数を購読戸数と読み替えても大きな間違いではないだろう。ただし、戸という概念は曖昧であるが、当時の文書はそう表記しており、世帯という概念が登場するのは一九二〇（大正九）年の国勢調査以降のことなので、ここでは戸数という言葉を用いる。

表2　新聞購読者数（1）

	戸数	新聞購読者数	購読率（%）	定期購読者数	定期購読率（%）	複数定期購読者数	購読率（%）
1903年	987	205	21	51	5	0	0
1907年	975	262	27	70	7	4	0
1909年	970	351	36	92	9	4	0
1911年	970	357	37	81	8	10	1
1912年	975	413	42	108	11	23	2
1914年	990	504	51	146	15	19	2
1915年	990	436	44	123	12	15	2

＊　「戸数」は『梁川町史』第８巻 p. 5から9による．
＊　率は原則として小数点以下四捨五入．以下同

　戸数に対する購読率を算出すれば、一九〇三年の新聞購読戸数は二〇五、全戸数の約二一％である。ただし、この年の購読者数は前述のような集計操作を行ったので、少し低めの数字になっているが、梁川町戸数の約五分の一しか新聞を読んでいない。五分の四は新聞は読んでいないのである。日露戦争後の一九〇七（明治四〇）年でも二七％程度である。しかも、これはこの年に一ヵ月でも新聞を購読した戸数の合計であるから、かなり高めに見積った普及率である。ちなみに一九〇七年一月の時点をとってみれば、新聞購読戸数は一二二（新聞数にして一三四）、戸数あたり購読率は約一二・五％に落ちる。新聞をとっているのは、全戸数の約八分の一だけである。

　さらに定期新聞購読戸数（一年間を通して同一の新聞を購読した戸数[21]）を見ると、一九〇三年で全戸数の約五％、〇九年で約九％、一一年約八％、一二（明治四五）年約一一％である。定期購読戸数は一九〇九年で新聞購読戸数の約二六％、一二年も同じく約二六％にすぎない。

　「新聞配達元帳」で見る限り、新聞は戸別配達され、月極で購読料を徴収しているのであるが、それが定期購読には直結せず、相当数の購読者は一時的に新聞をとり、

程度であったのである。

また中止するという行動をとっていたのである。新聞閲読を日常習慣とし定期購読していたのは、購読者の四分の一五％）だけである。ただし、一四人は不定期に購読しているので、新聞を読むことを完全にやめたわけではない。

一九〇七年に定期購読していた七〇人を〇九年まで追跡すると、その時点でも定期購読していたのは四六人（六

さらに一九〇七年から〇九年の定期購読者四六人を一九一一年まで追いかけると、定期購読していたのは二五人だけである。要するに一九〇七年時点で定期購読していた人も、四年後まで一貫して定期購読していたのは三五％だけだということになる。四年間のうちに代替わり、死去などもありうるのだが、定期購読はなかなか持続しないことがわかる。だが逆にいえば、二五人ほどだが持続的定期購読者も存在したということである。

このように梁川の新聞購読率は年によって変動はあるが、例えば一九〇七年の時点でまとめれば、全戸数の七％程度ののべ定期購読、そのうちの一部は持続的定期購読、約二〇％の不定期購読、約七三％の非購読という構成になっていたのである。

この程度の新聞購読率であったということは、梁川の社会全体で見れば、新聞の直接的影響力は限定的であったということである。地域社会のコミュニケーションにおいて相対的に大きな役割を果たしていたのは、対面的コミュニケーションである。そのことは、梁川の社会を考えるうえで重要なポイントである。また、新聞購読者、特に七％ほどの新聞定期購読者が梁川の社会のなかでどのような位置にいたのかが、新聞の影響力を考えるうえで重要である。

第二に、「新聞配達元帳」が歴年でそろっているわけではないが、一九〇三年から一四年までの期間に新聞の購読率が顕著に上昇したことである。一九〇三年には二一％であったのが、少しずつ上昇し、〇九年には三六％、一二年は四二％、一四年は五一％にまでなっている。この時期が、相対的に上昇期であったといえる。

日露戦争の戦争熱が新聞部数を押し上げたことは容易に推測できる。日露戦争とメディアの問題は第二章で改めて論ずることにするが、戦争による部数増加が失速せず、戦後も上昇し続けたことを注意しておく必要があろう。

これまでのメディア史研究、政治史研究では、日露戦争後における新聞発行部数の増加を指摘してきた。筆者もそのように考え、そう書いてきた。梁川町の「新聞配達元帳」でもそれは裏づけられている。しかし、反面、部数が増加したといっても、地域社会の住民の四割ほどが読んでいるという程度なのである。部数増加を誇張してとらえることのないようにしなければならない。そこでは、新聞購読者と階層との関係が問題になってくる。

第三に注目すべきは、有権者層と新聞購読者との関係である。新聞購読者の氏名はわかっているので、有権者名簿があれば、新聞購読者と有権者との重なりが正確に把握できるはずだが、残念ながらこの時期の有権者名簿を見出すことはできなかった。

やむなく、「伊達郡統計書」から人数だけ比較すれば、一九〇四年の町会議員有権者数は二九九人で、新聞購読者数より若干多い。町会議員有権者のなかには新聞をまったく読まない者が若干いた計算になる。しかし、県会議員有権者数は一六九人（一九〇五年）、衆議院議員有権者数は六九人で、新聞購読者数が上回っている。衆議院議員有権者数は、定期購読者数とほぼ合致している。県会議員有権者・衆議院議員有権者はすべて新聞を購読していただけでなく、むしろ数多くの選挙権を持たない者が一時的にせよ新聞を購読し、政治的情報を入手し、政治的関心を育てていたことになるのである。

かつて筆者は、一九〇五年（明治三八）から毎年のように繰り返される群衆暴動などの政治的不安定を生じさせた一要因として、特に都市社会を念頭に新聞購読者が有権者層を凌駕し、選挙制度によって吸収されない政治的関心が台頭してきていることを指摘したが[22]、梁川町においても同様の事態が出現していたのである。

第四に注目すべき点は、定期購読者のなかに少数だが二紙以上の新聞をとっている者がいることである。一九〇九年は四人、一一年は一〇人、一二年には二三人もいる。これらのなかには、梁川町役場、銀行等の機関も含まれているが、特に大竹宗兵衛、中木直右衛門、田口留兵衛はそれぞれ四紙、宮本利七、熊倉末吉が三紙を購読している。彼らのほとんどは先の持続的定期購読者であり、いずれも蚕業家である。町会議員を務めるなど梁川町の政治経済の指導的人物、いわゆる名望家である。

彼らは、主として経済活動のために外部の世界の情報を必要とし、多くの新聞を購読していたと推定できる。少数にしろ二紙以上の新聞を購読する高い情報集積者まであることは注目に値する。

第五に、女性の新聞購読状況を見ると、「新聞配達元帳」には性別の記載はなく、名前から推察せざるをえないが、女性名はごく少数である。一九一七（大正六）年の場合、九人にすぎない。多くは料亭の関係者と見られる。女性の購読者が少ないのは、「新聞配達元帳」は事実上、各戸数の戸主名を記載している反映だが、実際に女性の新聞閲読機会が少なかったことは推測できる。

2　東京紙対地元紙

住民の新聞購読をさらに分析するためには、購読新聞の実態を明らかにする必要がある。購読新聞の集計を表3に掲げた。まず注目すべきなのは、東京の新聞と地元の新聞の比率である。その比率は表4の通りである。一九〇三年の場合、東京紙一七七部に対し地元紙四六部、七九：二一である。〇七年は二五八部と一一〇部、七〇：三〇、〇九年は二六五部と二五一部で五一：四九、一一年が二七六部と三一二部で逆転しているが、一二年には四九八部と二六一部、六六：三四と再逆転している。本章で論ずるのは、この時期までであるが、参考のために一九三三年まで掲げ

表3 購読新聞一覧（1）

新聞名	1903年 部数	1903年 割合	1907年 総部数	1907年 通年	1907年 割合（%）	1909年 総部数	1909年 通年	1909年 割合（%）	1911年 総部数	1911年 通年	1911年 割合（%）	1912年 総部数	1912年 通年	1912年 割合（%）
報知	94		120	18	15	92	32	35	58	20	34	50	22	44
東京朝日	16		32	16	50	35	14	40	26	9	35	37	12	32
時事新報	17		24	7	29	17	6	35	24	11	46	25	9	36
国民	1		9	3	33	5	2	40	112	20	18	120	27	23
読売	6		13	5	38	18	4	22	8	2	25	8	3	38
日本	2		4	0	0	0	0	0	0	0	0	19	0	0
萬朝報	2		10	1	10	44	2	5	27	4	15	20	2	10
中外	4		5	1	20	8	2	25	3	1	33	6	3	50
東京日日	2		1	0	0	0	0	0	4	0	0	90	2	2
中央	20		9	5	56	15	2	13	4	2	50	100	1	1
横浜貿易	7		21	0	0	9	3	33	5	1	20	5	1	20
毎電	0		7	0	0	20	0	0	5	0	0	0	0	0
毎日	5		3	2	67	1	0	0	0	0	0	0	0	0
やまと	0		0			0	0	0	0			2	0	0
都	1		0			1	1	1	0			3	2	67
毎夕	0		0			0	0	0	0			13	0	0
東京紙小計	177		258	58	22	265	68	26	276	70	25	498	84	17
福島民報	20		41	8	20	92	21	23	85	14	16	104	20	19
福島民友	6		33	4	12	53	5	9	37	5	14	30	6	20
福島	5		19	0	0	31	3	10	163	6	4	105	23	22
河北新報	15		17	0	0	73	5	7	27	6	22	22	7	32
福日	0		0			0	0	0	0			0	0	0
毎日	0		0			0	0	0	0			0	0	0
東北	0		0			2	0	0	0			0	0	0
地元紙小計	46		110	12	11	251	34	14	312	31	10	261	56	21
合　計	223		368	70	19	516	102	20	588	101	17	759	140	18

たが、東京紙の高い割合は明らかである。

梁川町民が購読した新聞は、大勢として東京紙が地元紙を大きく上回っている。一九〇三年から一九三〇年代まで平均して購読新聞の約七割が東京紙であった。一九〇九年、一一年、一二年は例外的な時期である。その直接的な原因は、表3からうかがえるように『福島民報』と『福島新聞』がこの三年、部数を大きく伸ばしたことにある。両紙が、この年に大規模な販売拡張を行ったのである。

東京紙がこれだけ地元紙を上回って読まれているという

ことは、地方においては地元新聞が優勢な現在の状況とは大きく異なるのである。参考のために二〇〇二（平成一四）年現在の福島県の各新聞占有率を見ると、『福島民報』（朝刊）が約三六％、『福島民友』（朝刊）が約二四％であるのに対し、『朝日新聞』（統合版）は約九％、『読売新聞』（統合版）も約九％にすぎないのである。

また、東京紙が多く読まれる梁川の状況は、これまで暗黙のうちに想定してきた新聞普及過程のイメージとは大きく異なる。これまでは、東京・大阪に有力な新聞が生まれ、大都市中心にある程度厚い読者圏が形成される。一方、地方では、地方都市を中心にそれぞれ地方紙の独自の読者圏が形成されてくるというものであった。一部の地方政治家・知識人等は東京の新聞を読んでいたが、地方住民の多くは地元の政治・経済と固く結びつき、地元紙を読んでいる。それが、一九二〇年代中頃から中央紙の地方進出が顕著になり、一九三〇年代に『朝日』『毎日』を先頭に全国紙が形成されると考えられてきたのである。

表４　東京紙対地元紙

	東京紙	地元紙	合　計	東京紙割合（％）
1903年	177	46	223	79
1907年	258	110	368	70
1909年	265	251	516	51
1911年	276	312	588	47
1912年	498	261	759	66
1914年	689	191	880	78
1921年	508	276	784	65
1926年	731	169	900	81
1927年	643	204	847	76
1928年	771	243	1,014	76
1929年	705	208	913	77
1930年	583	171	754	77
1932年	628	120	748	84
1938年	529	111	640	83

しかし、一九〇〇年代初頭の梁川社会で新聞を読む者は、地元紙より東京の新聞を選択する傾向が強かった。彼らは、遠い外の世界、中央の動向を知るために新聞を購読していたのである。無論それは、彼らが地元の政治・経済との結びつきが弱かったということではない。学校教師等にそうした意識をもつ者もいたようだが、ほとんどは梁川町に生まれ、そこから出ることなく生活していた。彼らは、自らの生活のなかでの情報ニーズに基づいて東京の新聞を購読していたのである。

彼らが中央のニュースに関心をもったのは、前述したように梁川の産業の中心が蚕業にあったことが主たる要因だと推定できる。重要な輸出品である生糸を扱い、蚕種等を販売していた梁川の実業家にとって、中央の情報はその経済活動にきわめて重要であった。

購読者すべての生業や経歴がわかるわけではないので、東京紙と地元紙との読者の違いを判別するのは難しいが、例えば、有力蚕業家と見ることができる梁川製糸株式会社の株主で、一九一一年の「元帳」に記載のある者は二八名、地元紙を購読する者は二三名だが、そのうち地方紙のみを購読している者は三名だけである。残り二五名は、東京紙を定期購読しているか、東京紙と地元紙とを併読しているのである。

一九〇五年時点の町会議員一八名のうち一四名が、一九〇七年の「元帳」に記載があるが、地元紙のみの購読者は一人もおらず、全員がなんらかのかたちで東京紙を読んでいる。六名が東京紙と地元紙の併読で、八名が東京紙だけである。

こうしたことから、少なくとも梁川町の政治・経済の指導的グループにとっては、地元新聞によって福島県内のニュースを知るよりも、東京の新聞の伝えるニュースのほうが彼らの活動にとって重要であったことがうかがえる。特に町会議員層において、そうした傾向が著しい。町会議員と事実上重なり合っている有力蚕業家にとっても地元紙より東京紙が重視されているが、彼らの場合、併読というかたちで地元紙を読む傾向が強かった。これは、地元紙が梁川町と競争関係にある福島県内の蚕業地の桑や蚕の状況を報道しているため、それらのニュースを得る必要があったと推測される。

このように、東京紙に傾斜した新聞購読には、蚕業を軸に経済や社会が動いている梁川の町の性格が反映されている。ただ、これを特殊な地方の例外的事例と見ることはできないだろう。蚕業に限らず地方社会と中央とは経済活動等によって深く結びつき、地方社会の名望家層の中央紙購読は広く見られたのではなかろうか。

3　東京系新聞

購読されていた東京系新聞は、表3の通り、一九〇三年で一三紙、一二年で一四紙とかなり多彩である。一九〇三年から〇九年まで、最も購読されているのは『報知新聞』、次に『東京朝日新聞』『萬朝報』『時事新報』などとなっており、一九一一年、一二年になると若干変動が起こり、『国民新聞』が第一位となっている。

この時期の全体的発行部数統計は存在せず、各種の推定によらざるをえないが、一九〇七年内務省「新聞通信一覧表」では『報知』が第一位、第二位が『萬朝報』、第三位が『東京朝日』という順序である。(23) 梁川町の場合も、ほぼこれに見合っている。『報知』『東京朝日』は、当時家庭向きの新聞という定評だったが、梁川でもよく読まれ、定期購読者も安定している。表5の通り、『報知』は販売価格が東京系新聞のなかで、『萬朝報』とともに安いことも多くの部数を得ていた一因だろう。

ただ、『報知』は一九一〇年頃から伸び悩み、『東京朝日』は着実に増加している。また、露探事件などで急速に没落するが、少なくとも一九〇三年の時点では東京で一、二位を争う部数を出していたはずの『二六新報』が梁川では一部も読まれていない。これは、「二六」という特異な新聞の都市的性格を示していると考えられる。

部数の変動が大きいのは、『萬朝報』『国民』『中央』『東京日日』である。これらは、それぞれ個性の強い新聞だが、特定の年に不自然な急増を遂げ、定期購読者は少ない。おそらく新聞社の販売拡張によって、一時的に部数が急増したのである。黒岩涙香の『萬朝報』は、茅原崋山の言論が生彩をはなっているものの、部数の面では勢いを失いつつある時期で、一九〇九年と一一年の突発的な急増は退勢を挽回するための販売拡張を実施したためと見られる。しかし部数は定着せず、次第に減少の途をたどっている。

『国民』は、いうまでもなく徳富蘇峰の主宰する新聞であるが、ポーツマス講和問題で焼打ちの被害にあうなど経営に苦しみ、蘇峰が「数の波に乗る」方向に経営方針を大転換した。[24]一九一一年、一二年の部数急増はこの経営方針に乗った販売拡張を行ったためだと考えられる。

また、一九一二年における『東京日日』の急増は、前年の一一年三月一日に大阪毎日新聞社が同紙を買収し、いち早く販売拡張に乗り出した表れである。『東京日日』の販売拡張は『萬朝報』や『国民新聞』のそれのように息切れせず、第二部以下で述べるように部数は上昇曲線をたどっていき、やがては『東京朝日』『東京日日』の二紙で六〇%を超える占有率をもつまでになっていく。それだけ多額の資金を投入した持続的な販売拡張が行われたのである。

この他、注目すべきは、『時事新報』『中外商業新報』『横浜貿易新報』の購読である。『時事新報』は建てページが多く、経済関係記事の充実に定評があるが、他の多くの新聞が三〇銭台から四〇銭台前半で販売されているのに対し、五〇銭と購読料の高い新聞であった。にもかかわらず、一九一一年では二四人が購読し、一一人が通年の定期購読というように定期購読率は高い。そのうち三つが、銀行・役場・寺院の機関購読で、個人定期購読は八人。個人定期購読者は一人を除き、『時事』以外に他の新聞を定期購読するか、一時的に購読しており、新聞によって外部世界の情報を積極的に入手しようとしている。また、八人のうち五人は蚕種家であり、うち四人は梁川製糸の株主、三人が町会議員、一人は医師である。『時事』購読者は、個人・機関を問わず、情報収集に熱心な町の政治経済の指導的階層であることがうかがえる。

表5　主要新聞販売価格(1)1907年

新聞名	月　極
時事新報	50銭
東京朝日	42銭
国民	40銭
中央	35銭
都	35銭
報知	33銭
萬朝報	32銭
福島民友	32銭
福島民報	31銭

経済専門紙『中外商業新報』を一九〇七年に購読している者は五人いるが、そ

のうち三人は梁川製糸株式会社の株主で有力な蚕業家である。一九一二年も六人で、うち三人が定期購読という安定した購読状況である。『中外』のみを購読している者はまれで、他の一般紙と併読しているが、『時事』と併読しているケースはなく、『中外』と『時事』は代替的新聞と見なされていたと考えられる。いずれにせよ『中外』は、中央・全国の経済動向に強い関心をもつ蚕業家などに読まれていた。

横浜の地方紙である『横浜貿易新報』が福島県の梁川で購読されていたというのは、一種驚きであるが、やはり蚕業従事者が横浜における価格、貿易状況を知るためにわざわざ購読したことは容易に推測できる。購読状況を見ると、通年定期購読はごくわずかであり、蚕種の販売等の特定時期に横浜の動向を知ろうとしたのであろう。

このように中央紙の購読には、住民の生業などによるニュース需要が見てとれる。新聞もそれぞれの個性をもっていたのである。ただ、新聞記事は様々な要素から成り立っており、読者がどの要素に関心をもっているのかは一概にはいえないところもある。

例えば、蚕種製造販売、呉服商などを手広く営業する梁川きっての有力者である中村佐平治家は、一九〇三年、〇七年に『中央新聞』を定期購読し、同時に『福島民報』『福島新聞』を併読している。この時期、『中央新聞』は政友会系の新聞で、それが中村佐平治の購読と関係があったと考えられなくもない。しかし、中村家の資料では、政友会成立以前の一八九三（明治二六）年にも『中央新聞』をとっていた。しかも、連載講談・小説の切り抜きの綴りを毎年のようにつくっていたのである。一九〇三年についても『中央新聞』の切り抜き綴り二冊と『東京朝日新聞』の切り抜き綴り三冊が残っている。(25)

これからすると、中村家では『中央新聞』連載の小説・講談を熱心に愛読していたのである。同紙を定期購読した理由の一つは連載小説・講談にあった。親戚などから借用したらしく、阿部回春堂の「元帳」では購読が記されていない『東京朝日新聞』の切り抜き綴りまである。

さらにさかのぼれば、中村家では、一八七九年頃から小新聞の『有喜世新聞』『絵入有喜世新聞』『絵入開化新聞』『絵入朝野新聞』をとり、やはり綴りにして保存していた。(26)『中央新聞』は系譜からいえば、『絵入朝野新聞』につながっているから、中村家ではその頃から小新聞の続きものや講談を読んでおり、その継続としてずっと同系列の新聞を読んでいたのである。

また綴りのかたちで残っているのは、新聞を読み放しにせず、まとめた綴りを時間の余裕のできたときに本のように読んだり、家族で回し読みしたりしたのであろう。中村家に『東京朝日新聞』の綴りもあったように、親戚や近所で貸借も行われていた。

新聞は実用的なニュースのメディアであるばかりでなく、経済的余裕のある家では娯楽のメディアとしても購読されていたのである。

4　地元紙の購読

当時の福島県における地元新聞は、政友会系の『福島民報』(一八九二年創刊)、憲政本党系の『福島民友新聞』(一八九五年創刊)、官僚系の『福島新聞』(一八八二年創刊)の三紙が有力であった。このほか梁川が宮城県と隣接している関係で、『河北新報』の勢力も及んでいた。

毎日繁昌社『広告大福帳』(一九〇四年一〇月二〇日)記載の発行部数は、『福島新聞』(五五〇〇)、『福島民報』(三〇〇〇)、『福島民友』(二五〇〇)となっている。(27)梁川町では、一九〇三年、〇七年は『民報』が多く、『民友』『福島』の順序となっているが、『河北』も一定部数売れている。梁川町は政争の少ない町であり、地元選出の代議士であった堀江覚治は、大同倶楽部・中央倶楽部に所属していたから、政友会系の『民報』が比較的多く購読されているのは、政派関係以外の要因、記事の堅実さなどの要因が働いていたように見える。

一九〇七年以降になると各紙は、年によって大きな変動を呈している。『民報』は、一九〇七年と〇九年では倍増した。その後、一九一一年に若干減少したが一二年には回復するなど、部数増加に成功したことになる。一九〇九年には『河北』が四倍以上増加したが定着せず、一一年以降は大きく減らしている。『福島』は一九一一年に五倍以上も増加し、一二年に少し減らしたものの定期読者数を増やしており、拡張が成果をあげたことがうかがえる。『民友』も一九〇七年、〇九年に大きく伸ばし、それ以降は派手な動きを見せていない。

地方紙部数の大きな変動は、読者側の要因ではなく、供給側の要因すなわちそれぞれの新聞が販売拡張を実施したためである。地方紙としては、ますます拡張してくる東京紙に対抗しようとしたのである。

このように、この時期の購読新聞状況には、それぞれの新聞が一定の個性をもっていることから、必要とする外部世界のニュースを得ようとして新聞を選択する住民と、激化する販売競争によって強引にでも販売拡張しようとする新聞社側という需要側・供給側双方の要因が絡み合っていたのである。

三　雑誌・書籍購読

今回利用した阿部回春堂の「明治三六年」の「新聞配達元帳」だけには、末尾に雑誌書籍の配達が記載されている。それ以降は、雑誌書籍だけの「元帳」が作成されたものと考えられるが、今のところ所在不明である。この一冊の表紙には「明治三六年」と明記されているが、一九〇四（明治三七）年二月二〇日創刊の『日露戦争実記』が記載されていることなどから、一九〇四年の雑誌書籍購読と推定される。〇三年の新聞配達を記帳した帳面に、そのまま〇四年の雑誌書籍の配達を続けて記入していったのであろう。

ただし、雑誌書籍配達の部分には地域の分類がなく、梁川町だけを抽出することができない。購読者名や注記から判断すると、粟野、富野、大枝、大関、五十沢、大石、新田、船生、藤田、細谷、貝田、霊山などの地域の者が含まれていて、前述した新聞より広い範囲の読者となっている。梁川町周辺地域では、阿部回春堂以外のルートから雑誌・書籍を購入した可能性があるので、雑誌・書籍の普及率を算出することはできないが、一応「元帳」の集計では、雑誌購読者はのべ三二七名、図書購読者はのべ一四〇名となっている。

1　雑誌購読者

雑誌購読状況は、表6の通りである。まず第一に目につくのは、『日露戦争実記』『日露戦争写真画報』『軍国画報』『戦時画報』『征露戦報』『軍事画報』といった日露戦争関係の雑誌が上位を占めていることである。これら雑誌の多くは、日露戦争開戦を機に創刊されたもので、それがいち早く読まれたということは、梁川という町においても日露戦争がいかに大きな戦争熱を引き起こしたかを端的に示している。日露戦争とメディアの問題は次章で論ずることにするので、ここでは触れないことにする。

第二に注目すべきことは、『女学世界』『中学世界』『少年世界』といった博文館雑誌の多さである。先の『日露戦争実記』『日露戦争写真画報』、あるいは後述する『太陽』も博文館の雑誌であるから、博文館の雑誌が圧倒的に読まれていたのである。いうまでもなく、それはこの町に限ったことではなく、この時期の全国的動向であった。

『女学世界』『中学世界』『少年世界』は少年少女向けの雑誌だが、購読者の名前はほとんど男性となっている。これ

表6　購読雑誌一覧（1）　1904年

	購読者数	通年購読者数
日露戦争実記	52	3
日露戦争写真画報	41	0
女学世界	22	1
実業之日本	17	4
軍国画報*	16	0
戦時画報	14	0
文藝	11	1
征露戦報	10	0
中学世界	10	0
太陽	9	7
日本の小学教師	9	0
少年世界	8	0
軍事画報	6	0

＊『日露戦報』の改題

は、「配達元帳」が購読料を支払う者の名前となっているためで、読者を直接示しているわけではない。しかし、これら雑誌が少年少女だけに読まれたわけではなく、一家で読む娯楽雑誌的役割を果たしていた可能性はある。子供が読むにしろ、一家で読むにしろ、定期購読者が一名しかいないのは、これらの雑誌が生活必需品であったのではなく、いわば経済的・時間的余裕のある場合に購読するものであったことを示しているのだろう。

第三に、実業雑誌・経済雑誌で読まれているのは事実上『実業之日本』のみである。この時期の実業・経済雑誌として著名な『東京経済雑誌』『東洋経済新報』は一名も読んでいない。これは、『時事新報』『中外商業新報』などの読者がいることからすれば、やや意外な結果である。だが、梁川の実業家にとっては、独特の経済論をもつ『東京経済雑誌』『東洋経済新報』より、実用的で読みやすい『実業之日本』の記事と新聞による商況記事が彼らの経済的関心に適していたのであろう。

第四には、いわゆる総合雑誌で読まれているのは、博文館の『太陽』である。この時期に台頭しつつあった『中央公論』や伝統のある『日本及日本人』はまったく読まれていない。住民は、政治的思想的言論にはあまり関心がなかったようである。もともと士族がおらず、自由民権運動とも無縁で政論の活発でない土地柄の反映で、知識人ともいえる小学教師、中学教師でも総合雑誌は読まず、主として教育関係の雑誌を読んでいた。

『太陽』で注目すべきは、定期読者の比率が高いことである。九名の読者のうち七名が定期購読者である。七名のうち三名だけが梁川町民であると推定されるが、彼らはいずれも東京の新聞を定期購読しており、一人は医者、もう一人は魚類仲買業で、町の有力者である。新聞に加えて『太陽』を定期購読しているのであるから、かなり外部世界に関心をもっていた人物だと考えられるが、そうした人物にとって多種多様な記事を一冊に網羅した『太陽』は最も有用な雑誌であった。

2 書籍購読

一九〇三年の一年間に阿部回春堂が販売した書籍は、合計一四〇冊である。当時の梁川町には他に書籍を扱う書店はなく、また貸本屋などもなかった。当時、地方在住者が書籍を入手する方法として通信販売が利用されていたし、梁川町民が福島や仙台あるいは東京に出かけた折に、書籍を購入することは十分ありうることであったから、ここに記載されているのが梁川町民が購入した書籍のすべてではない。しかし、梁川町の書籍購読の大勢を知ることはできるはずである。

まず、書籍を購入した個人・機関は、合計七八人である。大多数の者は、年一冊を購入したにすぎない。ところが、中木直右衛門だけは三〇冊もの書籍を購入しているのである。彼一人で、阿部回春堂が扱った本の約二一%を買ったことになる。中木直右衛門は、中村佐平治などと並ぶ町きっての資産家、金銭貸付業、蚕種家、大地主で、梁川製糸社長、町会議員などを努める名望家であった。次は梁川小学校で一一冊、三位は山際庄右衛門で六冊となっている。中木直右衛門は、ずば抜けて多くの書籍を購入していたのである。

しかも、彼が購入したのは、他の購入者とはまったく異なる書物であった。後述のように多くの者が購入したのは実用書であったのに対し、中木直右衛門は、文学書・教養書を買っていた。『日本外史』『支那文学大綱』といった日本・中国の古典もあるが、『シルレル物語』『ミルトン失楽園物語』『大尉の娘』『社会学序説』『デカルト』『ファウスト』『オルレアンの少女』といったヨーロッパの文学書・教養書、なかには『基督教本義』といったキリスト教関係の書物まで含まれている。梁川の町において、こうした本を買っていたのは中木直右衛門ただ一人である。しかも彼は、この町において唯一の『平民新聞』購読者でもあった。

町の最大の資産家が、社会主義新聞のただ一人の読者であるというのは何とも皮肉である。中木直右衛門がキリスト教信者や社会主義者になったことはないが、町きっての文化人、もしくは文化の保護者であったことは、町史編纂室の関係者などが語るところである。(28) 中木直右衛門は、彼の所蔵する書籍などを近隣の者に貸し出す私設図書館的な活動をしていたともいわれ、毎月三冊か四冊を規則正しく買っている様子はそれと符合している。いずれにせよ、中木直右衛門は、キリスト教とか社会主義といった新しい思想も含め、東京の最新の書物にアットランダムな関心をもち、結果的には他の町民が到底購読することがない書物を梁川の町に導入していたのである。そして、私設図書館と呼べるほどのものであったかはともかくも、町の読書人に貸していたのであろう。

中木直右衛門を除けば、多く購入されていたのは教師用の教材本・教授法本等である。それ以外に蚕種製造・農業関係の書物、文章法等の書物もある。これらは教授法と合わせて一種の実用書である。一般教養書は少なく、黒岩涙香の『精力主義』や『福翁百話』などが目につく程度である。娯楽的書物はほとんどない。娯楽読み物を購買する経済的・時間的余裕は乏しく、一人で読書を楽しむという習慣はまだ広まってはいなかったのである。

また、書物を選択する情報として新聞広告はあったものの、作家や作品について十分知識のないものには、何を読んだらよいのかわからない状況であった。先の中村佐平治家のように購読している新聞連載記事を切り抜くのが手軽な読書であり、切り抜きが書籍の代用をしていたところもあったのである。

無論、それはこの町の人々に娯楽が少なかったというわけではない。町内の人々が出資して作った広瀬座は近隣でも評判の芝居小屋であり、寄席もあったようだ。また広瀬川沿いに料亭なども並び、そこでは『都新聞』が読まれていた。娯楽は、読書のように個人単位ではなく、いわば共同的なものとして楽しまれる傾向であったのである。複数売れる書物はほとんどなく、わずかに『教授細目』が二人の教師によって買われるという程度であった。しかし、例外的に多数売れたのは地図で三五冊も売れ、書籍販売の二五％が地図となっている。特に『満韓地図』は二二冊売れ、この年のベストセラーである。一九〇四年二月だけで二〇冊も売れている。日露戦争開始と同時に人々が『満韓地図』を買ったのである。この他、『満韓西利亜地図』も売れている。これについては次章で述べることとする。

四　ま と め

以下、日露戦争期から一九一〇年代前半までの梁川の社会のコミュニケーションについていえることをまとめておこう。

まず第一に、日露戦争頃からの新聞購読率は、日露戦争前の一九〇三年の戸数あたり普及率は二一％である。すなわち五分の一しか新聞を読んでおらず、五分の四は新聞を読んでいない。これは、いわばのべ購読率で、例えば一九〇七年一月という一時点をとれば、新聞購読戸数は一二二（新聞数にして一三四）、戸数あたりの購読率は約一二・五％、全戸数の約八分の一ということになる。全国的新聞普及率に関する研究は少ないが、梁川町の事例が特に低いということはない。

しかし、この時期、大勢としては新聞購読率は上がっていった。日露戦争の戦争熱が新聞部数を押し上げたが、戦後もそれが失速せず、むしろ上昇し続けたのである。外部世界の様々なニュースを知りたいという住民の側の新聞需要と新聞社間の販売競争という供給側の要因とが相乗的に働いていたのである。

ただ、梁川の社会全体のコミュニケーションを考えた場合、一二%程度の家しか新聞をとっていないのであるから、新聞の直接的影響力は決して大きなものではなかったということである。別な言い方をすれば、新聞ニュースの広がりは梁川の住民相互のコミュニケーション状況全体のなかで、特に口頭のコミュニケーションとの関係のなかで考える必要があるということである。新聞購読者が周囲の非読者にニュースを話せば広がっていくし、話さないか、購読者同士の仲間内の話題にとどめれば、広がりはもたない。ニュースの媒介者として新聞購読者層の役割が重要である。

第二に、新聞購読が、階層的な構造をなしていたことである。その階層構造は、町の政治的・経済的階層と重なり合っている。梁川の町民は大きく複数紙定期購読者、定期購読者、不定期購読者、非読者階層の四つの階層に分かれていた（図5）。

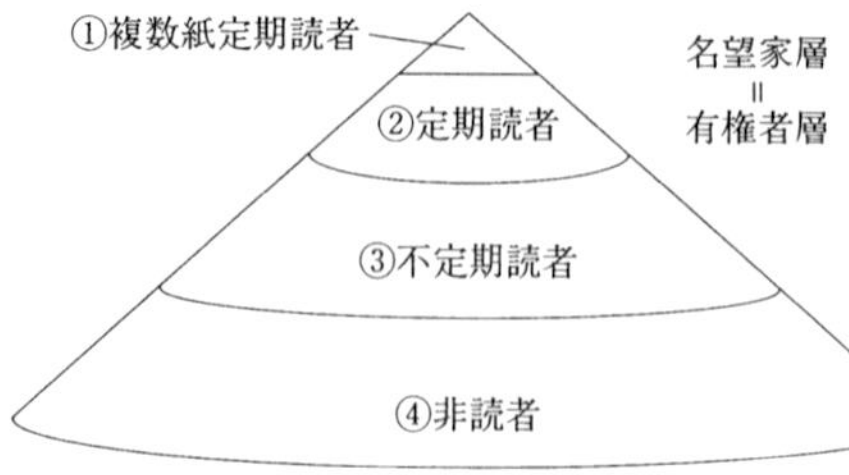

図5　新聞購読階層

①の階層は、複数の新聞を定期購読している者である。一九〇九年は四戸（全戸数の〇・四%）、一一年は一〇戸（一%）、一二年には一三戸（一%）ある。これらのなかには、梁川町役場、銀行等の機関も含まれているが、個人で三紙、四紙も定期購読している者もいる。これらの家はほとんど蚕業と商業を兼ねて生業としており、梁川町の経済の中心で、同時に町会議員を務めるなど政治においても指導的階層である。例えば、第百壱銀行頭取で大地主であった大竹宗兵衛は、『時事新報』『福島民報』を定期購読し、『福島新聞』も読んでいた。一九一一年から梁川町長を務め、それ以前は町会議員であった田口留兵衛は、『時事新報』『福島民報』『福島民友新聞』の三紙を定期購読していたし、梁川製糸株式会社社長で町会議員でもあった中木直右衛門は、『国民新聞』と『福島民報』を定期購読し、『時事新報』

も読んでいた。彼らが、新聞購読によって遠い外部世界について多くの情報を得ていたことは明らかである。

②の階層は、一つの新聞を定期購読するグループで、一九〇三年は五一戸（五％）、〇七年は七〇戸（七％）、〇九年は九〇戸（九％）、一一年は八一戸（八％）、一二年は一〇八戸（一一％）である。この階層も多くは蚕業家、また呉服商・酒屋など商業を営んでおり、町の政治経済において①の階層に次ぐ役割を果たしている。①と②とでは、それほどの差はないともいえる。また、町の永住者ではないが、小学校教師・医師・蚕業講習所教師等の多くが、ここに含まれる。衆議院議員選挙有権者は、ほぼこの階層であると推定できる。

③の階層は、不定期に新聞を購読するグループである。一九〇九年は二五二戸（二六％）、一一年は二七一戸（二八％）、一二年は三〇七戸（三二％）というように、定期購読世帯より不定期に読む者のほうがはるかに多かったのである。彼らは、①②ほど大規模ではないが、やはり蚕業あるいは蚕業関係農業関係の商業を営んでいる。しかし、町内で政治・経済の有力者というわけではない。

不定期のかたちは様々である。初めて新聞をとる者もあるし、時々中断しながらとる者もある。あるいは数ヵ月間だけ複数の新聞をとり、突然すべての新聞をやめてしまうものもいる。

いずれにせよ、彼らにとって新聞はいまだ物珍しい品であり、時に有用さを感ずることはあったかもしれないが、生活に不可欠とまではみなされていないのである。

この購読者は季節によって増減があった。一九〇七年、〇九年、一一年の月別新聞購読部数を表7と図6に掲げた。これで見ると、各年ほぼ同じ曲線を描いている。一月から二月、三月と漸減し、五月、六月が最も減少し、その後七月、八月と上昇し、年末には横ばいとなる。これは、蚕業の周期と関係していたと推定される。五月中旬頃が春蚕の掃き立て、夏蚕は六月下旬が掃き立てであったという(29)。この時期は、桑つみ、蚕への給桑と繁忙をきわめ、新聞を読

表7　月別新聞購読部数

	1907年	1909年	1911年
1月	134	232	239
2月	130	234	227
3月	129	235	214
4月	143	215	202
5月	136	211	194
6月	144	206	197
7月	167	248	231
8月	170	254	304
9月	190	262	279
10月	182	264	276
11月	187	248	243
12月	186	253	268

んでいるような時間はとうていなかったのであろう。そして、夏から秋にかけて余裕ができて新聞でも読んでみようということになったのである。

④の階層は、新聞をまったく読まない人びとである。一九〇九年では、町の全戸数の六四％と、最大の集団である。①②③の階層までは「新聞配達元帳」を手がかりに、その生業や生活などを知ることができるが、④の階層の人びとについてはまったく記載がないので、その実態を知ることはほとんどできない。文字通り無名の存在なのである。彼らは桑や蚕業の農業者・労務者、小作人などとして①と②の階層の生業を支えていたと推定できる。

新聞を読まない理由として読み書き能力の不足を想定することができるが、残念ながら梁川町民の読み書き能力を示す資料はない。ただ、梁川町とその周辺では、かなり早くから小学校が設立され、教育水準の低い地域ではなかった。一八七二年の学制発布後、粟野小学校、梁川小学校、八幡小学校、東大枝小学校、五十沢小学校と次々に小学校が設立されている（いずれも一八七三年創立）。また一八八四年創立の福島中学校、あるいは県域を越えて宮城県側の中学校に学ぶことも可能であったし、前述の蚕業講習所等も一種の中等教育機関の役割を果たしていた。

しかし、読み書き能力を学校で習得したとしても、卒業後の生活のなかで低下していくことはありうる。小作農業者、蚕業労働者などの生活では常時読み物に接するわけではない。また日常生活で新聞を読む必要性をあまり感じなかったかもしれない。

経済的負担も重かったであろう。阿部回春堂の各新聞販売価格は、時期や相手によって違っているが、先の平均的価格を表5に掲げた。安い新聞で月極三一銭、高い新聞になると五〇銭であって、中下層の家計を推測するのは困難

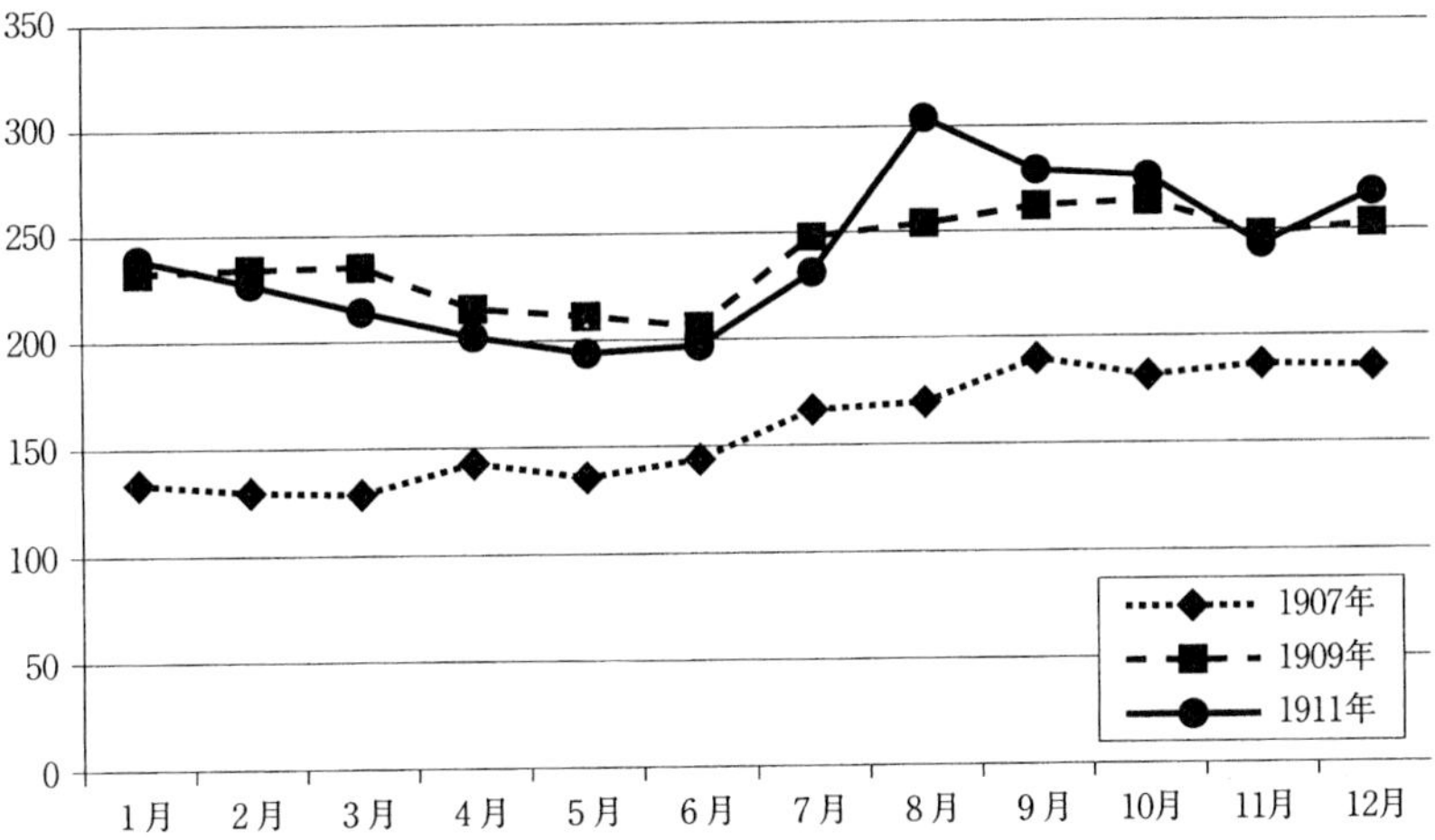

図6　月別新聞購読部数

だが、かなりの月々の負担である。

以上の四つの新聞購読階層が、図5のようにピラミッド型に布置していたといえる。それが、前述のように経済的・政治的階層とも重なっており、ピラミッド構造の最上部層（複数紙定期購読者層）と上層（定期購読者層）の上位層が町の政治・経済で指導的役割を果たした名望家層であり、その下部に新聞を時々読むか、まったく読まない中下層が存在していたのである。大きく見れば新聞購読者層と非購読者層の二層構造をなしていたといえる。

第三の問題は、ピラミッドの上部と底辺の間の情報格差である。上部にいる①②の階層は、外部世界について多くの情報を得ている。彼らは、自らの蚕種の生産・販売活動が福島県内の地方市場、さらに全国市場、時には外国市場のなかに組み込まれていることを十分承知し、外部世界（市場圏）の動向に大きな関心をもっていたのである。購読する新聞も、地元新聞より東京・横浜の市況、群馬・長野等競合地域の状況などに詳しい『時事新報』『中外商業新報』等が多い傾向であった。また、販売活動などのために県内外を巡回したり、横浜まで出向くこともあり、広い見聞をもっていた。各地で開かれる共進会・博覧会などにも積極的に出品してもいた。

これに比べ、③の不定期購読者階層になると、経済活動も町内や周辺の村々との間に限られ、梁川町・伊達郡の外の世界との結びつきは薄くなってくる。新聞などで常時外部世界の情報を入手しなければならない必要性は余り高くない。商業者の商圏も、阿部回春堂の配達区域である粟野、堰本、山舟生、大枝、五十沢、白根、霊山など隣村の範囲内であったであろう。

さらに④の階層になると、新聞・雑誌とほとんど接触せず、町の外の世界についての情報は乏しくかつ漠然としている。生活はほぼ直接体験する世界に限定していただろう。梁川は蚕業の関係で山形や新潟から出稼ぎに来る者もいて、それらの人びととの交流などを通じて外の世界についてまったく知らないわけではないが、直接的利害関係をもつことはまれである。その外部世界認識はせいぜいはるか遠く霞のかかった山々を遠望するといったところである。彼らのコミュニケーションは近隣と町内といった直接的体験の生活世界のなかでほぼ完結し、そこで流通するのは、遠い世界の国家語ではなく、日常的な生活語である。

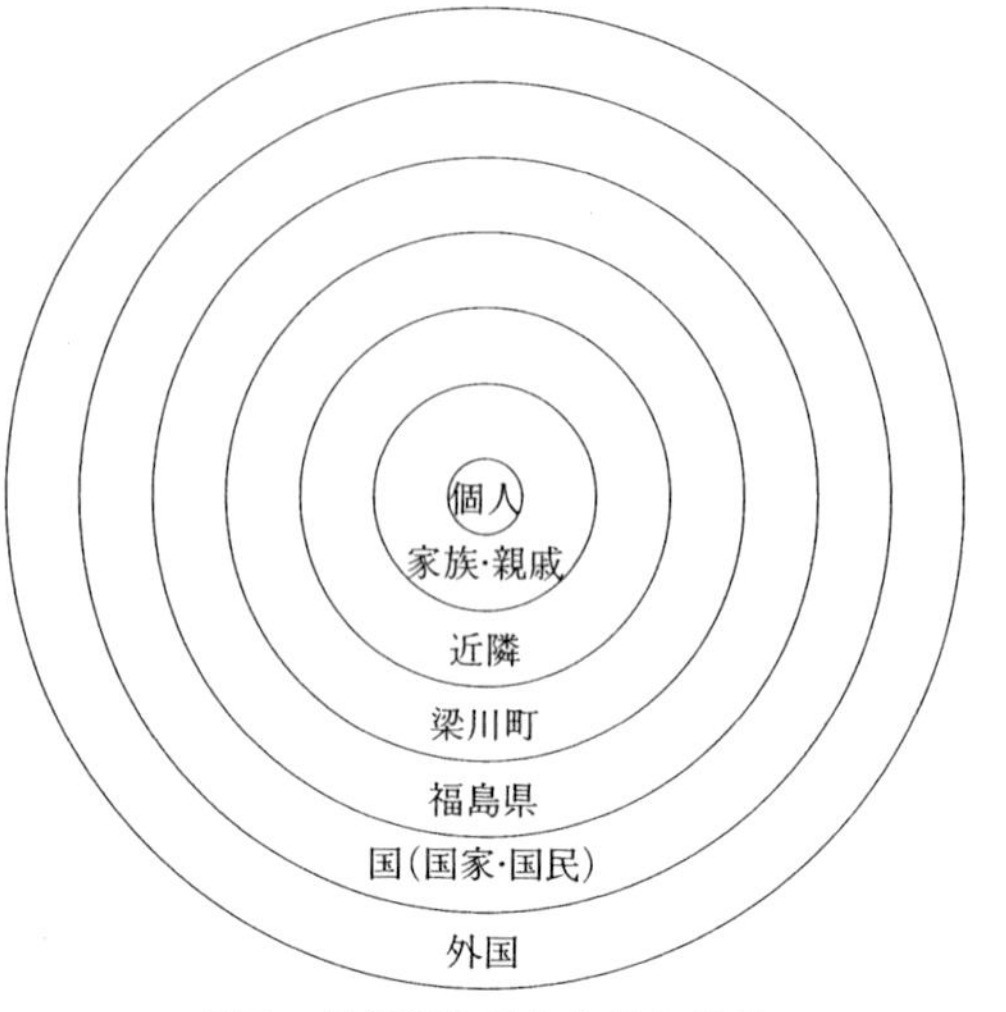

図7　梁川町住民から見た世界

このような情報の格差は、当然のことながら住民の世界認識と深く関連している。一般的に梁川町住民に世界がどのように見えていたかというと、図7のような同心円的広がりをもっていたと考えられる。家族・親戚―近隣―梁川町といった同心円は、住民の直接体験の世界である。梁川町といっても行政的区域ではなく、周辺の粟野村、堰本村、五十沢村など周辺の村々を含む生活圏だが、この圏内では人びとはもっぱら口頭メディアによって日常的に交流し、これまで暮らしのなかで形成され、記憶化され身体化された様々な生活習慣・しきたり・行事のなかで生きている。その外にある福島県、国家、外国といった外円はいうまでもなく遠い世界であり、行政文書、新聞・雑誌あるいは郵便といったメディアによって知る世界である。

このような同心円のあり方は、住民それぞれの社会的立場によって異なる。メディアを通して遠い世界を身近に意識し、実際に様々な利害をもつ者もいるし、自らの直接体験の世界に生活し、国家や外国はほとんど意識せず一生を終わる者もいるだろう。同じ人物が場合によって町民という円を強く意識して、それに準拠して思考し行動することもあり、また家族・親戚という円に準拠するときもあるだろう。また、図では便宜的に正円で描いたが、梁川には新潟や山形から出稼ぎに来て、そのまま居住している人びともいて、その人びとにとっては、梁川の外の広がりは東京（国家の中央）の方向に向かっているのではなく、故郷の方向に伸びていったはずである。それぞれの人の外円は、それぞれの生活によっていびつになっているのである。

電話はまだ開通しておらず、郵便を除けば外の世界の情報をもたらすメディアは新聞・雑誌だけしかなかった。したがって、梁川町民の同心円的世界像は新聞購読のピラミッド構造と重複しているのである。

ピラミッドの最上部にいる①と②の新聞定期購読階層は、遠い外円の世界、福島県、全国について多くの情報を得ている。その外円世界との関わりは主に経済的な活動に基づくもので、例えば国家という外円は、彼らにとっては全国市場という意味であり、外国についても輸出先あるいは競合蚕業地域として一定の知識をもっていた。

しかも、彼らの関心は遠視眼的に外にばかり向かい、身近なことへの無関心なドーナツ状態になっていたのではない。内円にある町内の問題にも十分な関心をはらっていた。この層が、基本的にこの町の主産業を担い、同時に町長・町議会議員として町の行政の担い手であり、また前述のように自らの手で第百壱銀行を設立し、郵便事業の設立、蚕業試験場誘致、梁川製糸株式会社設立などを推進した。さらに福島と結ぶ軽便鉄道の設置、電話の導入といった地域社会の基盤整備に重要な役割を果たしたのである。また組合を設立し、広瀬座という劇場を運営するなど地域の文化においても中心であった。いわば町の公共性を担う名望家であった。

梁川の町では、地域社会の公共性を担うグループが存在し、その活動によって地域社会が円滑に機能していたのである。早くから新聞を定期的に、時には複数の新聞を定期的に購読し、同時に雑誌等を読んでいるというメディア受容のあり方も、地域社会における彼らの活動抜きには考えられない。確かに、彼らは代々続く梁川の有力者であり、彼らが熱心に新聞を購読した一つの理由が私的経済活動の必要性にあった。だが、それだけでなく、新聞等による外部世界との接触は、彼らに広い社会のなかで自己や梁川町を考える視点を形成させ、地域社会の公共的事業を自らの手で実現していく意識を強めていったと考えられる。

これに対し、③と④の階層の世界像は、内円の家族・親戚、隣近所、町内をほとんど出ない。せいぜい伊達郡、福島市ぐらいまでである。それより外は、ぼんやりとして遠景にかすんでいる。

第四に、ピラミッド構造のなかで情報はどのように流れていたのであろうか。それについては残念ながら資料は乏しい。しかし、新聞購読の限定的な状況と町民の生活様式から次のように推定できる。

外部世界の情報は、新聞などのメディアによって購読者層に入ってきていた。複数の新聞を読む者がいるほどであるから、それはかなりの情報量である。しかし、こうした外部世界の情報は、ピラミッドの上層すなわち①と②の層のなかで環流していたと推測される。上層の多くが蚕種製造・販売など蚕業を生業とし、第百壱銀行や梁川製糸株式会社などへの共同出資など緊密な関係をもっていた。それは、この時期だけではなく、古くは江戸時代から代々続く伝統的関係であった。そこでは、社会的同質性・文化的同質性が成立していた。先の中村家のような新聞切り抜きの貸借も、この階層のなかで行われたのであろう。

一方、それより下の階層は、生業や生活様式から見て、東京や横浜の情報はあまり縁がない、もしくは生活に不必要な情報であった。彼らにとって必要なのは、もっと生活に密着した情報であった。ただ、外部世界の情報がまったく流れなかったわけではなく、上層の媒介によって選択あるいは加工されて一定量は流れていたと考えられる。特に、中下層まで巻き込まれる戦争のような大事件となると、外部世界の情報が求められ情報の下への流れは一挙に増えたであろう。

梁川の社会では、図8のような外部世界の情報については、上層内での環流と少量の下への伝播という二つの流れがあった。しかし、こうした異なる流れによる一種の情報の壁が存在するにもかかわらず、①と④の階層がまったく隔絶して生活していたわけではない。蚕業・農業などの雇用者・被雇用者、地主・小作人といった関係によって結びつき、梁川という一つの地域社会に共属していた。住民のあいだでは、日常生活においてコミュニケーションが成立していたし、互いに面識を重ね、代々つき合っていることも多かった。

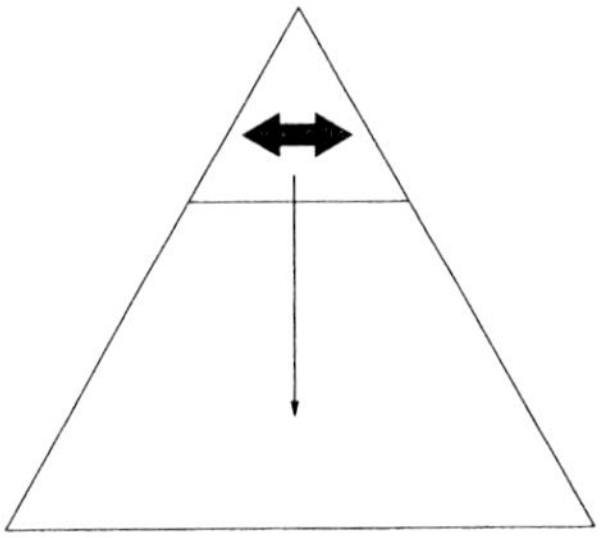

図8　町内の情報の流れ

何より、蚕業を中心に町の経済や生活はまわっており、立場は違っても近隣の桑の生育や天候の不順は死活問題であって、共通の話題であった。また、祭りや様々な年中行事は町全体で支えるものであった。一部の名望家層の家では連載小説の切り抜きを読むといった個人的娯楽が生まれていたが、有力者を中心とする組合によって広瀬座という演芸場が維持されてきたように、町の文化や娯楽は地域社会の共同性に根ざしたかたちで発達していたのである。

このように梁川の社会では、口頭メディアによるコミュニケーションが全体を包み込み、町の共同性をつくり出していた。その基層のうえに、上層では新聞などが伝える外部世界の情報の環流があったのである。そこには二層のコミュニケーション圏が成立しており、それは新聞購読者ピラミッドの二層構造と照応し合っている。こうした梁川の町の社会的コミュニケーションが、社会変動によってどのように変容するか、あるいは変容しないのかが問題である。

注

(1) 青木栄一『鉄道忌避伝説の謎　汽車が来た町、来なかった町』(吉川弘文館、二〇〇六年)参照。
(2) 例えば著名な医学者石黒忠悳は、幕府領時代の梁川代官の手代の子供で、梁川で生まれ、四歳のとき甲州に転勤となった(同『懐旧九十年』岩波文庫、一九八三年)。
(3) 「梁川町郷土誌」『梁川町史資料集第二九集』(梁川町史編纂委員会、一九九〇年)二一〇頁。
(4) 「蚕種本場」の呼称の由来は江戸時代にあるようだが、諸説あって定まらない(谷津市之助編『伊達之蚕種業』(伊達郡蚕種同業組合事務所、一九〇八年)参照)、野村彦太郎・芝山宗太郎『日本蚕業史』(蚕事新報部、一八九三年)。
(5) 『日本歴史地名大系』七(平凡社、一九九三年)。
(6) 『梁川町史』第三巻八一頁。
(7) 境町史編纂委員会『境町資料集第四集・島村蚕種業者の洋行日記』(境町、一九八八年)、丑木幸男『蚕の村の洋行日記　上州蚕種業者・明治初年の欧羅巴体験』(平凡社、一九九五年)。
(8) 『梁川町史』第三巻九三頁。
(9) 『梁川町史』第三巻九三頁。
(10) 『梁川町史』第三巻一〇一頁。
(11) 『梁川町史』第八巻一八〇頁。ちなみに創立請願者は中村佐平治以下一一名であるが、いずれも身分は平民である。
(12) 『梁川町史』第八巻九三頁。文書には梁川村とあるが、すでにこの時点では梁川町である。なお、近隣の伏黒村の蚕種業については、高橋幸八郎・古島敏雄『養蚕業の発達と地主制』(御茶の水書房、一九五八年)に江戸時代以来の詳しい研究があり、江波戸昭

『蚕糸業地域の経済地理学的研究』（古今書院、一九六九年）の第六章が伏黒村の蚕種業を分析している。
(13) 「近代史研究」編集室「明治二〇・二七年伊達郡『所得金高下調書』」『近代史研究　福島近代史研究会年報』第四号（一九七五年）。
(14) 『梁川町史』第八巻三六四頁。
(15) 『梁川町史』第八巻三七〇頁。
(16) 名望家概念については、歴史学界では様々な議論があるが、ここでは、「教養・財産・家柄などの点で高い社会的威信をもち、これによって、周囲から社会的名誉を享受している者。彼らの経済的地位は団体の指導や管理の仕事を名目的報酬で引き受けることを可能にし、名声や威信などの社会的地位は公職に就くことを容易にする。具体的には自己の業務から解放され一定の余暇をもつ地主や地方的な企業家などである。一般に名望家層は、伝統的な地域共同体における政治・行政の名望家の担い手として立ち現れてきた」（森岡清美他編『新社会学辞典』有斐閣、一九九三年）といったごく一般的意味に用いている。
歴史学界での名望家概念についての議論は、丑木幸男『地方名望家の成長』（柏書房、二〇〇〇年）序章がまとめている。ただ、名望家を地価や保有土地面積などで定義することが有効だとは思えない。地域社会のなかでの機能としてとらえるべきであろう。
(17) 『梁川町史』第八巻資料編より算出。
(18) 「梁川町郷土誌」は、以後も使用する資料であるので若干説明しておく。これは一九三二年一月、福島県内の小学校・町村役場・市役所・支庁に郷土誌の作成を命じた福島県知事の訓令に基づいて作成されたもので、調査の項目は「郷土誌編纂要項」によって定められていた。「梁川郷土誌」は、梁川町史編纂委員会によって『梁川町史資料集』第二九集として復刻されている。
(19) 『梁川町史』第八巻巻末五頁、第一〇巻七一八頁。
(20) 内川芳美「新聞読者の変遷」『新聞研究』一九六一年七月号。
(21) 定期購読といっているのは、一年間を通じて同一の新聞を購読しているという意味である。厳密にいえば、通年購読というほうが適当かもしれないが、取りあえず本書では定期購読と呼ぶことにする。
(22) 拙著『近代日本のジャーナリズムの構造』（東京出版、一九九五年）四一頁以下。
(23) この時期の新聞部数推計は前掲拙著『近代日本ジャーナリズムの構造』一四頁を参照。
(24) 拙稿『徳富蘇峰と国民新聞』（吉川弘文館、一九九二年）一三七頁以下。
(25) 梁川町史編纂委員会『梁川町史資料集（中村佐平治家近現代文書）』第三〇集（梁川町、一九九一年）による。

(26) 前掲『梁川町史資料集』第三〇集。

(27) 『原敬関係文書』第九巻所収の内務省関係書類「地方新聞雑誌通信内情調三十九年」にも発行部数の記載があるが、『福島』は「月一〇万六三七〇枚」、『福島民友』は「月一一万六五八〇枚」であるのに『福島民報』は「月六七八五枚」となっている。月刊総発行部数の意味だろうが、『福島民報』が他紙とあまりに違っており誤記があるようなので、今回は取り上げない。

(28) 中木直右衛門は嘉永元年二月生まれ。信夫郡笹谷村佐藤嘉右衛門の三男として生まれ、中木家の養子となった。町会議員・県会議員を務め、「終始克く公共の事に参与して自治の発達を図り、教育の普及に徴税の改善に或は道路改修に東奔西走、貢献する所頗る大なるものあり」と評された（『福島県人名辞典』時事通信社、一九一四年）。

(29) 『梁川町史』第一一巻二一七頁。当時の新聞にも掃き立てが始まると報道されているが、ほぼこのような時期である。

第二章　日露戦争という体験

一　新聞購読とコミュニケーション

日露戦争を一つの地域社会がいかに体験したのかを、梁川を事例としてメディアやコミュニケーションの観点から考えてみようとするのが、本章の目的である。社会とメディアという問題を考える場合、多くの研究は、メディアが伝えるメッセージとその影響力を論じようとしてきた。無論、そうした研究は必要であろう。

しかし、それでは、ごく一部の人（メッセージ発信者）の視点から社会を見ているにすぎず、ごく普通に生きた人びとは、影響を受ける人（受信者）としてしかとらえられないことになる。やはり、社会とメディアの問題を考えるためには、視点を一八〇度転換して、ごく普通に生きていた人びとが、日常生活のなかでどのようなコミュニケーションを送り、どのようなメディアを利用していたのかという視角に立つ研究が必要である。

しかし、序章でも述べたように、こうした研究はこれまでのところ資料的制約や研究方法の未熟などから取り組みが立ちおくれているのが実状である。事例とする梁川町についても十分な資料があるわけではない。阿部回春堂の「新聞配達元帳」は、ちょうど日露戦争の始まった一九〇四年から〇六年（明治三七～三九）までが残っておらず、戦争期の新聞販売を具体的に知ることはできない。ただ、一九〇三（明治三六）年の「新聞配達元帳」に一九〇四年の雑誌・

書籍の販売が記帳されていることと、一九〇三年と一九〇七（明治四〇）年の「新聞配達元帳」があるので、新聞販売の趨勢を知ることができる。

町史編纂室に残されている日露戦争中の町内についての資料は必ずしも多くはないが、貴重である。また地元福島の新聞から梁川に関する記事を収集する方法をとったが、梁川に記者が常駐していたわけではなく、せいぜい新聞社から委託された住民が通信員として時折ニュースを送るぐらいであるから、梁川に関わる記事は決して多くはない。

資料の不足を補うために、当時の梁川と同じような経済的・社会的コンテクストに置かれていた近隣町村の動向あるいは他地方の動向から、梁川の状況を類推するという方法も併用することとした。

まず、繰り返しではあるが、前章で述べた梁川の新聞購読状況、それと深く関連していた社会的コミュニケーションについて簡単にまとめておこう。

まず第一に、日露戦争前の一九〇三年の戸数あたり購読率は二一％である。すなわち、梁川町世帯の約五分の一が新聞を読み、五分の四は新聞を読んでいない。これは、いわばのべ普及率で、一時点をとればもっと低くなる。全国的新聞普及率に関する研究は少ないが、梁川町の事例が特に低いということはない(1)。また定期購読者となるともっと低く、一九〇三年の戸数あたりの定期購読率は五％程度である。新聞のニュースに常時接していたのは、住民のごく一部であった。

新聞の購読率が、この程度であったということは、新聞の直接的影響力は決して大きなものではなかったということを意味する。別な言い方をすれば、新聞の影響力は梁川の住民相互のコミュニケーション状況全体のなかで、特に対面的コミュニケーション関係のなかで考える必要があるということである。

第二に、新聞購読が階層的な構造をなし、それが町の政治的経済的階層と重なり合っている。梁川の町民は大きく四つの階層に分かれていた（図5参照）。

①の階層は、複数の新聞を定期購読している者である。一九〇三年にはいないが、〇七年は四戸（全世帯の〇・四％）、一二（明治四五）年には二三戸（二％）ある。これらのなかには、公的機関も含まれているが、蚕種製造業を営む町の政治経済の最上層にいる名望家層である。

②の階層は、一つの新聞を定期購読するグループで、一九〇三年では五一戸（全戸数の五％）である。この階層も多くは蚕業家で、町の政治経済において①の階層に次ぐ役割を果たしている。①と②とでは、それほどの格差はないともいえる。また、小学校教師・医師・蚕業講習所教師等の多くが、ここに含まれる。

③は不定期に新聞を購読する階層で、数ヵ月だけあるいは断続的に新聞を読む世帯である。一九〇三年は一五四戸（全戸数の一五％）である。定期購読世帯より不定期に読む者のほうがはるかに多かった。彼らは、①②ほど大規模ではないが、やはり蚕業家であったり、蚕業関係の商業、近隣の農家や町の住民相手の小売業者である。町内で政治・経済の有力者というわけではない。

④に新聞をまったく読まない人びとがいる。これが、町の全戸数の約六四％を占める最大の集団である。①②③の階層までは「新聞配達元帳」を手がかりに、その生業や生活などを知ることができるが、④の階層の人びとについてはまったく記載がないので、その実態を知ることはほとんどできない。文字通り無名の存在なのである。彼らは桑や蚕業の農業者・労務者・小作人などで、①と②の階層の生業を支えたと推定できる。

梁川では、これら四つの新聞購読階層が、前章の図5のようにピラミッド形に布置していたといえる。これは、新聞購読の階層構造であると同時に政治経済的階層構造であったのである。

第三に外部世界のニュースは、図5のように基本的にはピラミッドの上部、すなわち定期購読者層と不定期購読者の一部あたりのなかで環流していた。彼らは主に蚕業を通じて県内市場、全国市場時には外国市場と取引を行い、そうした外円的世界と物資・情報の交換を行っていた。それだからこそ、新聞を購読していたのであり、新聞購読によって一層外部世界の情報を得ていたのである。しかも、上層は経済的政治的文化的にかなり同質性をもっており、他県や県内の蚕業競争地域の動向、町の行政など情報を共有・交換する関係にあった。

これに比べ、不定期購読者の多くと非購読者の生活圏は、梁川町内と近隣町村の範囲内にあって、それより遠い世界と切実な利害関係をもっているわけではなかった。その生業からいって遠い世界の情報をあまり必要とすることもなかったのである。実際、上層から外部世界の情報があまり流れてこなくても、格別の痛痒はなく暮らしていけた。彼らの必要としたのは、近隣の世界の情報であって、それは、日常生活での対面的コミュニケーションを通じて流通していた。

大きく見れば梁川の社会のコミュニケーションは、外部世界情報が環流するピラミッド構造の上部と、主に内部の生活情報が環流する中以下の層との二層構造をなしていたのである。

第四は、そうした二層構造によって地域社会が分裂していたわけではなく、梁川の住民のあいだには代々続いてきた共通生活体験に基づく共属意識が強く存在していたのである。立場は違うにせよ、蚕業を中心とする町の生活において同じ地域社会に生きているという意識が存在し、それが町の住民たちのコミュニケーションの基底にあった。ピラミッド構造の上層も下層もそうしたコミュニケーションに包み込まれており、上層の外部世界の情報もそのうえに付加されていたのである。

二　開戦によるコミュニケーションの変容

こうした状況の梁川町に日露関係の緊張と開戦の報が伝えられ、町内のコミュニケーションは大きく変化することになった。戦争は、新聞非購読者を含め梁川の住民全体を否応なく巻き込んでいくが、住民は、この日常生活から遠く離れた外部世界の出来事をメディアによって知るしかなく、新聞購読のいかんによって戦争への関心、知識のあり方を大きく左右されることになったのであろう。

日露交渉から開戦に至る経過について、東京のほとんどの新聞は対露強硬の立場から報道言論活動を展開していたが、それを定期的に読んでいたのは、前述の通り、梁川の世帯の約一〇％程度の上層部だけである。福島町などでは、対露強硬論に連動する政治運動などがあったが、梁川町ではそうした動きはなかった。梁川の指導階層は、もともと政治より経済の観点から外部世界を見ていたのであり、戦争が蚕業などに与える影響を心配しても、対露強硬論あるいは非戦論などの政治論議に深入りする性向はなかった。

いっときは非戦論を掲げていた『萬朝報』は、学校教師と推定される二人に読まれていたが、学校教師は町内の政治的意見に大きな影響はなかった。しかし、非戦論がまったく知られていなかったわけではない。開戦後のことではあるが、一九〇四年四月、粟野村の池田倉吉らの招きで内村鑑三が梁川を訪れ、小さな集会が催された。(2)また、幸徳秋水らの発行した『平民新聞』の購読者も一人だけだがいた。ただ、池田倉吉は粟野村きってというより福島県下有数の大地主池田家の一族であり、『平民新聞』を購読していたのは、梁川町で一、二を争う資産家で文化人であった中木直右衛門であった。非戦論は町の最上層のごく一部が、遠い外円世界の最新文化として入手してはいたが、それが広がる動きはなかった。

日露戦争をめぐっては、諸新聞で対露強硬論、対露協調論や非戦論などの議論があったが、梁川の新聞読者は、日露関係の緊迫に無関心であったわけではないにしても、特定の意見に強く同調したり、反発するようなことはなかったのである。

一方、約九〇％を占める不定期新聞読者層や非購読者層にとって、日露関係は日頃の生活から遠く離れた外部世界の問題であって、その原因や外交交渉について十分知識をもちえたとは考え難い。日本がなぜロシアと戦争しなければならないかなどはほとんど理解の外にあったであろう。中国東北部の地名などを聞いても、どこにあるのかわからないし、そこが日本の利害あるいは梁川町の利害と、どのような関係にあるのかはまったく不明であったと思われる。

しかし、町民の意識を大きく変える契機になったのは、梁川町の青年たちが実際に召集され、町民がそれを送り出さねばならない事態となったことである。遠い世界の出来事が身近な大問題となったのである。伊達郡の青年は仙台の第二師団に応召されることになっており、新聞報道は禁止されたが二月五日、第二師団に動員令が下された。これは、梁川町の住民に非常に大きな興奮と不安をもたらしたであろう。日露戦争期間中、梁川町から出征したのは第二師団を中心に一二〇名。一九〇四年の総戸数は一〇五三であるから、約九戸に一人という割合である。日清戦争での従軍者は二二名であったのに比べ、五倍もの従軍者である。(3)梁川の人びとは、前代未聞の深刻な苦難に直面したのである。

遠い世界の巨大な出来事とそれが日常世界に引き起こした苦難によって、町内のほとんどの住民が戦争という外部世界に積極的な関心をもたざるをえなくなった。戦争が町全体の共通の話題となり、誰もが情報を求め、普段とは異なるコミュニケーション行動をとるようになる。平時には、新聞定期購読者＝指導階層を中心とする上層コミュニケーション圏のなかだけで流通していた外部世界情報が、情報の渇望によって、上層から中下層に流れるようになった。そうした活性化したコミュニケーション状況は、一層意識を昂揚させるが、その意識がどのような方向に向かうかは定かではない。

このような時期に、各地で盛んに行われたのが、軍人送別会・戦勝祈禱会である。福島町では、出征軍人家族の救護、出征軍人の送迎を目的に町内有志による軍事義会が組織されていたが、(4)一九〇四年二月、いち早く募金活動を開始した。(5)さらに、宣戦の詔勅発表以前に勅語奉読を名目に大規模な提灯行列が計画された。報道によれば、東京などではすでに炬火行列と称して数回行われているが、福島では前例がないので、今回特に発起したもので、「戦時に於ける祝意表明の方法として最も適当せるもの」なので町民数千人に同意を促すとある。(6)実際、この提灯行列は、二月一一日の紀元節を期して実行された。公会堂で宣戦布告の勅語奉読式が行われた後、諸学校生徒・町民有志約一〇〇〇人が提灯を手に万歳を連呼して練り歩き、有力商店は店前に酒樽と肴を用意し誰にでも提供したこともあって、行列参加者や近在からの見物人で町中はごった返し、多数の泥酔者が出たという。(7)まさに前代未聞のお祭り騒ぎである。

梁川の隣町桑折町では二月五日、送兵会が行われ、一三日には早くも祝捷会が開かれた。(8)祝捷会は小学校体操場を会場にした会費制で、町の有力者から酒の寄付があった。さらに二月上旬から信夫郡笹谷村、西白河郡矢吹町、安達郡本宮村などで開戦前に軍人送別会が行われている。(9)福島の地元紙には、これ以外の町村での戦勝祈禱会、送別会開催の記事が掲載されており、また新聞報道されなかったものも数多くあったであろう。

梁川町においても一月三一日に、町会で一七ヵ条からなる出征軍人軍属保護規定が制定され、出征軍人軍属家族に対する公的保護、無資力者への町税授業料の減免、生活困難者に対する現米・金品の贈与、婦女老幼のみの家族に対する助力、戦死者病没者遺族への弔慰金贈与と葬儀執行補助町民会葬、また相当の生計援助などが規定された。(10)戦争必至となると、銃後の家族への対策が深刻となったのである。新聞には梁川での出征者送別会開催などの記事は見出せなかったが、記事にならなかっただけで他の町と同様に何らかの歓送の集会が開かれたと推定できる。

このような送別会・戦勝祈禱会等は町の指導者層によってリードされ、外部世界の戦争情報を広く流通させ、住民の間のコミュニケーションをさらに活性化させるイベントであった。と同時に住民の興奮と不安を、遠くの戦争への支持と当面の犠牲への覚悟に方向づけていたのである。それは、国民という意識を形成させ、強固にさせる。

ただ、住民意識の底部に醸成されていた、送別・戦勝といった枠におさまりきれない大きな不安を払拭できたわけではない。不安感は、福島の提灯行列が主催者の統制の外に溢れ出た騒ぎになったように、興奮の果てに噴出することもあった。小さな町では、騒ぎが表面化することはなかったにしても、そうした興奮と不安の緊張関係は共通していたであろう。

三　平時から戦時へのコミュニケーションの転換

一九〇四年二月一〇日、宣戦布告され戦争が本格化する。若者を戦場に送った梁川の住民は戦争情報を一層渇望した。住民が渇望したニュースは、大別すれば二種類あった。一つは、国家レベルの戦争ニュース、簡単にいえば日本軍の戦争ニュースである。もう一つは、個人レベル、やや広げて近隣・町レベルの戦争ニュース、すなわち家族・親戚、梁川町とその近隣の町村出身の兵士に関するニュースである。

前者、即ち戦争ニュースの需要は、国家の進める戦争への国民としての関心に基づく。前章で掲げた図7の同心円でいえば、国家という外部世界を強く意識し、その円内に存在する者との一体感・共属意識をもってニュースを待望したのである。

そのニュースに登場する軍隊・将軍・軍艦などは、梁川町民からすればまったく抽象的存在だが、読者は強い同一化意識をもち、日本陸海軍の活躍に一喜一憂する。日露戦争における新聞報道の詳しい分析は本書の任務外であるが、各新聞社はこぞって号外などを駆使した大規模な速報戦を展開したことはよく知られている。梁川のような町では号外が迅速に届けられなかったかもしれないが、東京紙の号外が地方の新聞販売店で印刷発行された例はあるので、阿部回春堂も地元の印刷屋に依頼して発行したことがあったかもしれない。福島の新聞の号外は数時間遅れて届いたであろう。『福島民友新聞』は、開戦月の二月には二六回、以後三月二八回、四月六回、五月一七回、六月二一回、七月三〇回、八月三〇回、九月二一回、一〇月二六回、一一月一一回、一二月一三回と大量の号外を頻発したという。(11) 日常性を破って発刊される号外は、それ自体興奮をかきたてていったのである。

また、新聞の報道は、それまで名前を聞いたこともない地で敵軍を撃破し進軍する日本軍の勇敢さ、国家に命を捧げる愛国的軍人像をきわめて具体的に描いていった。こうした国家レベルの戦争ニュースでは、中央の新聞が特に得意とするところであり、新聞記者の想像力と美文が広瀬中佐など多くの軍神美談の物語を作り出し、さらに戦場風景画・軍人肖像画や地図などの視覚的記事がこれまでになく多用され、一層の迫真性を演出したのである。

新聞報道写真の歴史に深入りはしないが、日露戦争は新聞に報道写真が初めて掲載された戦争である。写真を新聞紙面に最初に掲載したのは『読売新聞』で、一八八八（明治二一）年の磐梯山噴火の際に、田中智学のルポルタージュ記事に磐梯山噴火被害の写真を八月七日から連日二八枚連載した。これは「改良銅版に模写」（「社告」）したものだといわれるが、非常に手間のかかる技法であったようだ。その後、写真網版の技術が登場し、これを紙型にとり、輪転機にかける技術は報知新聞社系の報文社が実用化し、『報知新聞』一九〇四年一月二日号に写真網版の写真を掲載した。ただし、これは官女や子供の肖像で報道写真ではない。一月一六日には「旅順口」の風景写真を載せ、以後、日露両軍の将軍の肖像写真を掲載した。写真そのものにはニュース性はないが、時局のなかでニュース性をもったのである。その後、『東京日日新聞』は四月四日、第一面に「閉塞決死二十九勇士」の写真を載せるなど、写真掲載は各紙の競争となった。政論新聞であった『日本』でさえ、一九〇四年六月六日から『日本画報』を発刊した。

アメリカの歴史家ブーアスティンは、「実物そっくりのイメジー——絵や人間や景色や出来事のイメジ、人間や群衆の声のイメジー——を作り、保存し、伝達し、普及させる」技術の革新を「複製技術革命（グラフィク・リボルーション）」と呼び(12)、それが人びとの外界認識を大きく変えることを指摘しているが、日露戦争はそうした体験をもたらしたのである。

もう一つのニュース需要、すなわち兵士に関するニュースへの待望は、いうまでもなく戦場に出た息子・兄弟・知人等への心配であり、図7の同心円でいえば家族・親戚、近隣という内円世界への一体感に基づく。このニュースでは、勇ましい物語や半ば想像の戦場絵ではなく、戦死者名・傷病者名の一覧のなかの一行、戦場記事の一行にでも出てくる兵士の名前が、かけがえのないニュースなのである。

この種のニュース需要には、中央の新聞は応えにくかった。中央の新聞が掲載する軍国美談の主役は通常は将軍や将校であり、戦死者名・傷病者名一覧の多くは将校までであった。これに対し、福島出身兵士たちの消息を報道したのは、『福島民報』『福島民友新聞』などの福島の地元紙である。福島地元紙も軍神物語、視覚的記事、速報に力を入れてはいたが、それぞれ記者一名を戦地に特派するのが精一杯であり、中央紙と比べ見劣りすることは否めなかった。それを補い、地元紙の特性を生かすために力を入れたのが、福島県出身兵士の戦地からの手紙の掲載、帰還傷病兵士のインタビューなどの記事である。東京の新聞も出征兵士の手紙を載せているが、福島の読者からすれば馴染みがな

いのは否めなかった。また、地元紙は、戦死者・傷病者名簿一覧も福島県出身者を兵士まで残らず載せていたのである。(13)

このような二種類のニュース需要は、新聞雑誌購読にどのようなかたちで表れただろうか。阿部回春堂資料によれば、第一に新聞購読部数は必ずしも大幅に増加したわけではなかった。第二に戦争関連の雑誌・地図・図書の購読が急増した。

残念なことに一九〇四年、一九〇五（明治三八）年の「新聞配達元帳」がないので、この間の購読状況を直接知ることはできず、日露戦争前の一九〇三年と戦争後の一九〇七年とを比較して趨勢を見るしかないのだが、新聞の普及率は明らかに上昇している。だが、その伸びは必ずしも大幅ではなく、むしろ一九〇七年から一二年にかけての増加幅のほうが大きい。確かに戦争によって新聞販売部数は増加したが、平時の伸びのほうが大きいのである。

これは、やや意外ではある。この理由を直接示す資料は不足しているが、仮説として考えられるのは、戦時期に新聞部数は一時的に増加したが、戦争後に減少して一九〇七年の購読率になったということである。戦争ニュースへの関心は高かったのだが、前章で述べた購読料、(14)生活様式、読み書き能力などのハードルが解消されたわけではないため、部数増は不安定で、購読の一部しか定着しなかったのである。

しかし、新聞需要が高まったのは間違いない。他町村の例だが、県下双葉郡幾世橋村では同村青年同志会が日露の戦況をあまねく公衆に知らせるため、東京の諸種の新聞を購求し新聞縦覧所を設置したところ、縦覧する者が引きも切らない大盛況となったとある。(15)梁川町では、こうした新聞縦覧所が設置されたことは知られていないが、新聞非購読者が新聞購読者＝指導階層に情報を求め、新聞購読者がその要望に応えることは広く行われたであろう。

それは、戦時下、先のピラミッド構造の上部にいる新聞購読者＝指導階層が町内コミュニケーションにおいて果たす役割は高まったということでもある。前述の①と②の新聞購読階層は中央紙と地元紙を併読していることが多く、彼らは国家レベルニュース、個人レベルニュースのどちらも入手できるという有利な立場にあった。

新聞購読者が、様々な機会に戦争情報を口頭メディアによって広く伝達・解説したと考えられる。前述のように平時では新聞の伝える外部世界情報は上層だけで環流し、その下にはそれほど伝わらず、二層のコミュニケーション圏が町内に存在していた。しかし、情報需要が一挙に高まる戦時にはコミュニケーション状況は大きく変わった。上層と下層との壁は低くなり、新聞購読者＝指導階層から非購読者へ外部世界情報が広く伝播され、ある程度融合したコミュニケーション圏が成立したのである。この戦時の融合的コミュニケーションは、国民という一体感、町民という一体感を促進したことはいうまでもない。

さらに、第二の問題である戦争関連の雑誌・地図・図書などの購入急増についていえば、それらを購入したのは主に新聞購読者階層である。前章で述べたように、今回利用した阿部回春堂の「明治三六年」の「新聞配達元帳」だけには末尾に一九〇四年の雑誌書籍販売が記載されており、住民の日露戦争期の雑誌書籍状況を知ることができる。ただし、雑誌・書籍の場合、他の書店や通信販売で購入した可能性があるので、普及率を算出することはできない。ただ、「元帳」の集計では、雑誌購読者はのべ三二七名、図書購読者はのべ一四〇名となっている(16)。

雑誌購読状況は、表6に見た通りである。これからわかる通り、『日露戦争実記』（一九〇四年二月創刊、博文館）、『日露戦争写真画報』（一九〇四年四月、博文館）、『軍国画報』（一九〇四年四月、冨山房）、『戦時画報』（一九〇四年二月、近時画報社）、『征露戦報』（一九〇四年三月、実業之日本社）、『軍事画報』（一九〇四年四月、戦画研究会）といった日露戦争関係の雑誌が上位を占めている。これらの雑誌は日露戦争開戦を機に創刊され、当時最新の製版印刷技術を使った絵画や写真と戦争読み物が売り物であった。『日露戦争実記』は他誌より絵や写真は少なく、読み物の記事中心だが、それでも多数の挿絵を入れていたし、画報と名乗る雑誌は大判で総ページの約半分となる四〇ページもの写真や色刷り絵画を載せていたのである。

新聞が最初に生産した軍国美談は、雑誌等によって一層脚色された物語となり、さらに色刷りの絵画や写真などの視覚的メディアが駆使され、二次的・三次的に再生産、増幅していった。

また、梁川における書籍の販売を見ると、通常は複数売れる書物はほとんどなく、わずかに『教授細目』が二人の教師によって買われるという程度であったにもかかわらず、戦争を機会に多数売れ出したのが地図である。地図は三五冊も売れ、書籍販売の二五％を占めている。地図といっても国内地図ではなく、満州・朝鮮半島の地図で、特に『満韓地図』は二二冊売れ、梁川におけるこの年のベストセラーである。一九〇四年二月だけで二〇冊も売れている。日露戦争開始と同時に人々が競って満州や韓国の地図を買ったのである。この他、『満韓西利亜地図』も売れている。新聞や雑誌にも数多くの地図が掲載されていたが、読者は戦況報道によって初めて聞く地名・地形を確認し、遠い世界で起きている戦争のイメージをふくらますために地図を買ったのである。

前章で紹介した中村佐平治家の文書目録のなかにも、「日露清韓実測地図」「日露戦場明細地図」「日露戦争早見地図」の三枚の地図がある[17]。中村佐平治は町の最有力の名望家で、無論新聞を定期購読している家であるが、やはり新聞の伝える戦争ニュースを理解するためには地図が必要であったし、また地図によって戦争への関心がますます高まったであろう。

新聞購読者層は、新聞に加えてグラフィックな雑誌や地図まで得て、質量とも豊かな戦争情報をもつことになった。彼らは、町全体の戦争ニュース渇望状況のなかで、軍国美談や戦況報道を周辺の非購読者層などを含め、町内に様々な機会を通して語っていったと考えられる。さらに、戦況報告の様々な集会が開かれ、戦争物語は一層広いコミュニケーションにのっていった。

四　戦勝の祝祭

集会は様々なかたちで開かれた。例えば、福島民報社から戦地に特派された記者久保和三郎は、一九〇五年七月に帰国すると、新聞社の販売拡張策もあるが各地の集会で引っ張りだことなり、観戦談を巡演してまわり大いに人気を博した。梁川町でも一九〇五年八月三〇日に梁川小学校で梁川同窓会・在郷軍人団・愛護協会・斯文会の主催によって久保記者を招いた観戦談話会が開かれている(18)。

集会でしばしば利用されたメディアは、幻灯である。三月二日、安達郡下川崎村青年会主催の教育・軍事幻灯会では、小学校長の開会の辞の後、「君が代」斉唱、宣戦勅語が奉読され、ついで露艦撃沈の幻灯が説明入りで上映され、最後に再び小学校長が登壇し赤十字社について講話した。参観人五〇〇名という盛会であったという(19)。梁川に隣接する保原町でも三月四日に日露戦争幻灯会が開催され、約八〇〇名も押しかける盛況であった(20)。保原町では、その後も数度、日露戦争幻灯会が開かれたが、一九〇五年七月一六日の集会では、幻灯とともに平面盤発声器が用いられ、記者久保和三郎が講談したというから、素朴ではあるが、画・音・声のメディアの複合的集会であった(21)。

幻灯は、これ以前から教育現場などで利用され、梁川町でも一九〇二（明治三五）年三月二日に、近隣町村の小学校教員を集めた尚武教育幻灯会が広瀬座で開かれたこともある(22)。これが戦争を視覚的に伝えるメディアとして盛んに活用されたのである。東京の新聞には、日露戦争の幻灯販売の広告がたびたび掲載されている。

福島でようやく導入されるようになった活動写真も上映された。一九〇五年八月二四日、福島軍事義会の発起によって講談師伯鶴の活動写真会が福島座で開催されている。『福島民報』の記者は、当日の模様について「話しの程に写真鮮明ならず長からず殊に戦争画としては后送部隊の進軍のみに止まり目醒しき交戦見得べからず、弁士所謂『講談師見て来た様な法螺を吹き』居るより俗受けはするもの、識者は耳を蔽へば」と冷ややかに報道しているが、「併し観客は千余人」というのだから大盛況であったのだろう。(23)

さらに学校教育も戦争を伝える重要な役割を果たした。梁川小学校は、一九〇四年六月に八冊もの書籍を購入しているが、そのうち三冊は広瀬中佐、山口少佐といった軍神ものであり、二冊は『戦捷軍歌』『王師遠征歌』といった軍歌集である。これらは教材用であり、教師が生徒たちに軍神の物語を語り聞かせ、軍歌の練習をしたのであろう。学校で教えられる軍歌や軍神談は、生徒たちによって各家に持ち帰られ、そこでも反復された。五冊の図書は、非常に大きな影響力をもっていたのである。

こうした集会は、新聞の伝える勇壮な日本軍の物語を前提に、「見て来た様な法螺」の演説や観戦談、「鮮明ならず長からず」な幻灯や活動写真の映像、それをみんなと観覧し聴くという、それまで経験したことのない集団的経験であった。それは戦勝のイメージを大きく膨らませ、集団意識を高めていく。そして、それら集会と連動しながら大規模化し、住民の能動性を引き出していったのが、祝勝会・戦勝会等のイベントである。

祝勝会が最も大規模で盛んであったのは、東京である。その詳細は、ここで触れることはできないが、祝勝会の大きな特徴は単なる集会ではなく、音楽隊などを先頭に旗や提灯を打ち振り、軍歌などを歌って練り歩き、要所要所で万歳を唱えるなど参加者の積極的能動的活動であったことである。それを受け入れる町でも、大商店が大きな幟を立てたり、イルミネーションで飾り立て、煙火を打ち上げるなど舞台装置を準備した。

小間物商組合、織物問屋組合などの職業組合、日本橋、神田といった町内会など大小様々な祝勝会・旗行列・提灯行列が催された。相撲協会の提灯行列では、万灯を押し立てた力士たちが、海陸軍万歳と大声をあげながら地響きをたてて練り歩いた(24)。また明治座の俳優・出方などの提灯行列も華やかに行われたという(25)。祝勝会は、参加者・見物人一体となった祝祭的なイベントであった。しかも、それが連日続いたのである。

なかでも一九〇四年前半の頂点は、五月八日の都下主要新聞社主催の東京市民大祝捷会である。旅順口閉塞、九連城占領などで沸騰している時期で、五月三日の萬朝報社主催提灯行列、五月四日の東京株式取引所等の提灯行列と、連日連夜の提灯行列が続いた後の五月八日は各新聞社が前宣伝を煽ったこともあって、大群衆が集まり「憲法発布式の当日に比すべき盛況」と称された。そのあげく、提灯行列の途中の馬場先門で混乱が生じ、死者二一名という大惨事を招いた。

もともと夜間の提灯行列に対しては、警視庁による規制の動きがあり、『萬朝報』がこれを「圧制」として激しく反発してきた経緯(26)があったところに起きた事件であったから、警視庁も規制を強め、『萬朝報』も提灯行列の秩序化を提案せざるをえない状況になった(27)。惨事のきっかけが何にあるにせよ、祝勝会・提灯行列がエスカレートしやすい性格をもっていたのである。戦争の興奮のなかで、多くの人びとは何かじっとしていられない気持ちにとらえられていた。それを取りあえず表出する機会が、戦勝・祝勝の集会や行列であったのである。

人びとの意識は祝勝に導かれ集約され、祝意の表現・演出に能動性を発揮することになる。各町・各職業組合の横並びの同調的競争が能動性を一層昂進させた。それを煽るかたちになったのが新聞報道で、各紙は様々な祝勝会・提灯行列を報道し、「昨日の提灯行列」という欄を設けている新聞もあった。各町、各職業組合は煙火や電飾に意匠をこらし、下谷区有志は不忍池に仮装敵艦を浮かべ、これを爆沈する計画を立て、品川区の有志は区内の富士山に花火をしかけ、全山火煙になったところに住民が頂上に駈けのぼり万歳を叫ぶ準備をしたという(28)。ここまでいくと、一種の興行といえなくもない。

福島や梁川でも、東京ほど大規模ではないが、祝勝会の大騒ぎは起きた。二月一一日の福島町の祝勝会が夜半に入り一部お祭り騒ぎとなったことはすでに述べたが、その後も県内各町村で祝勝祈禱会や戦勝会が活発に催された。郡山の戦捷会では、数千の参加者が軍歌隊音楽隊喇叭隊決死隊と隊伍をなして町中を練り歩き、最後に川に浮かべた模造敵艦を大爆発音とともに撃沈し、両岸を埋めた二、三万人の見物人が一斉に勝ちどきをあげるという大盛況であった。(29)

一九〇四年七月八月には旅順陥落の期待から祝勝会の準備が始められたが、陥落の報は届かず、焦燥感が高まった。福島町では、気早い住民がクロポトキン将軍負傷の一報だけで楽隊を先頭に提灯行列を行うという騒ぎまで起きた。(30)こうした昂揚した雰囲気に対し、警察当局は祝勝会についての注意事項を発することになった。それは事細かな規制となっているが、特に注意を引くのは、女装・男装など「異様の服装」の禁止、接待酒禁止などである。おそらく、こうした行為が、それまでの祝勝会・提灯行列で見られたのであろう。

梁川においても、旅順陥落の期待から祝勝会の準備が行われた。『福島民報』八月二六日「梁川だより」には、大祝捷会が準備され、「新町の御女郎連に一週間の大揃の浮かれ踊り」が計画され、また提灯・国旗も用意したところ、旅順陥落の報がなく秋蚕の忙しい時期になったため沙汰やみになったとある。(31)しかし、実際には沙汰やみとはならず、九月四日には「青年の組織に係る同窓会」の発起で祝捷会の準備が進められ、会費十銭で参加者募集中と報じられている。また新町では「変手古な踊りをなすとの噂」があることも書き添えられている。(32)

そして、九月一一日に祝捷提灯会が実施された。他の町村もそうだったが、旅順陥落まで待ちきれず、遼陽会戦勝利で祝捷会となったのである。当日六時、参加者は梁川小学校校庭に七〇〇名が集合し、最初に青年指導者丹野善十郎が祝辞を述べ、万歳三唱ののち、音楽隊を先頭に町内を練り歩いた。また別働隊の青年同志者団体は「草鞋脚絆の武装にて身軽の服装をなし喇叭手を先に田口同窓会長幹事長」が指揮して郊外まで練り歩き十時に解散した。記者は、「要するに形式的に流る、此祝勝会も此の地に於ては眞誠熱実なる精神的祝意を表せられしを喜ぶものなり」と記事を結んでいる。

これらの記事からすると、梁川の祝捷会には曲折があった。最初の段階では、「新町の御女郎連」大揃の踊りを一週間続けるとか、「変手古な踊り」をするとかの計画があった。これは、他町村でも見られたお祭り騒ぎとつながる動きである。しかし、これに対抗するかのように小学校の同窓会が準備を進めた。同窓会は梁川の町の中心的組織であり、田口同窓会幹事長とは町長の田口留兵衛で、結局その主導・統制のもとに祝勝会開催となったのである。

東京、福島、梁川で見られた祝勝会の大きな盛り上がり、そのあげくのお祭り騒ぎという現象は、人びとの熱狂的祝勝意識の表出であることは間違いない。大国ロシアと戦うという緊張感が重くのしかかっていたところに、戦勝の連続は人びとを安心させ大喜びさせた。浮かれた気分をなんらかのかたちで表現したいという意欲を高めたことは想像に難くない。それは、国家への一体感にもつながっていったのであろう。

新聞等のメディアは祝勝気分を煽り、また各地の祝勝会を連日報道することで、各町村等の同調的競争を促進する役割を果たしていた。人びとは、祝勝会・提灯行列・旗行列に参加し見物することで、祝勝気分を体感し、一層昂揚していく。

しかし、それが批判の対象となるまでのお祭り騒ぎ、異様な振る舞いとなっていったのには、祝勝気分だけではすまない、戦時のタテマエによって日頃は抑圧された不安・不満の噴出を想定できるのである。祝勝気分の過剰は、単なる祝勝気分の表出ではない。

五　鎮魂の儀式

浮かれた祝勝気分に沸いていた人びとは、実はもう一つの深刻な体験を生きていた。戦時の重い課税等は生活を大きく圧迫していた。しかも、それに加えて、地域社会は若者たちを戦地に送り出し、その結果、身近な戦死者傷病者を出し、それを出迎えるという悲痛な体験を現に繰り返していたのである。

前述のように、住民たちは、軍神美談ニュースとともに戦地の青年たちに関するニュースを渇望していた。しかし、無名の兵士が新聞ニュースに載ることはめったになく、名前が載るだけで大変な名誉で、「新聞紙は在野の賞勲局」という言い方さえあった(33)。

しかし、「在野の賞勲局」の目にとまるのは偶発なことで、むしろ報道されないことが、よい知らせであった。青年たちの消息が新聞に載るとすれば、それは最悪のニュースである。勇ましい戦勝ニュースがあれば、数日遅れて、戦死者負傷者のニュースがあり、それは地元新聞に福島県出身戦死者負傷者のリストとして載せられた。梁川の読者は、そこに親兄弟や知人の息子の名前がないか、必死に探したであろう。知り合いの名前を見出せば、その悲痛な知らせを親戚や知人に知らせなければならない。

新聞は、将校などの場合は、戦死者の経歴人柄などを紹介する記事を載せることが多く、『福島民報』一九〇四年一〇月一九日付は、「本渓湖戦死者佐藤少尉」の記事を一段ほどで伝えている。歩兵少尉佐藤栄八は、梁川町字大町佐藤甚右衛門の二男で、福島蚕業学校卒業後、家業の蚕種業に従事、蚕種検査員を務めた。兵役後、梁川の同窓会幹事に就くなど青年指導者であったが、一九〇三年点呼召集、少尉に任官した。一九〇四年の動員令に際しては特に梁川出身兵士の指揮引率を命じられ、自家前に召集者を整列させ、訓辞を述べたという。父親の佐藤甚右衛門は有力な蚕種家で、福島県内、宮城県、新潟県、富山県など広い販路をもっていた。(34)一九〇三年「新聞配達元帳」では、『報知新聞』『河北新報』二紙を購読しており、『河北新報』を購読しているのは蚕種販路の関係であろうが、戦死の息子を詳しく報じた『福島民報』はとっておらず、知人から借りて読んだのであろうか。

一般の兵士の場合も詳しく報道される場合もあるが、大多数は名前が一行載るだけである。しかし、無機的な一行の名前は、大きな衝撃を引き起こすニュースであった。悲しい知らせは町内をかけめぐり、町をあげて盛大な葬儀が営まれた。近衛後備歩兵一等卒貝津栄作の葬儀では、馬場尚武会長・郡長、聯隊区司令官（代読）、愛国婦人会支部会長（郡長夫人）、中村小学校長、近隣七ヵ村校長総代藁谷粟野小学校長、留守軍人総代丹野善十郎などの弔辞朗読があり、会葬者は「無慮五百名同町未曾有の盛葬」であったという。(35)貝津栄作は「新聞配達元帳」には名前がない。新聞を購読しない無名の町民であったのだろう。それでも、町全体をあげた「未曾有の盛葬」が行われたのである。

また、一二月一二日の大竹長兵衛の葬儀には、七八〇〇名の参列者があったという。(36)大竹長兵衛は町の有力者大竹宗兵衛の縁者であったと推定され、新聞記事に誇張もあるかもしれないが、それにしても大変な葬儀である。一般的に日露戦争戦死者に対する各地の葬儀は非常に手厚く、会津若松での田村大尉の葬儀では、「一万五千余人を以て式場の四面を囲み」(37)と報じられている。死者は、個人の死としてではなく、国民の死として儀式化され葬られたのである。

戦時中の地域社会にとって、戦死者を鎮魂する葬儀は祝勝会と並ぶ大きなイベントであった。祝勝会と葬儀、どちらも戦争が引き起こしているのだが、二つの間には決して埋めることができない深い断絶が存在している。しかも、それが一つの地域社会のなかに交替して起きるのである。祝勝会のあとには必ず葬儀があり、葬儀のあとには、また祝勝会がある。住民の意識は、浮かれた祝勝気分と死者追悼の暗鬱気分に引き裂かれ、宙吊りにされてしまう。それは、地域住民に深刻なストレスを強いることになった。

そうしたストレスは大都市では、暗闇のなかに続く提灯の行列、万歳の叫声、戦勝を讃える高調した演説、そうした非日常的な時間・空間に参加し、同時に見物し、聴覚・視覚・身体感覚などが混然として作り出す陶酔感のなかで異様な行動を生み出したのである。福島の提灯行列規制で、女装・男装など「異様な服装」の禁止があげられていたが、祭りあるいは一揆などの非日常的時間・空間において、日常的規範を顚倒する意味で「異様の服装」が行われることは、人類学歴史学の研究ですでに知られているが、祝勝会でもそうした現象が出現する状況であった。国家の戦勝を祝うという、まさに国家規範の最大限の発揮が参加者の能動性によってエスカレートし、非日常的時間・空間に転化してしまい、規範顚倒行為出現の場になってしまうのである。それは、祝勝気分と暗鬱気分という対極の葛藤、ストレスの表出である。

この葛藤はある程度社会的に認識されていた。東京においても、派手な祝勝騒ぎへの批判は新聞に表れ、『読売新聞』は出征家族の心痛を思い、祝勝に名を借りて「御祭騒を為す勿れ」と論じている(38)。しかし、東京紙の批判は抽象的な原則論の感は否めないのに対し、福島の新聞では相反する祝勝と追悼とを同時に身近に体験している苦悩が、よりリアリティをもっていた。九月六日の『福島民報』(九月七日)「遼陽陥落と福島町」は、福島町祝勝会の歓喜を報じながら、「嗚呼此の歓喜の声は一面悲痛の声——されとされと此の両声は表裡を異にし」と、祝勝の歓喜の裡に「悲痛の声」があることを語っている。

梁川の「変手古な踊り」が誰によって計画されたのかはわからない。ただ、計画者が誰であったにせよ、それは住民たちの心理的葛藤を表現していたと考えられる。「変手古な踊り」で我を忘れたいという願望は共有されていたのである。それが強いからこそ、同窓会は青年たちを「武装」させ、幹事長の指揮のもとで行進させ引き締めようとしたと考えられる。

「形式的に流る、此祝勝会も此の地に於ては真誠熱実なる精神的祝意を表せられし」というのは、町の指導階層が祝勝会・提灯行列を統制し、秩序化したということであろう。「変手古な踊り」の動きは、町の共同的規範によって押さえ込まれたかたちである。

しかし、地域社会指導者による統制は、指導層の立場を微妙にした面もある。梁川では、平穏であったが、他の町村では指導層が批判の対象となる例を見出すことができる。『福島民報』は一九〇四年七月九日から「悲惨なる出征者の家族」と題し、県内耶麻郡関柴村の救護会会長が出征者家族に冷酷な処遇をしていると攻撃するキャンペーンを行っている。また『福島民友新聞』一二月一〇日付には、三春町きっての財産家が債券募集や出征家族援助に非協力的な「非国民」と糾弾され、消防団から水攻めにあったという記事がある。これら数例をもとに論ずるのは無理があるのかもしれないが、いずれも地域社会の指導者・有力者が攻撃の対象となっているのである。

指導者・有力者層は、緊張を内包した地域社会のなかで、規範の実践者、模範者という役割を果たさなければならず、その行動は平時以上に注目され、規範に忠実であることを求められた。そこから少しでもはずれたとき、地域社会の厳しい糾弾を浴びることが起きたのである。

六　ま　と　め

こうしたストレスに満ちた状況で、一九〇五年九月の講和会議を迎えた。周知のように、諸新聞は事前に講和条件に大きな期待を煽り、それが裏切られると、講和条約に反対する激烈なキャンペーンを展開した。そのあげく発生したのが大規模な暴動事件である。福島では、これに呼応する集会等があったが、梁川では目立った動きはなかった。

実はこの時、梁川に限らず福島、東北は大変な苦難に直面していたのである。一九〇五年、東北地方は大凶作に襲われた。この年の梁川町の稲作は、平年に比べ〇・〇一二、山舟生村、白根村では収穫皆無であった(39)。翌年の一九〇六年にも大霜害が起き、桑園は壊滅的な打撃を受けた。梁川町の「窮民調」では、当時の梁川の戸数一〇八八戸のうち六八四戸、約六割が生活困難という悲惨な事態であった。例えば、食器以外に何の家具を持たないものが一三九戸もある(40)。

梁川の住民にとって、戦地の状況や講和条約といった遠い世界への関心は急速に縮小し、今日の生活が文字通りの死活問題となったのである。日露戦争中の「新聞配達元帳」の空白期に購読率は上昇し、その後下がり、一九〇七年の水準になったと推測する理由の一つは、この凶作である。戦争への関心から新聞をとった者も、そうした余裕はなくなり、購読を中止したのであろう。

凶作とその対応は町民全体の主題となるが、それぞれの社会的位置によって状況は異なってくる。蚕業に従事する上層は家業の維持のため、町内や近隣の被害についての情報を収集したのは当然だが、競争関係にある県内・他県の蚕業・農業の状況、蚕種取引先・蚕糸市場の動向など、外部世界の情報を新聞等によって集めた。外部世界は、再び経済活動の視点から見られるようになる。一方、中下層にとっては、当面の生活難をいかにしのぐかが大問題であった。

戦時において融合していた町内コミュニケーションは、情報でも物資でも外部世界と往来をもつ上層と内部の直接体験世界に生きる中下層とに再び分化していく。それも、戦争が終わって緩やかに平時に復帰するのではなく、凶作によってなかば強制的に平時に戻されたのである。
しかし、平時に戻ったといっても、遠い世界の戦争に熱狂し、また身近に多くの死傷者を出すという痛切な体験を経た後であるから、単純にもとに戻ったということではないであろう。梁川の生活とコミュニケーションは、波動しながらゆっくりではあるが変化していくのである。

注

（1）新聞普及率の推計については、内川芳美「新聞読者の変遷」『新聞研究』一九六一年七月号参照。
（2）『梁川町史』第八巻五三一頁。
（3）『梁川町史』第三巻一八七頁。
（4）『福島市史』第四巻六四六頁。
（5）『福島民友新聞』一九〇四年二月九日。
（6）『福島新聞』一九〇四年二月一一日。
（7）『福島新聞』一九〇四年二月一三日。
（8）『保原町史』三四五頁。
（9）『福島民友新聞』一九〇四年二月九日。なお、この時期の新聞の県内地域のニュース収集は、もっぱら委託した各地住民からの郵便通信に依存していた。このため、通信員が頻繁に通信を送った町村については記事が多く、逆に通信員が熱心でなかった地域に関しては様々な動きがあったとしてもニュース量は少ない。残念ながら梁川に関するニュースは、蚕業の節目には記者が赴き掲載されるが、それ以外は、時折掲載される程度であるので、他の町村の記事をもとに類推する方法をとった。本章で、県内他町村の動きを述べているのは、その狙いである。
（10）『梁川町史』第三巻一八九頁。
（11）『福島民友新聞百年史』一一三頁。
（12）ブーアスティン（星野郁美・後藤和彦訳）『幻影の時代　マスコミが製造する事実』（東京創元社、一九六四年）二一一頁。

(13)一般的に日露戦争報道では号外による速報競争が読者の興奮を煽ったといわれるが、梁川町の場合、東京紙・福島地元紙の号外は直接届かず、阿部回春堂が号外を発行したことがあったかもしれない。しかし、号外が大きな役割を果たしたとは考えられず、考察からははずした。

(14)本書で購読料の詳しい分析はできないが、阿部回春堂「明治三六年新聞配達帳」によれば、三月時点での各紙実売価格は顧客によって違いがあるが、おおよそ次の通りである。『時事新報』五〇銭、『東京朝日新聞』四二銭、『国民新聞』三五銭、『報知新聞』三〇銭、『萬朝報』二九銭、『中外商業新報』三五銭、『中央新聞』三五銭、『福島民報』三一銭、『福島民友新聞』三二銭。

(15)『福島民友新聞』一九〇四年二月二四日。

(16)詳しくは第一章参照。

(17)『梁川町史資料集(中村佐平治家近現代文書)』第三〇集。

(18)『福島民報』一九〇五年八月三〇日。

(19)『福島民友新聞』一九〇四年三月九日。

(20)『福島民友新聞』一九〇四年三月八日。

(21)『福島民報』一九〇五年八月一八日。

(22)『梁川町史』第三巻一八八頁、第八巻四九〇頁。なお、幻灯については、岩本憲児『幻灯の世紀　映画以前の視覚文化史』(森話社、二〇〇二年)が詳しい。

(23)『福島民報』一九〇五年八月三〇日。

(24)『時事新報』一九〇四年五月一一日。

(25)『時事新報』一九〇四年五月六日。

(26)『萬朝報』一九〇四年四月一八日記事、一九日言論「警察、日本を辱しむ」。

(27)『萬朝報』一九〇四年五月一一日「祝勝行列の注意」。

(28)『東京朝日新聞』一九〇四年八月二三日。

(29)『福島民友新聞』一九〇四年四月二一日。同日紙面には喜多方町、伊達郡飯野村の提灯行列等が記載されているが略す。

(30)『福島民報』一九〇四年七月二八日。これには同紙記者が勝報があるたびに「大騒ぎ」をするのは好ましくないと諫めている(八月九日)。

(31)『福島民報』一九〇四年八月二六日。

(32)『福島民報』一九〇四年九月四日。

(33)『福島民報』一九〇四年一〇月一六日。

(34)樋口英雄『伊達郡名家蚕業書』(一九九三年　ヨークベニマル復刻)によれば、佐藤甚左右衛門は「家世々養蚕を営み製種を業として精選の聞えあり。祖は内書を佐甚として其名を四方に知らる。(中略)君遺業襲ぎて倍々斯業に奮励し敢て家声を墜さず。世に出色の誉れあり蚕種の内書は今も尚お佐甚として君自から之れを書し敢て他人に労せず。蓋し其書法は伝来一種妙にして他人擬するも能わずと云う。(中略)其販路は行方、標葉、田村、安達、信夫及び宮城県伊具、柴田、刈田其他越後、越中等の諸方なり」(二九〇頁)と評されている。

(35)『福島民報』一九〇四年九月二七日。

(36)『福島民友新聞』一九〇四年一二月一二日。

(37)『福島民報』一九〇四年九月八日。大規模な葬儀が、追悼だけではない現世的利害に関係することも必然的で、『福島民報』一九〇四年一〇月二五日付は「戦死者葬儀と一種の政略」を批判している。

(38)『読売新聞』一九〇四年八月二五日社説「御祭騒を為す勿れ」。『読売新聞』社説は八月二九日にも「出征の労苦を思へ」と論じている。同趣旨は同時期の各紙にも見られる。『萬朝報』は九月四日に一負傷兵の投書「祝捷会と恤兵金(軍国民の傾聴すべき話)」を掲載し、七日に記事「祝捷に対して望む所あり」で過度な祝捷騒ぎを批判した。これがきっかけになり、義援金が集まったと報じている。また、『東京朝日新聞』九月六日記事「祝捷の一方法」も過度な騒ぎに対する自粛の記事である。

(39)『梁川町史』第三巻一九二頁。

(40)『梁川町史』第三巻二二八頁、第八巻四四四頁。

第三章　電話の導入と地域社会

一　外部世界との接触

前章まで阿部回春堂の「新聞配達元帳」をもとに新聞・雑誌・書籍の購読を見てきたのだが、そこで改めて痛感するのは梁川の人びとの生活において新聞や雑誌の購読とともに、あるいはそれ以上に重要であるのは個人対個人のコミュニケーションであることである。きわめて当たり前のことだが、日常的に繰り返されている個人間コミュニケーションが、人々の社会を成立させているのである。梁川のコミュニケーションを考えるうえで、個人間コミュニケーションのありようを明らかにすることが是非とも必要である。だが、地域社会で平凡に生きた人びとの日常的なコミュニケーションが記録されることはほとんどなく、歴史的に研究することは非常に難しい。

個人対個人のコミュニケーションのなかで圧倒的に大きな割合を占めるのは、対面的会話である。ただ、遠隔地との間では手紙・書類の交換が古くから行われていた。明治以降、書状の交換は郵便として制度化されたし、さらに電信、電話といった電子的メディアも利用されるようになった。特に現在では必要不可欠のメディアと見なされている電話が、梁川という地域社会にどのように導入され、どのような役割を果たしたのかは興味深い問題である。今回は、梁川という地域社会における電話の導入について考察していきたい(1)。

電話、さらに電子的メディアが、われわれの意識や社会行動に与える影響については、近年メディア論の観点から興味深い研究がなされている。しかし、それらは電子的メディアが広範に普及していくことを自明の前提に論じがちである。だが、本章で当面考察したいのは、ある具体的地域社会に最初に電話が入る過程である。確かに、結果的には電話が普及していったのであるが、地域社会におけるその導入は決して直線的ではなく、電話に対する意識や行動も現在と直結していたわけではない。そこに見られる電話に対する不定形の意識や行動には、電話というメディアを再検討する契機が伏在しているだろう。いずれにせよ、電話は真空のなかのメディアではなく、歴史的な条件、地域的な条件のなかで機能するのであり、そうした具体的条件抜きに電話というメディアを考えることはできない。

本章で取り上げるのは、梁川町に電話が設置される一九一〇（明治四三）年前後の時期である。梁川では一九一〇年一二月一一日に、梁川郵便局に最初の電話機一台が置かれた。続いて翌年一〇月一日、電話交換業務が開始され、四七台の電話が置かれることによって電話の本格的利用が始まったのである。

梁川の町の概況についてはすでに述べたが、一九一一（明治四四）年前後の概況を最低限だけ触れておく。梁川の一九一一年の時点での人口は五二五七人、世帯数九七〇。小さな町ではあるが、江戸時代から蚕業で栄え、特に「蚕種本場」と自称していたように、蚕種の製造販売が主産業であった。町の社会は、その生業によって大きく上層・中間層・下層と分かれていた。上層は蚕種製造販売業に従事し、町の政治経済の中心である。中間層は、中小規模の蚕業従事者と様々な商業者である。下層は小作などの農民、蚕業労働者である。

こうした社会階層は、新聞購読の階層性と重なっている。一九一一年の時点で、定期不定期に新聞を読んでいた戸数は三五七戸で、普及率は約三七%。裏返せば、約六〇%強の家は、新聞の伝えるニュースと直接接触することなく生活していたのである。さらに、新聞雑誌購読には明確な階層性があり、購読者は大きく四つの階層に分かれていた。

戸数の一％ほどの複数紙定期購読者層、八％の定期購読者層、二八％の不定期購読者層、六三％の非購読者層である。

この新聞購読者層が先の社会階層と重なっており、複数定期購読者層と定期購読者層が社会階層の上層＝名望家層であり、不定期購読者層が中間層、非購読者層が下層とほぼ重なっている。そして、それぞれの生業と生活様式によってコミュニケーションの様式を異にしていた。

新聞非購読者の実態はわからないところが多いが、ほとんどは梁川に生まれ育ち、そのなかで生活していて外部世界との往来は少なかったと推定できる。蚕業では特定時期に多くの労働力を必要とする関係上、山形、新潟などから口入れ屋を通して梁川に出稼ぎに来る者が多かったといわれる。こうした人びとは、梁川の外の世界について情報をもたらしたであろうし、また行商人などが様々な情報を伝えたことも記録されている。しかし、このような手段で入手する外部情報は、不規則であり量的にも多くはなかっただろう。ただ、彼らの生業の形態からいって、必ずしも定期的に大量の外部情報を必要としているわけではなく、むしろ隣人知人から得る町内と近隣の情報で十分生活は成立していたといえるだろう。

これに対し、①と②の階層の中心である蚕種製造販売業は、外部世界との活発な通信・情報交換があって初めて成立する生業であった。無論、蚕種家にも大小があり、商圏の広狭があったが、多くはかなり広い商圏で蚕種販売等を営み、町外の遠距離在住者と活発な取引を行っていた。

有力蚕種家は、江戸時代から江戸商人などと取引をしていたといわれ、蚕種製造販売と同時に呉服太物等を扱うなど最有力商家であった中村佐平治家は、江戸時代からすでに函館に支店を設けていたという。さらに開港後は横浜商人との商取引が活発化し、梁川や近隣の蚕種家たちは実際に横浜まで出向き蚕種等を販売していた(2)。明治中期の蚕種家調査では、その販路は、県内各地や新潟、富山、茨城、宮城、岩手、埼玉、群馬などかなり広い範囲に及んでいる(3)。

その関係は単なる商取引というだけではなく、蚕業全般への教育活動という性格ももっていた。例えば、隣村の粟野村蚕種製造家菊池喜右衛門への三重県阿山郡鞆田村農会長からの感謝状（一九〇五年）には、菊池から優良な蚕種を購入できたことの感謝と粟野村から教師二名を招聘した旨の記載がある。(4)

しかも蚕種製造販売は、福島県内の地方市場、その外にある全国市場、もっと広くは世界市場のなかで行われている活動なのである。県内の他の蚕業地の桑の生育状況・蚕種製造動向、横浜市況やライバルである全国各地の蚕業地の情報をたえず目を光らせなければならず、彼らは、そのために中央の新聞を購読していたのである。そして、それらから得られる一般的情報を踏まえ、個別具体的な顧客との情報交換、彼ら自身の見聞などによる情報集積がその活動を支えていた。

蚕種家の生活は、一般的には次のようなものであったという。発蛾の時期になると、蚕種家は自分の顧客に案内状を出し、発蛾時期や品種を知らせる。それを見た顧客が蚕種家宅を訪れ、気に入った蛾を産卵させ、注文を出す。蚕種家は、そうした注文をもとに、さらにその数倍の蚕種を生産し、蚕種ができると、今度は蚕種家が蚕種取引帳と次回の蚕種をもって顧客のもとを訪れる。その際、今年度の集金と合わせて、来年の蚕種の特徴や飼育上の注意などを講話するのが習慣であった。蚕種家にとって顧客場は、一種不動産的な価値があり、これを維持するためには年賀や折々の挨拶はかかせなかったという。(5)

このように蚕種製造販売業においては、取引関係信用関係の維持発展、各地の景況視察のために顧客場に赴くか、顧客を招くかどちらにしろ直接面談が最も大切であった。こうした人の往来が、多くの外部情報を梁川にもたらし、また梁川についての情報を広く発信することにもなっていたのである。そして、直接の往来を補い発展させるのが郵便による書簡や荷物の交換、為替などである。

二　郵便・電信・電灯

明治政府の郵便制度化によって梁川町に郵便取扱所が開設されたのは、一八七二（明治五）年七月で、最初の梁川駅郵役取扱人は大竹宗兵衛であった。大竹宗兵衛については第一章でも触れたが、伊達郡有数の大地主で、蚕種製造販売業、味噌醤油製造販売などを手広く営み、典型的な町の名望家であった。その後も、郵便局長には田口留兵衛（一八七九～一八九三）、田口辰造（一八九三～一九二四）、中木直右衛門（一九二四～一九三八）と、町の最有力者が代々就任した。[6] 蚕業家層などが町の公共性の担い手であったことはすでに指摘したが、彼らが梁川の郵便制度を維持していったといっても過言ではない。

郵便は、生糸や蚕種の注文・発送・送金などに盛んに利用された。[7] 例えば、一九一一年時点で、他の町村と比較してみると、梁川郵便局の年間普通郵便引受数は、二七万七三九五通で一戸平均約二八六通である。これは、福島の四二三万二〇四三通、一戸平均七二五・四通の約四〇％である。県庁が置かれた行政・商業の中心都市と比べれば、ずいぶん少ないが、県内の有力町で会津地方の中心である若松の一七五万七二五一通、一戸平均二九九・九通（戸数五八五九）と比べれば若干少ないだけであり、梁川町における郵便利用はかなり活発であったといえる。梁川町には、郡役所や政党地方支部など政治情報の集積・発信センターはなかったから、このような郵便物の多さは、蚕種製造販売など経済活動が主たる要因であったと考えて間違いないだろう。

郵便は遠隔顧客とのコミュニケーションのために信頼度の高いメディアであったが、それよりはるかに速報性をもち、人の移動の必要ない画期的電子メディアとして登場したのが電信である。東北における電信網の拡充について詳しく述べる紙幅はないが、電信によって東京と全国各地を結ぶことは明治政府の最も重要な政策として位置づけられており、一八七四（明治七）年九月に東京・福島・仙台の電信線が開通し、翌七五年青森までの電信幹線が完成した。その後、政府は幹線の拡充を急ぐとともに、主要都市との間の支線網を広げていった。

これに伴い、各町村は競って電信線延長を請願する運動を繰り広げ、梁川町でも、一八七五（明治八）年八月、また同年一〇月と翌年三月に町民有志総代（南部晴典、池田善三、浅野徳右衛門他）が福島県に対し、電信分局設置の歎願を再三行っている。嘆願書では、梁川一帯が「生糸真綿蚕種製造ノ隆盛ナル強国第一ノ声価ヲ博スル有名ノ地方」であるにもかかわらず、「電信ノ設ケナキヲ以テ外信及横浜相場急信ノ便ヲ欠キ活発ノ機会ヲ失シ自然製造家ノ損失トナリ、勢ヒ国産ヲ拡張スル能ハサルニ至ル」と、外国や横浜など遠距離の情報を得るために電信が必要であることを強調している。(8) 電信局設置に必要な敷地家屋電柱材等は献納することとしており、梁川町の蚕業家がいかに電信局設置を希望していたかがうかがえる。

しかし、幹線から支線への電信線延長は、経費等の関係で容易に進むことはなかった。梁川の隣町で福島により近い保原町に郵便電信局が開設されたのは一八九〇（明治二三）年一〇月一日、伊達郡役場が所在し東北本線沿線である桑折町に開設されたのは一八九一（明治二四）年一月一日であった。(9) しかし、電信線が福島から分岐する以上、福島から地理的に遠い梁川町への電信設置は遅れた。一八九四（明治二七）年一月に田口留兵衛、中村佐四郎、加藤宗右衛門等の町の有力者が福島県庁に電信分局設置を請願し、(10) ようやく梁川に電信局が設置されたのは、日清戦争後の一八九五（明治二八）年一月二一日のことである。同日に電報の受付と配達事務が開始された。

先の嘆願書に「外信及横浜相場急信」の必要性があげられているように、電信というメディアへの期待は遠隔地の情報の速報であった。梁川においてその必要性を感じていたのは、無論行政関係者もあろうが、基本的には蚕業家であった。彼らは横浜等の相場をいち早く知る必要があったし、商機を逸せず遠隔地の取引相手に注文・受注を行う必要があったのである。それだけに蚕業のライバルである桑折、保原、掛田等隣町に電信設置で遅れをとったことを焦り、熱心に歎願したのである。

一九一〇年時点の梁川の戸数あたりの電信利用は、発信数で四・三通、一〇・〇通の福島の約半分、五・六通の若松に近い(11)。戸数で福島の五分の一以下の梁川が、福島県における行政・経済等の中心で、当然東京等との通信が頻繁な福島の約半分の電信数というのは、むしろ電信利用が活発であったということである。保原町（六・四通）よりも若干少なくなっているが、それほどの差ではない。

表8に一九一〇年代前半における梁川の電信発信数・受信数の推移を掲げた。これによれば、一九一三年（大正二）前後にかなり減少している。これは、後述する通り、この時期に気候不順などのために繭生産が大きく落ち込み、蚕種製造も停滞したことと対応しており(12)、逆に電信が主に蚕業家などに利用されたことを示している。

このように梁川では、町の上層と下層とで外部世界とのコミュニケーションにおいて大きな違いがあった。蚕種製造販売業を中心とする上層は、地方市場さらには全国市場のなかに組み込まれており、全国市場のニュースを新聞等のメディアを通じて集めるとともに、各地の顧客場に出向いたり、郵便や電信といった新しいメディアを活発に利用して遠隔地の顧客と取引を行っていた。下層のほうは、ほとんど町内で完結する生活を送っていて、外部世界との通信は限られていたのである。

しかし、すでに述べた通り、このことは町のなかでのコミュニケーションが分断されていたことを意味していたわけではない。広い商圏をもつ蚕種家たちも、代々町のなかで生活し、町の公共性の担い手として様々な事業を行っていたし、下層の人々も蚕業や農業を通じて町の生活のなかに根をおろしていた。多くが顔見知りである町内の人々の

表８　梁川町の電信

単位：通

	発信数	受信数
1902年	2,461	2,640
1910年	4,635	5,425
1911年	3,824	4,824
1912年	2,427	3,708
1913年	3,122	4,052
1915年	3,650	4,156
1916年	4,471	5,179
1917年	6,565	7,655

＊「伊達郡統計書」

［梁川町］

	発信数	受信数
1910年	4,204	4,790

［保原町］

	発信数	受信数
1910年	6,106	7,037

［福島市］

	発信数	受信数
1910年	58,440	68,713

［若松市］

	発信数	受信数
1910年	32,884	35,337

＊「福島県統計書」

間では、非制度的だが、温和なコミュニケーション・ネットワークが機能していたのである。町内の人びとが近隣の人に用事を伝える最も日常的方法は、当たり前のことだが、当人が出向くか、親しい人に「つげと」になってもらって伝言を頼むことだった(13)。同時に多数の人びとに伝えるためには種々のメディアがあり、隣町の『保原町史』はいまだに使われているものとして、バンギ・拍子木・ハンショウ・鉦・口笛・フレなどをあげているが、梁川町でも同じようなものだったろう。フレというのは、口頭で家から家へ用務を伝えるやり方で、明日の手伝い依頼などはこれですませたという(14)。

町内でも遠距離の人や町外の人びとに何らかの用事を伝えるためには、やはり自ら出向くか、ついでがある人に伝言を頼んだり、物や手紙を委託するのが一般的であった(15)。人にわざわざ頼んで通信することを「態夫《わざぶ》」といったようだ(16)。

また、桑の摘み取りなど天候によって作業が左右されやすい養蚕家のために、梁川の町役場では、火の見櫓など高いところに三色の旗を掲げ、翌日の天気予報を知らせていた。この旗の天気予報は、ラジオが普及するまで町の人々に大変重宝がられたという(17)。

町内のコミュニケーションは、梁川の人たちの共同性を支え、また支えられていた。ただ、一般的に、内部世界の話題において共同性は強く発揮されるが、外部世界の話題については関心の濃淡が生ずるのは必然的であった。外部世界の話題が町全体の大きな話題となることはあまりなかったが、明治後半期の最大の事件の一つは日露戦争であったことは前章で述べたので、ここでは繰り返さない。

むしろこの時期、中層・下層の人々にとって骨身にこたえる痛切な体験は、一九〇五（明治三八）年、東北地方を襲った大凶作であった。しかも翌年にも大霜害が起き、桑園は壊滅的な打撃を受け養蚕不可能といった状態に陥ったのである。その後、蚕業・農業は徐々に回復していったが、一九一〇年代初頭はまだまだ大凶作の傷はいやされていなかった。ちょうどその時に、梁川の町に電話が入ってきたのである。

しかも入ってきたのは電話だけではなかった。電話開通と同じ年の一九一〇年に初めて電灯が灯った[18]。また、同年六月一八日には、福島・保原・梁川を結ぶ軽便鉄道が開通した。電話も、電灯も、軽便鉄道も、梁川の人々が待望していた文明の利器であった。

一九〇八（明治四一）年に保原町に伊達電力株式会社が設立され、点灯が具体化してきた。同年三月、保原町で伊達電力会社が点灯の希望を徴したところ非常に多く、会社ではこれに応えて電化工事を進めることになった[19]。

電灯への期待を大いに盛り上げたのは、同じ年の四月二二日から福島で開催された奥羽六県連合大共進会であった。奥羽六県大共進会は当時、東北地方最大のイベントで各県物産の陳列が大きな話題となり、多数の観衆が押し寄せた。梁川では、「僅か五里の短距離乍ら汽車人車の便甚だ悪しく」というので、町内有志家が共進会観覧者ならびに養蚕観覧者のために福島梁川間の運船をなすこととしたという[20]。

物産の展示とともに人びとを驚かせたのは、会場を華やかに飾った電飾やアーク灯のイルミネーション、蓄音機から流れる音楽等であった。さらに共進会に合わせて福島の目抜き通りも電飾されるなど町全体が電気の祝祭といった雰囲気を演出した。もともと電灯装置に莫大な費用を要するため、共進会の夜間開催が危ぶまれるほどであったのだが[21]、ともかく夜間開催が実現されると予想以上の大きな話題となったのである。地元の新聞は、「開会式当日の福島市は宛然たる花の都にして春の歓楽と人工の美とは一時にわが福島市に集まれるが如き観ありき、先づ市中の景況を記さんに無数のイルミネーションを点して共進会の開会を語れる停車場より郵便局に至る間に連なれる共進会の徽章を染めたる笠の附きたるイルミネーションは桃の花片を一直線に並べたる如く各戸の店頭に輝きて紅の色燃ゆらむが如き」とその華やかさを形容している[22]。

梁川町からも多くの人がわざわざ夜間の電灯見物のために赴いたという[23]。暗夜に輝く電灯とそれが浮かび上がらせる家屋や人物のシルエットは、それ自体スペクタクルであったのである。

しかし、伊達電力の工事はなかなか進捗せず、一九〇九（明治四二）年一〇月になって、ようやく保原、梁川、長岡、桑折、藤田、粟野の電灯開業見込みがたち、翌年になって梁川にも電灯がついたのである。しかし、この時、電灯がついたのは、ごく一部の家だけである[24]。それでも、梁川に電灯が輝いたことは、町民には大変な驚きであったろう。

また、この一九一〇年六月一八日には、福島・梁川間の軽便鉄道が運行を開始した。列車は、一日上下五本、福島までの所要時間は約二時間であった[25]。東北本線からはずれて以来、梁川町民は鉄道を利用するためには徒歩で藤田駅に出るか、福島まで水運か徒歩で出るしかなかった。そのため一九〇八年六月、信達軌道株式会社の軽便鉄道敷設にあたって梁川町会が五〇〇〇円を負担する決議まで行っている通り[26]、軽便鉄道開通は梁川の町民の宿願であったのである。それがようやく実現したのであるから、軽便鉄道開通は、梁川にとって大きな喜びであった。

ほぼ同時期に、電灯が点灯し、電話が開通し、軽便鉄道も開通したのであるから、梁川は一挙に文明化の時期を迎えたともいえる。それらメディアは、それまで町の人々が慣れ親しんできた生活世界を変容させる可能性もあった。

しかし、そうした文明化と、他方で社会の底部には凶作の痛手からの深刻な生活難が存在するという二重性を抱えていたのである。

三　電話開設熱の高揚

いうまでもないことだが、電話というメディアは単に電話機を各戸に設置するだけでは役に立たず、電話回線網・交換局等が整っていなければ十分機能しない。通話相手となる友人・知人等の側がどの程度普及しているかなど、電話網全体の普及度によって電話の利用自体が大きく違ってくるのである。その点で、電話のインフラ整備全般を担う政府の政策によって左右されるところが大きい。

梁川の電話を考えるためには、政府の政策、梁川での開設経緯、周辺の電話網の状況について見ておく必要がある。一八七六（明治九）年に発明された電話は、翌年には早くも日本に輸入されたが、当初は性能が低く長距離の通信手段としては不十分であったので、政府の通信事業には採用されず、もっぱら官公署・警察・鉄道・鉱山などで近距離通信手段として私設されるにとどまっていた。(27)しかし、次第に電話の性能も向上し、また一般の電話需要も高まったため、一八八九（明治二二）年に電話事業官営が閣議決定され、翌年「電話交換規則」が定められた。これに基づき、同年一二月一六日、東京と横浜において電話交換業務が開始された。最初の加入者は、東京で一五五名、横浜で四二名、合計一九七名であった。(28)

その後、大阪、神戸でも電話交換業務が行われるようになったが、財源難などのため、地方への電話の普及はなかなか進まなかった。地方都市での電話交換業務が具体化したのは、日清戦争後の一八九六年度から一九〇二年度にわたる第一次電話拡張計画によってである。この第一次電話拡張計画の一環として、一九〇〇（明治三三）年に東北最初の電話交換局が仙台に設置され、加入者は一七〇名であった(29)。

しかし、他の東北諸都市への電話開設は、日露戦争によって中断されてしまった。これは、福島に大きな失望を与えたようである。例えば、『福島民友新聞』は一九〇四（明治三七）年三月一七日、「電話架設中止説に就て　県当局並に県会議員に望む」と題する論文を掲げ、巷間伝えられる電話架設中止説に対して、福島県当局や県会議員は地元負担を覚悟してでも電話架設に尽力するよう訴えている。さらに『福島新聞』も、一九〇六（明治三九）年に電話架設促進論を主張した(30)。

おそらくこうした動きは、福島県に限らず各県でも起きたのであろう、政府は日露戦争後の一九〇七年度から一九一二年度にかけて第二次電話拡張計画を実施することになった。これによって一九〇七（明治四〇）年一二月一一日に、福島に電話が開設されたのである。福島の電話開通式典では、県知事、地元選出代議士以下一六四名が列席し、花火を打ち上げ、各戸で国旗を掲揚するという大盛況であったという。電話がいかに大きな期待をもって迎えられたかがうかがえる(31)。

早速、奥羽六県連合共進会会場に電話機三〇個を据え付けることが発表された。共進会は電気の博覧会であるとともに電話の博覧会としようとしたのである。こうした電話待望熱は、近隣の町にも波及していった。福島開通の約一ヵ月後の翌一九〇八年一月、温泉の町飯坂、郡役所が所在する桑折町それぞれの郵便局長が仙台に赴き、特設電話開設の請願を行っている(32)。

しかし、政府は中小町村への電話架設にそれほど熱心ではなかった。むしろ、一九〇八年四月に福島で開催される奥羽六県連合共進会をめどに、福島を分岐点として東京・仙台、東京・米沢を結ぶ長距離電話架設を優先させたのである。この工事はかなり急ぎ、同年三月一六日、東京から福島・仙台、山形・米沢にいたる長距離市外電話が開通した。[33] 福島の市内電話開通から三ヵ月ほどで長距離電話も開通したのである。政府が長距離電話を急いだ理由には、政治・行政通信の迅速化の政策であったことは明らかだが、福島の地元紙は「横浜との生糸商業等に最も必要を感ずるを以て」であると報じている。[34] 地元にとっては、東京と仙台・山形等主要都市との長距離電話開通は東北の産業振興効果への期待が大きかったのである。

また東京・福島間の長距離電話開通に大きな期待をかけたのは、地元新聞社であった。『福島民報』は、開通の五日後の三月二一日に社告を発表し、「我福島民報も明日より通話実行の事となりたれば従来の民報特電の外東京及び東北各地の事件を網羅する事を得可く本紙愛読者諸君は他新聞社を併読せざるも内外の事情を一層明敏に知るの便益を得可し殊に有力機敏なる東京電報通信社は支局を福島に置き当分福島民報社内に於て執務の事なれば諸般の報道は一層敏活なるを得べし」と、電話による速報体制を誇っている。同社は三月二六日にも「新聞の一発展」と題する社説を掲げ、東京との長距離電話開通が新聞社ひいては「一般公衆」にも多大の便益をもたらすことを力説している。

社告のいう東京電報通信社とはおそらく、光永星郎の経営する政友会系の通信社日本電報通信社のことで、長距離電話開通によって通信社のニュース収集・配信の効率化への期待が高まったのである。実際、この時期から電報通信社に限らず通信社の活動は活発化してきた。ただ、実際問題として通話料の高額さや回線の不安定さなどから新聞社・通信社の電話利用がいっきょに拡大したわけではなく、『福島民報』がいうように他紙併読不要とまではいかなかった。

福島まで来た電話も梁川にはなかなか来なかった。政府は点と点を結ぶ長距離電話は急いだが、近隣町村等への電話架設については財源難を理由に消極的であったのである。むしろ、設備費と維持費を地元に負担させる特設電話制度によって電話普及を進める政策をとった。これは、東北地方に限ったことではなく、全国的な政策であったが、県庁所在都市と中小都市の間ではっきり差をつけたのである。東北地方では、県庁所在地以外はすべてこの特設電話制度によって架設されることになった(35)。

福島県の場合、明治末期に特設電話制度による中小都市への電話開設が進んだ。飯坂町は比較的早く一九〇八年四月一〇日に開通し、加入者は二三人であった(36)。伊達郡はやや遅れ、保原町が一九一〇年一二月一六日、桑折町が一九一一年九月二一日に開通し、前述のように梁川町でも一九一〇年一二月一一日に桑折町を経て福島につながる回線が開通し、梁川郵便局に電話機が一台置かれた。それから約一〇ヵ月後の一九一一年一〇月一日に電話交換業務が開始された。

このように、中小町村にとって電話は、地元負担を覚悟して誘致を図らざるをえない高くつくメディアであったのである。梁川の場合、一九一二（明治四五）年、梁川町議事録の特設電話架設報告によれば、加入者総数四六名、収入金四三八六円二銭五厘、支出金三八四五円二〇銭五厘、差引金五四〇円八二銭とある(37)。これから計算すれば、一人平均約九五円の加入金ということになる。『梁川町史』も加入金は一台につき一〇〇円前後とし、「当時の収入からいえば平均的には何か月分もの給料に相当したので、とても一般の家庭では手は出なかった」と記している(38)。

しかし反面、中小都市は、地元負担を覚悟してでも、電話開設を図ろうという熱い期待があった。電話の機能がはっきり見えていたわけではないが、地場産業と中央市場・地域市場との結びつきを強化するメディアという期待が大きかったのである。地場産業振興への期待は、電信でも見られたことだが、近隣の町同士での競争意識を促し、地元負担の適否論議はおきざりにされてしまう。また、町の体面という意識も、電話熱を加熱させることになった。

四　電話の加入者

前述のように梁川で最初に設置されたのは四七台、このうち梁川郵便局には二台で、一台が事務用、一台が公衆用であったから、電話加入者としては四六戸であった。一九一一年の戸数は九七〇戸であるので、四・七％の普及率ということになる。町のごく一部の家だけが開設したのである。

ほぼ同じ時期の開通した保原町（一九一〇年一二月一六日）は加入者は四二人、桑折町（一九一一年九月二一日）の加入者は四〇人で、それぞれ戸数あたり普及率は四・三％、六・四％であるから、梁川の電話普及率は近隣の町とほぼ同じであったことになる。桑折町の普及率は若干高いが、前述のように同町が早くから電話開設を請願するなど比較的関心が高かったためであろう。

一九一二年時点で見れば、福島の電話加入者は四二四戸、全戸数あたり七・二％、若松の加入者は四二九戸、全戸数あたり七・三％である。(39) 梁川の普及率は、これらの都市より低いことになる。

ただ、梁川の初期電話加入率をどのように評価するのは、かなり難しい。県庁所在地の福島でさえ一〇％に達しておらず、近隣町もほぼ同水準であったことからすれば、梁川の加入率が格別低いとはいえない。しかし、町の発展への大きな期待をもって開設したことからすれば、加入者は多いとはいえない。加入者数を規定した最も大きな条件は、やはり設置費用であったと考えられる。前述のように約一〇〇円という金額にたえられるのは、ごく一部の家に限られていた。しかも、梁川も近隣の町村も大凶作の痛手を受けた経済的に苦しい状況であったのである。

それでも電話に加入したのは、どのような家であったのか。梁川町の加入者は、『福島民報』一〇月一日に全頁の電

表9　梁川町初期電話加入者

単位：人

職　種	加入数
蚕種製造販売等蚕業	10
料理店・宿屋	10
医師	3
海産物	3
雑貨商	2
紙卸商	2
蚕業組合・防疫所	2
郵便局	2
質屋	1
魚問屋	1
薬販売	1
呉服商	1
運送業	1
菓子屋	1
銀行	1
製糸会社	1
新聞販売	1
小学校	1
町役場	1
電力会社	1
警察署	1
合　計	47

話番号連合広告を掲載した。電話が開通すれば番号を周知させる必要があって広告が出されたのだが、大型新聞広告まで掲載したところにも電話開通が一つの事件であったことを示している。広告をもとに職業別に集計した結果を表9に掲げた。職業は広告記載に従ったが、醤油・味噌製造あるいは呉服商などとあっても蚕種製造販売や蚕業関係の営業を行っていることが判明している家については、若干補正した。

これによれば、最も多いのは蚕業者である。補正した家以外にも、実際には蚕種販売などを兼業していることも多いので、実際には蚕業従事関係者はもっと多かったはずである。また、製糸会社・産業組合・蚕病予防事務所などの機関を含めれば蚕業関係の加入者が約三分の一にもなる。

蚕業関係者に次いで多いのは、料理店・宿屋である。蚕業や商業で栄えていた梁川では、料理店等が広瀬川沿いに並び賑わっていたといわれ、その表れであろう。また、業種が多様なので集計しにくいが、町内で様々な商業活動をしている者が多い。行政関係や医師も加入している。

こうした梁川の職業別加入者状況と他の町とを比較してみるため、梁川の隣町の桑折、保原の電話加入者を表10に掲げた(40)。無論、職業は自称であるので、一概に比較はできないところがあるが、どちらの町でも蚕種家はいない。桑折町の場合、米穀商、料理・貸座敷・宿屋などが多く、保原の場合は蚕業でも羽二重・織物・生糸業、酒類等製造販売などと自称している。保原でも蚕種製造販売は行われていたが、加工製造にウェイトがかかっていたことが推測できる。桑折は郡役所と東北本線の駅があるため、米穀類の出荷に関係する米穀商・運送業が多かったのではないだろうか。

どの町でも共通して見られるのは町役場・学校など公的機関だが、料理屋・旅宿や医師なども多く加入している。さらに雑貨商・呉服商など雑多だが、商業者が多い。また、職業がなく個人名しか記載されていない者は、その町きっての名望家で、様々な営業や行政職を勤めていて格別職業を名乗る必要がない人である。

表10　保原町・桑折町初期電話加入者

［保原町］　単位：人

職　　種	加入数
羽二重・織物・生糸業	9
酒類・醬油・味噌製造販売	7
料理・宿屋	4
呉服商	2
肥料商	2
銀行	2
雑貨・荒物	2
個人	2
魚問屋	1
材木商	1
穀類販売	1
書籍販売	1
医師	1
煙草販売	1
売薬	1
町役場	1
警察	1
郵便局	1
小学校	1
電力会社	1
合　　計	42

［桑折町］　単位：人

職　　種	加入数
米穀商	6
料理・貸座敷・宿屋	4
海産物商	3
運送業	3
医師	3
醬油・味噌・酒類製造販売	3
銀行	2
呉服小間物商	2
郡役所・郡長	2
町役場・町長	2
個人	2
菓子商	1
砂糖業	1
雑貨商	1
理髪業	1
印刷業	1
電力会社	1
小学校	1
警察	1
合　　計	40

これらからすると、最初の電話加入者たちは、基本的にそれぞれの町の上層に属する者たちである。ただ、そのなかにいくつかのグループがある。第一に、その町の最上層、政治経済の指導的階層である。梁川町の場合はそれが蚕種家等の蚕業家たちであり、保原町では羽二重・織物・生糸業や酒類等製造販売、桑折町では米穀商等であった。特に梁川の蚕種家階層は、広い商圏で種々の経済活動を展開していることが多く、その経済活動での有用性に期待して電話に

加入したと見られる。また、一種のステータスという意味もあったと考えられ、比較的若い電話番号や縁起のよい番号を有力者がとっているケースが多い。

第二に、指導的階層とまではいえないにしても、町の上層で、主に町内と近隣を商圏として営業している商業者が加入している。料理業・貸座敷業、雑貨商、菓子商、売薬商などである。性格は異なるが、医師等もこれに入るだろう。

第三には当然だが、町役場・小学校・銀行・郵便局等の公共機関は必ず電話を入れており、桑折町のように郡役所がある町ではそうした電話の台数が多くなっている。

さらに新聞購読階層と電話加入者の関係を見ると、梁川の一九一一年の新聞定期購読者は八一人、約八・四％の普及率であるのに対し、電話はその半分程度の普及率にすぎない。これだけ見ても、電話に加入したのが限られた層であることがわかる。町の最上層である一〇人の複数新聞定期購読者のうち九名が電話加入し、八一名の新聞定期購読者のうち約三八％が電話に加入した。複数新聞定期購読者層・新聞定期購読者層の一部が電話に加入したのである。

反面、新聞を定期購読しながら電話加入に至らない者が約六二％いることは、やはり電話は高価であり、まだ効用が不確かなメディアであったことを示している。逆に、新聞購読に熱心ではないが電話に加入したのは、町の商業者である。前述のように新聞を読んでいないのに電話に加入した者が一名いるが、これは料理店である。また、新聞不定期購読で電話加入した一一名のうち五名が料理店・宿屋である。彼らは、その営業から電話の効用を認め、いち早く加入したのである。

ただ、大勢としては、名望家層が町への電話の導入に尽力し、自宅に開設した。これらの層は、新聞を定期購読し、電話まで設置したのであるから、メディア利用の階層性は一層進行したことになる。

五　電話の利用とその作法

電話の加入者の多くが電話に期待したのは経済活動での有用性にあった。基本的に、電話は、何かはっきりした用件がある場合に利用するメディアであって、日常的会話、無駄話を交換するメディアとは見なされてはいなかった。

しかし、少なくとも最初の時期には、遠く離れている人と会話できる面白さが人びとを惹きつけたことは間違いない。梁川ではなく、福島に電話が開通した際の新聞記事だが、電話開通以来通話が活発なのは結構だが「通話の多くは概ね無用の冗話にして甚だしきは痴話醜談殆んど聞くに堪えざるものありて対話者として呼出されし者の迷惑一方ならざるもの、如し其結果他の有用なる通話阻碍[41]」されている現状を概嘆し、「文明的唯一の交通機関を啻に一種の玩具」とすべきではないと主張する記事が掲載されている。

初期の電話では、物珍しい電話で無駄話を楽しむ「玩具」的利用法と、有用な用件を連絡する「文明」的利用法がせめぎ合っていたのである。おそらく、梁川でも同じような状況であったであろう。回線数が限られた段階では、両者は両立できず、当面はこの新聞記事のように「玩具」的利用は排除すべきとされ、「文明」的利用法が「正しい」利用法とされた。

「文明」的利用には、遠隔地通信と近距離通信との二つが考えられる。広い商圏をもつ蚕種製造販売業者などが主に期待していたのは、長距離通信であった。遠隔地に取引相手をもちながら、それまで自ら出向くか、郵便や電信を利用していた彼らは、電話にその代替を期待したのである。

しかし、梁川交換局の電話は、桑折交換局を経て福島につながっていて、直通ではなかった。交換を経る当時の長距離電話がなかなかつながらず、長時間かかってようやくつながる挿話は多数残っている。[42] また、通話料が高く、そのうえ長距離になると電話の感度は下がるため、長距離電話のためには特殊な装置を付加した電話機も必要であった。長距離電話は、あまり実用的ではなかったのである。仙台の例だが、一九一一年一月の一〇日間で仙台の長距離電話の発信は四五通話、横浜への通話が二、その他は東京への通話で、そのうち二五は米穀取引所の利用と限られた利用であったという。[43]

さらに、蚕種家の顧客である県外の蚕業農家に電話が普及しているとは限らないなど、電話普及率が低いことも蚕種家の電話利用を制限したであろう。それでも、先に紹介した一九一一年の特設電話設置の際における町議会議事録によれば、収支差引金は、「追々長距離電話架設ノ計画中」であるので、そのための基金を積み立てるとあり、長距離通信への期待が大きかった。しかし、実際には、基金まで用意した長距離電話は容易に実現せず、福島までの直通回線が開けたのは、一九二九（昭和四）年一〇月のことである。[44]

長距離メディアとしての電話利用は、梁川の蚕種家たちが期待したほどには進まず、遠距離通信メディアとして郵便や電信にとって替わるものとはなりえなかった。表8の通り一九一〇年代前半に電信数は減少するが、これは電話開通の影響ではなく、蚕業そのものが不振であったためと考えられる。

結局、電話の利用は、主に町内の通信、あるいは保原、桑折、せいぜい福島といった近隣の町との近距離通信に傾斜していった。蚕種家層の利用もそうなっていったし、もともと商圏が狭い料理店や各種卸店・小売店などの商業者層も町内や近隣の顧客との注文や連絡といった近距離の利用であった。

近距離通信でも、電話は相互に設置していなければ利用することができず、普及率の低さが大きな制約であった。梁川の場合、町内の四六人と近隣の町の電話所有者との間の相互的通信ということになってしまう。例えば、梁川の隣の粟野村は蚕種製造の盛んな地域で、福島県有数の資産家であった池田善兵衛家をはじめ、梁川と密接な経済的関係人的関係を有し、梁川の商家にとって重要な顧客だったが、粟野には電話は通じていないので、電話による連絡はとれないのである。

梁川町内でも、伊達郡内でも、いわば点と点の間の結びつきで、面の広がりにはなりえなかった。政府の進める全国的電話政策は県庁所在地など主要都市間を点と点で結ぶだけで、中小都市にまでの面的広がりをもたなかったことは前に述べたが、その広がりをつくるべく開設された特設電話においても、その普及率の低さから地域社会内と近隣の点と点の世帯を結ぶだけで、やはり面的広がりをもちえなかったのである。

しかも、梁川の場合、電話加入者のほとんどは広瀬橋から興国寺にかけての三〇〇メートルほどの目抜き通り沿いか、その近辺に居住していたわけで、電話を使わなければ連絡がとれないということはなかった。確かに電話があれば便利であっただろうし、電話によって連絡は頻発になったかもしれない。だが、町内や近隣の範囲内で用件を伝達するということだけでは、必要不可欠とは言い難かったのである。

無論、日常的会話の交換を楽しむという利用法、先の表現では「玩具」的利用法もありえた。「玩具」的利用は電話のもたらす大きな効用であるし[45]、それによって電話利用法を発見することもある。だが、経済的コストが高く、「文明」的利用の規範が唱えられているところでは、日常的駄弁を弄するといった電話の楽しみ方は形成されなかったであろう。

また、電話は独特の作法を必要とするメディアで、その点でも気楽な利用とは言い難かった。電話機操作法や交換手との応接法など電話の独特の作法をめぐる摩擦については、これまでの研究でも述べられているが[46]、電話普及の一つの条件であるので、福島や梁川の例に触れておくこととする。福島での電話架設が話題となった一九〇七年七月、

『福島民報』は早くも「電話の話」という連載記事を掲げ、電話の基本的な仕組み、加入手続きなどを解説している。福島での電話開通が具体化する一二月になると、『福島民友新聞』は「市内電話通信心得」を連載した。これは文字通り電話のかけ方の作法指南である。電話をかけようとする際には前もって相手の電話番号を調べておき、「受話器を掛金物に掛け置きたる儘発電機の取手を素早く二三度回し直に受話器を取り耳に当て交換手の返答を待たるべし、但し発電機の取手を続け回し或は受話器を外せる儘にて回す事なき様注意を要す」などと電話機の使い方の順序を事細かく説明している。電話機を目の前において気楽に練習するならともかく、電話機を初めて見る者にとっては、かえって萎縮してしまうような説明である。

電話機の操作とともに注意されたのは、交換手との会話であった。交換手が出たら、直ちに「何番へ」と言わなければならなかったし、「交換手に対しては接続依頼に関する事柄の外決して他の談話をなすべからず」と特に警告されていた。[47] 相手の姿を見ずに対話する交換手と利用者との関係が、電話導入にあたって最も心配されていたことの一つであったのである。福島では、交換手を訓練するとともに練習電話の期間を設定し、交換業務についての理解を得るために利用者とその家族を電話交換局に招待し、見学させたりした。[48]

しかし人びとは、交換手と接続依頼以外の話題を楽しみたいという誘惑を抑え難かった。福島電話開通一ヵ月後の新聞記事には、「交換手に悪口を云ひ或は用なき問合わせをなす者頗る多く特に商家の小僧の如きは聞くに堪えざる悪戯をなす等甚だ頻繁の事とて交換手の迷惑は勿論郵便局員も困り居る由殊に停車場の自動電話には殆んど毎日此悪戯絶えざる由」とある。[49] こうした類のことは悪戯といえば悪戯であるのだが、相手の番号と自分の番号だけを話すという無機的な対話関係に、人びとは馴れなかったのである。それまでの対話では、商取引にしろ、何かの相談にしろ、時候のあいさつや「用なき問合わせを」して、相手との関係を解きほぐしながら本題を話すのが普通であった。番号だけを瞬時に若い女性に言うなどという会話のほうが奇妙で不作法なのである。つい余計なことを言うことになりがちであるし、まして接続が円滑にいかなければ、交換手に責任があろうがなかろうが、対話の相手である交換手に悪口を言うことも起こりがちであったのである。

梁川のように電話機そのものに接する機会が乏しく、公衆電話でも匿名性のないところでは、電話の作法を身につけることは容易ではなく、ますます縁遠くなってしまう。大正期の写真で見る限り、梁川の交換台は二台で交換手は二人であったようだが(50)、おそらく利用者と日頃から顔見知りであったであろうから、お互いに無機的応対に切り替えるのはなかなか難しい関係である。

電話の例ではなく、極端な事例かもしれないが、梁川の郵便局員が封書を開封し、内容を知人に話したことを非難する新聞投書が掲載されたこともある(51)。郵便でさえ事務的に配達できなかったのである。無論、互いに面識があることは、交換手に臨機応変の対応を可能にした面もあろうが、電話利用者にとっては厄介であった。

図9　電話交換の様子（『梁川町史』第11巻より）

結局、梁川という地域社会で初期の電話は、町内の上層の内輪のネットワーク、あるいは近隣町の上層とのネットワークのなかで利用されたが、雑談のメディアというわけにはいかず、また電話ですませられる用件も限られていた。電話を最も実用的に使っていたのは、料理店・旅宿・貸座敷業という業種であろう。

梁川の場合約九五％の世帯では、電話を設置できなかった。その人々にとって利用できる電話は、郵便局に置かれた公衆用の電話であった。電話導入したほとんどの地域で郵便局に公衆電話設置がされたようだが、梁川では公衆電話番号まで広告しており、公衆電話からの呼び出しなど電話利用の機会を一般に広く提供しようとする意向

はうかがえる。(52)

ただ、郵便局まで行って電話をかけるというのは、緊急の場合などに限られていたであろう。公衆電話をかけるという行為自体が社会的注目をあびる覚悟が必要であったし、そもそも電話をかける作法を習得していない者にとっては電話機そのものが畏怖の対象であった。

六　電話熱の沈静化

一九一一年の開通後の電話普及状況を『伊達郡統計書』などから集計し、表11に掲げた。加入者は翌年は一〇人増、翌々年には八人増と、順調に伸び、一九一三年には六四人にまで増加している。当初は桑折町を経て福島に通ずる一回線だけであったが、一九一二年には、粟野村保原町を経て福島に至るもう一回線が開通し、梁川から外へ出る回線は二つとなった。これに合わせて、加入者の増加があったのである。

しかし、その後の二年間は統計に不備があるが、一九一五（大正四）年は五五人まで減少している。その後の推移は本章の対象外だが、一九一七（大正六）年までほぼ横ばいなのが、一九一九（大正八）年に大きく増加し、さらに大正末期に一〇人ほど増え、またその後はほとんど変動なく推移している。

この時期の電話は、前述のように原則として地元負担の「特設電話」だが、それでも地元が任意に設置できるわけではなく、仙台電務局が許可数を公示し、それに希望者が申請する方針をとっていたようである。他の町村の電話設置に関する新聞報道によれば、希望者数が許可数を下回る場合や加入者が後に返上するケースがある。したがって、梁川の電話加入者数も、大枠としては仙台電務局の許可数内にあるが、加入者側の事情によって一定幅で増減が生じたと推定される。

残念ながら、歴年の電話番号簿が見出せないため、加入者動向を詳細に明らかにすることはできないが、『福島県下ポケット電話名簿（大正二年二月現在）』によって一九一三年段階での「梁川局特設電話加入者」の氏名と人数を知ることができる。(53) これに記載されている加入者は五六人（公衆電話を除く）で、『伊達郡統計書』では一九一三年は六四人であるから八名少ないが、恐らく調査時点のずれである。普及率はわずかに上がって五・五％である。

一九一三年電話番号簿の加入者五六人の内訳を見ると、一九一一年加入の四六人はまったく変化がなく、番号の変更もない。最初の四六人に一〇人が追加されたかたちである。これからすると、この間の加入者増減は、初期加入者の間で起きたのではなく、その後の加入者（第二次加入者）のなかだけで起きたことになる。

第二次加入者の電話帳記載の職業では、生糸産物紙商が一人、料理店牛豚肉販売一人、その他は荒物・雑貨商・酒販売等町内の商業者で、いずれも町外に広い商圏をもっているというより主に町内を商圏としている業者である。(54) 新規加入者は、近距離通信での電話利用に期待して加入したのである。

表11　梁川町電話加入者数　単位：人

	加入者	増加数
1911年	46	
1912年	56	10
1913年	64	8
1915年	55	—
1916年	55	—
1917年	63	—
1919年	103	39
1922年	104	1
1926年	114	10
1927年	118	4
1928年	121	3
1929年	131	10
1930年	133	2
1931年	133	—
1932年	133	—
1933年	133	—
1934年	133	—
1935年	133	—

＊「梁川町郷土誌」p. 176
『梁川町史資料集第29集』

『福島県下ポケット電話名簿（大正二年二月現在）』には、長距離電話機についてはその旨の印がつけられているが、梁川には一台もない。隣町の保原には五台、桑折には三台ある。保原の五台の長距離電話は銀行、伊達電力会社本社、大日本羽二重輸出会社、生糸・真綿製造販売、肥料酒茶商がそれぞれ一台である。桑折の三台はいずれも様々な商業活動を営み、同時に大地主の家にある。保原の場合は個人経営から企業的経営に拡大していきつつある家、桑折の場合は郡役所や東北本線を背景に手広く商業活動を行っている家が長距離電話を入れている傾向がうかがえる。

しかし、梁川の銀行や有力蚕種家にも長距離電話を備える経済的条件はあり、長距離電話への願望もあったから、梁川で長距離電話が開設されなかったのは、前述のように梁川の電話が保原か桑折を経て福島に通じているために聞き取りにくく、つながりにくいという技術的理由が大きかったのではないかと考えられる。

実際、一九一〇年代後半になっても聞き取りにくく、つながりにくい電話はなかなか改善されなかった。一九一八（大正七）年八月、福島商業会議所は逓信大臣と北部逓信局長宛に「電話の改善に関する件」という意見書を差し出し、「通話上の故障日に続出し或は交換の敏活を欠き或は通話断続し或は接続の錯誤ある等加入者の被る不利不便真に鮮少ならず之が刷新改善は本市の輿論」と交換業務・交換機器の改善を訴えている。(55)それでも改善は遅々として進まず、「電話線を継がぬとて交換手を殴打」する事件が起きたり、(56)「酷く批難される電話交換姫」「汗ダクの電話交換姫」と過重負担にあえぐ交換手の様子が報じられている。(57)逆に、「歳末の電話交換局は苦情引き受け所」などとも言われ、(58)交換手に親身な関係を期待する加入者もあとを絶たなかったのである。電話の円滑な利用は、容易なことではなかった。

いずれにせよ、一九一〇年代半ば以降も、梁川の電話加入者は若干増加したものの、第二次、三次の加入者が増加していく趨勢は生じなかった。また、遠距離通信としては限界があり、近距離通信を中心とする利用であった状況には変わりがなかったのである。

七　まとめ

梁川の町において、電話は大きな期待をもって開通した。社会の底部には大凶作の苦難からなかなか立ち直れない下層が存在する一方で、町の上層は熱心に電話開設を推進したのである。しかし、主にその経費の大きさのためにごく限られた家にしか設置されず、また思ったほど長距離通信の有用性はなく、結局近距離通信の利用に傾いていった。だが、そこでも普及率の低さ・電話網未整備のために、その利用は内輪のサークルのなかに限られていたと考えられる。

梁川のような小さな町のなかで近距離通信ということになると、その有用性は低くなってしまうのである。あれば商取引や緊急時に便利なメディアとはなるが、あまりあてにはできないところもあったのである。梁川の町で長い期間積み重ねられ、幾重にも重なっていた個人間コミュニケーションの編み目のなかでは、電話という新しいメディアは少数の人々を結ぶ細い糸にしかすぎなかった。まして中下層の住民は、せいぜい郵便局にある公衆電話を恐る恐る利用するくらいで、基本的には電話が結ぶコミュニケーションの圏外であった。その点では、電話は前章までに述べた梁川社会の二層のコミュニケーション構造を強化したことになる。

ただ、住民の直接的電話利用とは別に、福島の行政・企業・新聞社などが電話を利用して、東京や県内との通信を少しずつでも活発化させていったことは、長期的には梁川の住民にも影響を与えた。これは非常に数量的測定の難しい問題で一概にはいえないのだが、例えば一九一〇年代半ば以降、地元の新聞社と県内各地の支局・通信員との通信が電話利用によって活発化し、県内各地のニュースが迅速化し豊富になっていっているように見える。東京のニュースは東京の新聞社で知ることができたのだが、これまで福島県内各地のニュースは案外少なかったのである。梁川にとっては、蚕業などで競合地であり、かつ蚕種販路である県内の各地の情報を入手しやすくなっていった。

こうした電話の間接的な影響は、今後十分吟味しなければならないが、電話が地域社会に与えたインパクトは、この段階では大きなものではなかったといえるだろう。

注

(1) これまで電話導入に関する先行研究は決して多くはない。アメリカの研究では、クロード・S・フィシャー（吉見俊哉他訳）『電話するアメリカ　テレフォンネットワークの社会史』（NTT出版、二〇〇〇年）が内容豊かである。日本については、藤井信幸『テレコムの経済史』（勁草書房、一九九八年）など。

(2) 『保原町史』第四巻（保原町、一九七九年）一八〇頁には、横浜に蚕種売りに行った蚕種家が大金をふところに帰ってくる聞き取りが収録されている。

(3) 『梁川町史』第八巻三五三頁に収録されている「養蚕巡視概要一覧表」に掲げられている梁川の主な蚕種家の販路は次の通りである。浅野徳右衛門　販路本県、新潟、富山、茨城。田口留兵衛　販路埼玉、群馬及管内。中木直右衛門　販路茨城、宮城、静岡、山形。大竹宗兵衛　販路岐阜、富山、宮城、岩手。中村佐平治　販路兵庫、新潟。八巻味右衛門　販路宮城、岩手、兵庫。八巻長右衛門　販路茨城、其外各県。

(4) 『梁川町史』第八巻四〇四頁。

(5) 蚕種家の生活については、前掲『保原町史』一七七頁以下による。

(6) 「梁川郷土史」『梁川町史資料集』第二九集。

(7) 『梁川町史』第八巻二二五頁。

(8) 梁川町『梁川町史』第八巻二二二頁。

(9) 日本電信電話公社東北電気通信局『東北の電信電話』（電気通信共済会、一九六七年）七七頁。

(10) 『東北電信電話史資料』第一一巻（東北電気通信局、一九六三年）。

(11)『福島県統計書』による。『伊達郡統計書』と若干数字が異なるが、他郡との比較のため『福島県統計書』の数字によった。
(12)『梁川町史』第三巻二〇六頁以下。『梁川町史』第八巻資料編二〇頁。
(13)『梁川町史』第一一巻三五九頁。
(14)『保原町史』第四巻(保原町、一九八一年)二五六頁。
(15)前掲『保原町史』に「ことづて」の事例がある。
(16)『梁川町史』第一一巻三五九頁。
(17)『梁川町史』第一一巻三五九頁。
(18)『梁川町史』別巻年表編による。ただし月日は不明である。
(19)『福島民報』一九〇八年三月一三日。
(20)『福島民報』一九〇八年四月一〇日。
(21)『福島民報』一九〇八年三月一〇日。夜間電灯の費用莫大につき、知事が反対した旨の記事がある。
(22)『福島民報』一九〇八年四月一三日。
(23)『梁川町史』別巻年表。
(24)残念ながら、電灯をつけた戸数等は不明である。しかし、多くの家にまで電灯がついたのは、大正末期頃のようである。
(25)『梁川町史』第一〇巻七六二頁。
(26)『梁川町史』第八巻四五六頁。
(27)前掲『東北の電信電話』一四六頁。
(28)東京電気通信局編『東京の電話』上巻(電気通信協会、一九五八年)五三頁。
(29)前掲『東北の電信電話』一八二頁。
(30)『福島新聞』一九〇六年一一月一七日「言論・電話架設に就て」。
(31)『福島民友新聞』一九〇七年一二月五日、一四日。
(32)『福島民報』一九〇八年一月一六日。
(33)前掲『東北の電信電話』二〇四頁。

(34)『福島民報』一九〇七年七月四日。
(35) 前掲『東北の電信電話』二一五頁。
(36)『福島民報』一九〇八年四月一〇日。なお、三月二一日記事によれば、飯坂町湯野村の電話架設工事費は四千円とある。
(37)『梁川町史』第八巻四六〇頁。
(38)『梁川町史』第三巻二三九頁。
(39)『福島県統計書』による。
(40) 保原町の電話加入者は『福島民報』一九一〇年一二月一六日掲載の広告、桑折町の電話加入者は同じく『福島民報』一九一一年九月二一日掲載の広告による。
(41)『福島民友新聞』一九〇七年一二月一六日「電話濫用の弊害」。
(42) 例えば、大正初期の仙台の交換手の回想では、東京との間に直通線がなく福島を中継していたが、至急電話でも「ゆうに三時間位はかかったものです。それが普通電話となると、朝呼んで夕方になっても応答がないなんていうことが、ままあったものです」(前掲『東北の電信電話』二七三頁)。
(43) 前掲『東北の電信電話』二二二頁。
(44) 前掲「梁川町郷土史」『梁川町史資料集』第二九集、一七六頁。
(45) 電話の利用法については、例えば『電話するアメリカ』参照。
(46) キャロリン・マーヴィン(吉見他訳)『古いメディアが新しかった時　一九世紀末社会と電気イデオロギー』(新曜社、二〇〇三年)。
(47)『福島民友新聞』一九〇七年一二月六日。
(48)『福島民友新聞』一二月一〇日「電話と交換手」、一二月一二日「電話交換局参観」。
(49)『福島民報』一九〇八年一月二一日。
(50)『梁川町史』第三巻三五〇頁掲載写真。
(51)『福島民友新聞』一九〇四年二月二六日「読者の声」欄。
(52)『福島民報』掲載の電話開通広告記載の番号簿には、保原、桑折の公衆電話番号はないが、梁川は記載されている。ただし、各町でも設置された電話のすべての番号が記載されたわけではないので、保原と桑折に公衆電話がなかったとは限らない。梁川の広告では二八番の記載がないが、これは警察署の電話である。

(53)『福島県下ポケット電話名簿（大正二年二月現在）』（久保和三郎、一九一三年）。

(54)『東北の電信電話史』二七三頁に一九一六年の福島県電話加入者の職業分布が掲載されている。それによれば、一位は「旅宿及飲食店」、二位は「飲食物製造及販売」、三位は「農産物販売」となっている。梁川の職業分類と異なるが、蚕種家は「農産物販売」となろう。

(55)『福島民報』一九一八年八月八日。

(56)『福島民報』一九二〇年一一月二二日。

(57)『福島民報』一九二四年四月二二日、六月二九日。

(58)『福島民報』一九二〇年一二月四日。

第二部　メディアの普及と格差拡大

第一章　新聞・雑誌の普及とメディア格差
――一九一〇年代――

一　日露戦争後から一九一〇年代

本章では、第一章第二章に引き続き、日露戦争後から一九一〇年代にかけての梁川社会のコミュニケーション構造の変化について考察しようとするものである。最初に主に依拠する基本的資料である阿部回春堂文書に関し説明すれば、本章で利用するのは一九〇七年、一九〇九年、一九一一年、一九一二年、一九一四年、一九一五年、一九二一年の「新聞配達元帳」、一九一八年の「雑誌配達元帳」である。一九一〇年代後半の「新聞配達元帳」がないのが残念だが、一九一八年の「雑誌配達元帳」があるので、新聞購読と雑誌・書籍購読を比較できる点が大きな利点である。

まず、最初に日露戦後から一九一〇年代にかけての梁川町の基本データを瞥見してみると、戸数、人口は表12の通りである。無論、国勢調査以前であるので、データの信頼性に疑問がないわけではないが、これにより大勢を見ると、第一に一九〇七年以後に人口は増加していく、第二に一九一三年から落ち込みがあった後、一九一五年から再び上昇し、一九二二年以降はほぼ横ばい状態である。少なくとも表面的には、急激な社会変動は起きなかったと見てよい。急激な人口変動がなかったにしても、この時期の梁川の社会は、決して無事平穏であったというわけではない。度重なる自然災害が梁川を襲ったのである。一九〇五年、〇六年の大凶作からようやく立ち直った一九一三年八月、台風により広瀬川、阿武隈川が増水し、梁川の町は未曾有の大洪水に見まわれた。広瀬川と阿武隈川の合流地にあたる梁川は毎年のように水害におそわれてきたのだが、この一九一三年の大洪水は一八九〇年のそれを上まわり、流失家屋一四戸、全壊一一戸、半壊六戸、埋没二三戸、床上浸水三七七戸、床下浸水一八〇戸、橋梁流失四ヵ所、その他小橋十数ヵ所、田畑流失一四町歩、田畑埋没一一町歩などの甚大な被害が出た。(1) 何らかの被害を受けた戸数は六一一、全戸数の約六三%にのぼる。無論、粟野村、堰本村等近隣も大きな被害をこうむり、梁川町の商業活動にも相乗的な打撃を与えた。

さらに霜害が毎年のように発生し、桑園に大きな被害を与えるなど、たびたびの自然災害が梁川の人々の生活を痛めつけていた。にもかかわらず、住民たちの営々たる努力によって、梁川の町はそのつど、苦しいなかでも回復していった。農業・蚕業においても、波動はあるものの漸増していったのである。

表12　戸数・人口の推移（1）

	戸　数	人口計	男性人口	女性人口
1902年	987	5,403		
1903年	987	6,135		
1904年	1,053	5,456		
1905年	981	5,478		
1906年	1,088	5,367		
1907年	975	5,467		
1908年	970	6,020		
1909年	970	6,153		
1910年	975	6,181		
1911年	970	6,257		
1912年	975	6,249	3,023	3,226
1913年	975	5,847	2,839	3,008
1914年	990	5,939	2,870	3,069
1915年	990	6,352	3,059	3,293
1916年	990	6,226	3,024	3,202
1917年	1,100	6,170	2,992	3,178
1918年	1,008	6,629	3,145	3,484
1919年	1,075	6,543	3,115	3,428
1920年	1,015	6,525	3,127	3,398
1921年	1,020	6,521	3,137	3,384
1922年	1,080	6,636	3,230	3,406
1923年	1,080	6,632	3,234	3,398
1924年	1,080	6,611	3,260	3,351
1925年	1,080	6,365	2,995	3,370
1926年	1,080	6,676	3,003	3,673

＊『梁川町史』10巻 p. 718

　梁川町の米生産高は、表13に掲げた通り、一九〇五年の大凶作で壊滅的な打撃を受けたが、その後は徐々に上向きに転じ、一九一一年には二六七〇石

表13　米生産高

単位：石

1902年	1,285
1905年	237
1906年	1,760
1907年	2,010
1908年	1,214
1909年	1,572
1910年	1,704
1911年	2,670
1912年	1,654
1913年	900
1914年	2,826
1915年	2,523
1916年	2,442
1917年	2,095

＊『梁川町史』第８巻資料編

と頂点に達した。その後、一九一三年に前述の水害などのため下落したが、一九二〇年前後には回復し、横ばい状態になった。

繭生産高においても、表14の通り一九〇七年に増勢を示し、一九〇九年に一一九二石というピークに達した。ただその後は減少し一九一三年、一四年には六五一石にまで降下したが、その後徐々に回復し、一九一六年には一二一六石、一九一七年には一二〇四石にまで増加している。[2] 蚕種生産高でも、一九〇九年以降は増加傾向で、一九一二年の原種蛾数は二一五万二〇〇〇に達し、その後は横ばいだが、一九一七年には三四〇万八〇〇〇にまで増加している。[3]

これらの指標からは、梁川の町は一九〇五年の大凶作で深刻な打撃を受けた後、よく立ち直り、一九〇七年以降が相対的上昇期であったことがうかがえる。その後、一九一三年、一四年に前述した水害があり、落ち込みがあったが、そこから盛り返した以後はほぼ横ばい状態となった。こうした経済的動向は、先の人口推移とほぼ符合する。

この相対的上昇期にあって、梁川の住民、特にその指導的階層である蚕業家たちは、町の基盤整備事業に積極的に取り組んでいた。電話・電信の開通についてはすでに前章で述べたので繰り返さないが、その開設費用などは町が負担していた。

また、東北本線からはずれてしまった梁川町にとって、福島や隣町の保原との間に軽便鉄道を敷設することは梁川町の宿願であり、一九〇六年、大竹宗兵衛、中村佐平治、菅野五郎治、中木直右衛門等町の名望家二五名は、連名で梁川・保原間軽便鉄道敷設の「趣意書」を発した。[4] さらに一九〇八年、梁川町議会は、信達軌道株式会社軽便鉄道敷設のため五〇〇円を負担することを決議し、[5] 一九〇九年には梁川・保原間の軽便鉄道敷設の陳情活動も行われた。[6] こうした運動が実り、ようやく一九一〇年六月一八日、大日本軌道株式会社による福島・梁川間軽便鉄道の運転が開始されたのである。一日列車本数上下各五本、所要時間二時間であった(7)。さらに、一九一一年には、大日本軌道株式会社が保原・掛田間、保原・梁川間の軽便鉄道を開通させ(8)、梁川と近隣との交通は一層便利になった。

蚕業家たちは、蚕業技術の改良などにも意欲的で、各地での共進会・品評会に出品するだけでなく、実際に参加して見聞を深めていた。例えば一九一〇年一〇月、前橋市で開催された群馬県主催一府十四県連合共進会に際し、福島民報社と伊達蚕種業同業組合が共催する視察団が組織され、特別列車を仕立てて視察に赴いた。この視察団は、福島市はじめ伊達郡の各町村から約三五〇名が参加したという大規模なもので、最多人数は福島市だが、その次に多いのは梁川町で三九名である。隣村の粟野村も三三人参加と多い。梁川とその近隣の蚕業家の積極性がうかがえる。

梁川町参加者には八巻味右衛門、宮本利七、大竹安五郎、加藤慶作など有力蚕種業者で町の指導者がいるし、約四割の一六名の氏名が一九〇九年、一〇年の「新聞配達元帳」で確認できる。それ以外の者も、その姓名からすると「新聞配達元帳」記載者の息子・兄弟等であった可能性が高く、町の有力者層がこぞって前橋共進会に出かけたのである。ただ、福島民報社の主催事業だが、同紙の購読者は五人だけで、伊達蚕種同業組合の組織力のほうが大きかったのであろう。ちなみにこの共進会では、大竹宗兵衛が繭一等賞金牌、梁川製糸株式会社が生糸二等賞を受賞するなど梁川の蚕業の水準の高さを示した。

ただ、外地への出張はもっぱら経済活動の一環で、観光見物となると非常な贅沢であった。梁川の隣村である伊勢崎の有力蚕種家石幡貞吉の「大正三年日誌」は、この年の「最後に記し置かざるべからざるあり」と

表14　繭・蚕種生産高

繭生産高　単位：石

1903年	263
1906年	328
1907年	531
1908年	807
1909年	1,192
1910年	737
1911年	762
1912年	737
1913年	651
1914年	651
1915年	1,035
1916年	1,216
1917年	1,204

蚕種生産高

	原種蛾数	製糸用種枚数
1909年	1,369	240
1910年	1,528	227
1911年	1,850	163
1912年	2,152	130
1913年	2,260	97
1914年	2,158	79
1915年	2,533	77
1916年	2,594	67
1917年	3,408	36

＊　単位は原種：千蛾数，製糸用：百枚
＊　『梁川町史』第８巻資料編

して、嫡子貞一が福島県立蚕業学校本科三年の課程として伊勢神宮に修学旅行に赴き、各地の風物を見物したことをあげている。石幡家では、養祖父が数十年前に伊勢参拝して以来、貞吉も彼の父も参拝したことはなく、貞一がこのような機会を得たのは「実に多幸にして、家族の歓喜止まざる所なり」であった。これに刺激された貞吉は、神奈川県蚕種販売の帰途、「思ひ立ちて初めて」横浜、横須賀を見物、さらに鎌倉、江ノ島まで遊覧した。これは、彼にとって「特記するの価値ありと認む」体験であり、「父子年を同うして是等湘南の地を観覧したる者、蓋し異数といふべきなり」と感激している。(9)

梁川の有力蚕種家は、各地の博覧会・品評会などに積極的に出品・参加するだけでなく、自ら品評会を開催し、近隣や県内から参観者を集める積極性ももっていた。一九一〇年一二月八日、九日の両日、梁川町が主催して一町六ヵ村連合物産、家禽品評会および同教育品展覧会を梁川尋常小学校を会場に開会した。(10)当時、同種の催しは県内各地でも開かれたが、梁川の品評会は合計八三〇〇余点の物産品、教育品を陳列し、連日数十発の花火を打ち上げ、入場者無慮七〇〇〇人、「近来希有の盛況」であったという。(11)会期中の九日には、梁川、五十沢、宮野、山舟生、白根、堰本、粟野の一町六ヵ村の「農蚕業の改良」のために伊達三区連合農会が組織された。これら町村は、伝統的に一つの地域経済圏を形成していたのだが、梁川の中心性を一層強めようとしたのである。

そして梁川の町にとって一大イベントとなったのが、一九一四年一一月五日、福島県立原蚕種製造所が梁川に設立され、その祝賀として大日本蚕糸会福島支会主催第一回品評会が開催されたことである。日露戦争後、安価で良質な繭を大量に供給することが今までにも増して国の重要な政策となり、一九一一年五月、原蚕種製造所官制が公布された。(12)東京府豊多摩郡杉並村高円寺に設置された本所のほかに、全国各地にも設置される方針が示されると、梁川町の蚕種業者はいち早くこれに応え、一九一一年四月一七日、梁川蚕種業者総代中木孝平、大竹権右衛門、八巻味右衛門、宮本利七、菅野五郎治、中村佐平治、梁川町長田口留兵衛が「原々種製造所位置ニ付陳情」を農商務大臣大浦兼武に提出した。同時に町民惣代中木直右衛門、大竹宗兵衛の名前で、「蚕種製造ワ私共天授ノ家業ニシテ原々蚕種製造所ノ設置セラルルト否トハ私共業務ノ興廃ニ関スル大問題」と切々と訴える「陳情書」を提出した。(13)

しかし、国立の原蚕種製造所福島支所は一九一一年一二月に福島市に設置されることとなり、梁川町は県立原蚕種製造所の誘致を目指すことに転じた。一九一二年三月、中木直右衛門と大竹宗兵衛は福島県知事宛に「県立原蚕種製造所土地寄付追願」を出し、適地であれば梁川町内のどこでも両名の責任で寄付することを請願した。(14)

これらの経緯からは、梁川の蚕種家たちがいかに原蚕種製造所設置を望み、蚕種製造の中心という地位を保持し拡大しようとしていたかがうかがえる。結局、一九一二年に県立原蚕種製造所は梁川設置と決まり、梁川の西裏、広瀬川の南の敷地と桑園（面積四町三反、金額一万五〇〇〇円）が梁川町から県に寄付された。(15)町としては、長年の熱望がようやく実ったのである。

県立原蚕種製造所は、一九一三年に起工、翌四年に業務開始の運びとなり、それに伴い、地元紙には原蚕種製造所の活動、梁川の蚕種家の盛況、伊達郡蚕種同業組合の動向など梁川に関する記事が数多く掲載され、梁川は県内で大きな注目をあびることとなった。しかも、一九一四年一一月の原蚕種製造所開所式に合わせて、大日本蚕糸会福島支会が第一回品評会を開催することとなったのである。

大日本蚕糸会は、日露戦争後、蚕業奨励のため品評会をたびたび開催し、前章で触れたように一九〇八年に福島市で奥羽六県連合共進会を開催していた。こうした広域的な品評会のほかに、各支会主催による品評会も活発になり、(16)栃木など他県が先行していたところに福島支会も遅ればせながら第一回品評会を開催することとなり、梁川町が会場に選ばれたのである。

一九一四年五月、大日本蚕糸会福島支会は品評会の出品規則を定め、各府県支会や関係業界に広く参加を呼びかけるなど[17]、主催は福島支会であるが、実際の計画・運営の実務にあたったのは、梁川の住民である。そのまとめ役となったのは、富田三津義原蚕種製造所長で[18]、彼の周旋で品評会実施のための協議会が組織された。九月一〇日、県立梁川原蚕種製造所で開催された協議会では、伊達蚕種同業組合と梁川町が各一〇〇〇円寄付を寄付し、梁川町はさらに一〇〇〇円を支出し協賛会を組織することを決定した。また協議会のなかに常設委員が設けられ、谷津市之助、田口留兵衛町長、阿部長兵衛助役、大竹宗兵衛、菅野五郎治、宮本利七、中木孝平、八巻味右衛門、大竹権右衛門、中村佐平治、小野常藏、浜名鶴蔵、荒井市太郎が選任されている[19]。ほとんどが梁川町と近隣の有力蚕業家である。

一〇月初旬からは、寄付金額が予定を上まわったとか、品評会に合わせて銀行同盟会等様々な団体が梁川で集会を開催したとか、前景気をあおる記事が地元紙に多数掲載された[20]。『福島民報』は一〇月二三日「梁川品評会」と題する社説を掲げ、福島の蚕業者が「技術の運用」ではすぐれているにもかかわらず、販売方法における「拙劣幼稚未熟」のため遅れをとっている現状を指摘し、その改善のために品評会を役立てることを説いている。品評会は、物産の展示だけではなく、情報の発信・受信の機会として大きな期待が集まっていたのである。

一一月一日に開会した品評会は、原蚕種製造所・蚕業講習所・小学校・広瀬座などの会場をはじめ、町全体が旗・花・イルミネーションで飾りつけられ、「梁川町空前の盛況」となり、「人の山旗の海帽子の波」と表された。二日目の入場者一万八〇〇〇人、三日目五万二〇八人といわれ[21]、町の人口の数十倍の観覧者が県内各地から集まったのである。

一一月五日、大日本蚕糸会福島支会第六回総会、原蚕種製造所開所式の式典が行われ、太田政弘県知事兼福島支会長、富田三津義原蚕種製造所長などの式辞、ついで福島支会第一回品評会褒賞授与式などがあり、夜に入って梁川町協議会主催の招待会が新豆楼で行われるなど、品評会のハイライトとなった[22]。さらに、品評会に合わせて、福島県銀行業会総会、伊達郡教育部会、産業組合福島支会伊達郡部会、伊達郡蚕種同業組合など様々な集会や行事も催され、町は一時的に福島県、伊達郡の中心となったかの感さえある。

この品評会の直接的経済効果はにわかに測りがたいところがあり、当時の『福島民報』社説は「吾人は有体に言へば、共進会、品評会に対して、当事者の期待する程産業の奨励機関として価値を認むる者にあらず、近来の共進会、品評会類の催しは実質に於いて一種の余興也、御祭騒ぎに過ぎざる也[23]」と、冷めた見方をしていた。確かに、直接的な経済効果としては一過性の「余興」「御祭騒ぎ」という性格は否めなかったかもしれない。しかし、これによって「蚕種本場」梁川の存在が広く喧伝され、梁川と外の世界とのコミュニケーションを活発化させたことは重要である。また、梁川の人びとにとっては、蚕業に生きる自分たちの町への自信と自尊心を深める機会となったのである。

二　新聞普及と階層構造

このような経済活動の活発化は住民のコミュニケーション活動を活性化し、またコミュニケーション活動の活性化は経済活動を一層促すという好循環をもたらした。しかし、そうした好循環が、住民にひとしく及んでくるわけではない。第一部第一章で述べたように、梁川町においては新聞購読を軸としたコミュニケーションのピラミッド構造が成立していたのだが、それがどのように変化したのかが大きな問題である。

明治期の梁川のコミュニケーション構造についてはすでに述べたが、簡単にまとめておくと、町の生活全体の基礎をなしているのは対面的コミュニケーション、口頭のコミュニケーションである。多くの住民が代々居住し、長い間の親交の積み重ねによって醸成されてきた共属意識をもとにしたコミュニケーションが成立していた。その包括的なコミュニケーションにくるまれて蚕種製造販売を中心とする梁川の社会と生活がある。

そこにメディアによって外部世界の情報が入ってくるが、明治期における中心的メディアは新聞である。新聞を購読していたのは、一九〇三年の時点で全世帯の二一％程度で、さらに定期購読していたのは五％程度である。新聞定期購読者は主に蚕種生産販売などに従事する町の経済・政治の指導的階層である。彼らは、蚕種製造販売を通じて地方市場・全国市場、さらには外国市場と密接な関係をもち、自らの経済活動のために新聞を一つもしくは複数定期購読し、情報を収集していた。彼らの主たる関心は経済情報・市況情報で、そうした外部世界の情報は、主に上層の内部で流通していたと考えられる。

一時的に新聞を購読する不定期読者は、主に蚕業や商業に従事している町の中上層である。彼らは、小規模な蚕種生産販売、町内や近隣向けの商工業に従事しており、外部世界と無縁ではないが、上層ほど外部情報の必要性はなかったと推定される。

これに対し、世帯の約七九％は新聞を読んでいない。彼らは梁川社会の中下層・下層で、農業小作人あるいは蚕業労務者であったと推定される。新聞を読まないのには、読み書き能力や経済的理由もあったが、もともと生活自体が町内と近隣の直接体験世界のなかでほぼ自足し、その外の世界の情報を常時必要としていたわけではないのである。

このように梁川のコミュニケーションは、大別すれば新聞定期読者層、不定期読者層、非読者層という底辺の大きいピラミッド形三層構造、より巨視的に新聞読者と非読者に大別すれば二層構造として成立し、それが町の社会階層とほぼ重なっていた。それが、日露戦争後、変化したのかが本章の課題である。

まず外の世界、特に東京や全国の情報を梁川に媒介する中心的メディアである新聞購読の変化を見ると、定期購読だけでなく短期間でも新聞を購読した世帯の合算を新聞普及率と考えれば、表15のごとく日露戦争後の一九〇七年には約二七%の普及率であったのが、一四年には約五一%にまで上がった。大きな増加である。しかしその後、横ばい状態となり、二六年には約五六%になっている。

表15　戸数あたり新聞購読者数（2）

	戸　数	新聞購読者数	購読率（%）	定期購読者数	定期購読率（%）	複数定期購読者数	購読率（%）
1903年	987	205	21	51	5	0	0
1907年	975	262	27	70	7	4	0
1909年	970	351	36	92	9	4	0
1911年	970	357	37	81	8	10	1
1912年	975	413	42	108	11	23	2
1914年	990	504	51	146	15	19	2
1915年	990	436	44	123	12	15	2
1921年	1,020	516	51	182	18	13	1
1926年	1,080	604	56	184	17	30	3

＊　1925年，1930年は「国勢調査」の数字．『梁川町史』第8巻の数字と異なる．

＊　「戸数」は1903年から1926年までは『梁川町史』第8巻 p. 5から9，それ以降は『資料集』第29集 p.63による．

内川芳美は、一九〇四年の一部あたり人口を二九人、二四年を九・二八人と推定しているが[24]、梁川の場合、一九〇三年の一部あたり人口は三九・六人、一一年が二一・九人、二六年が一三・九人となっている。梁川の普及率は日露戦争期、一九二〇年代末とも内川推計より低く、全国的な新聞普及よりやや遅れていたことになる。

ただ、永嶺重敏が『雑誌と読者の近代』であげている一九一八年の労働者新聞閲読調査では、硝子職工で四四%、製綿職工三二%とあり、梁川のほうが工場労働者より若干高い[25]。いずれにせよ、一九一〇年代後半には梁川の世帯の約半分が、不定期にせよ新聞によって外部世界の情報に接するようになったのである。これは、大きな変化である。

第一部第三章で触れたように、ニュースの需要が高まった日露戦争期から戦後にかけての伸びよりも、平時の一九〇七年から一四年にかけてのほうが新聞を購読する者が増えたというのは意外といえば意外である。その内訳を見ると、一九〇九年には約九%が定期購読者で、残りの約二七%が不定期読者という割合だったが、新聞の普及率が約五二%にまで上がった一九一四年の時点では、定期購読者は約一五％、不定期購読者が約三七％である。この間、定期購読者、不定期購読者ともに増加したことになる。

さらに調べてみると、一九一五年の不定期読者三一三人のうち一七五人（約五六％）が、一九一二年時点では新聞を読んでいないのに対し、定期読者一二三人のうち一九一二年時点で新聞を読んでいなかったのは三八人（約三一％）だけである。容易に予測できることではあるが、新聞を読んでいなかった者は不定期読者になる率が高く、一挙に二段階特進して定期購読者になる率は低かった。

徐々に増加している定期読者は、累積的な増加である。彼らは、第一部第一章で述べたように梁川の政治経済の中心で、町会議員や梁川製糸株式会社出資者などを務め、蚕種製造販売や材木商・呉服卸商・米穀商・酒類卸商・医師などに従事している町の名望家層である(26)。前述した原蚕種製造所誘致に熱心に取り組み、品評会開催の中心となったのも、この階層である。

特に複数の新聞を定期購読している世帯には大きな変化はない。彼らは町の最有力者層で、例えば第百壱銀行頭取で有力蚕種家の大竹宗右衛門は『時事新報』『中外商業新報』と地元紙の『福島民報』『福島民友新聞』の四紙を定期購読し、一時的に『国民新聞』『福島新聞』を購読した。また梁川製糸社長の中木直右衛門は『国民新聞』『東京朝日新聞』『東京日日新聞』『福島新聞』の四紙を定期に、『時事新報』も通年ではないが購読していた。町長の田口留兵衛は『時事新報』『東京日日新聞』『福島民報』の三紙を定期購読していたのである。

彼らは経済情報を入手する必要性があり、新聞を定期購読しているのである。梁川の住民のなかで最も熱心に新聞を読む層であると思われる。しかも、蚕種家たちは新聞を読むだけでなく、販売促進に新聞広告を積極的に利用しようとした。『福島民報』など地元紙には、春と秋に梁川、粟野などの蚕種製造家の広告が多数掲載されている。梁川の代表的な蚕種家毛利富之助は、『福島民報』記者のインタビュー記事で「毎年自分で原稿を作って三新聞に広告する」と語り、種箱を背負つて行脚する旅費と広告料とを比較したら此方（新聞広告）が安いだろう」としている。[27] 新聞メディアは、情報入手・情報発信の両面で利用されたのである。

一方、新たに新聞を購読するようになった者については、その実名はわかっても、職業・年齢などの手がかりは乏しい。したがって、新聞購読の動機を具体的に知ることは難しいが、選択した新聞名はわかる。例えば、一九〇九年時点では非購読者で、一九一一年時点で購読するようになった者は一五九人である。これら新規読者が、最も多くとったのは『福島新聞』で六一人。次が『国民新聞』で四六人、以下『福島民報』二七人、『萬朝報』一二人などとなっている。逆に『東京朝日新聞』は五人、『時事新報』は六人など、ごく少数である。

部数増の新聞を、言論報道の個性から見るとばらばらだが、「新聞配達元帳」記載の各購読者ごとに月極購読料の記載で見ると共通性がある。同じ新聞でも購読者や時期によって価格が違うなど一概に実売価格は算出しにくいが、一九一一年一〇月時点での主要新聞の販売価格を表16に掲げた。各新聞とも定価より割り引きするのが通例だが、特に実売価格が低いのは、東京紙では『国民新聞』『東京日日新聞』『萬朝報』、地元紙では『福島新聞』などであり、これらが新しい読者が多く購読した新聞なのである。

比較的低廉な新聞が供給されたことが、新聞を購読し始める直接的契機となったことは推測に難くない。これら新聞は、新規読者に限らず、他紙からの転換をふくめ短期間に部数を急増させている。表17の通り、一九一一年から一四年にかけて、東

表16　主要新聞販売価格（2）
1911年10月

新聞名	実売価格	定　価
報知	30	35
東京朝日	30	37
時事新報	40	50
中外	40	53
国民新聞	25	
東京日日	25	40
中央	30	35
萬朝報	20	30
読売	30	35
河北新報	32	
福島民報	27	
福島民友	27	
福島	22	

＊　月極，単位銭
＊　実売価格は阿部回春堂「新聞配達元帳」から算出

表17　購読新聞一覧（2）

新聞名	1907年		1909年		1911年		1912年		1914年		1915年		1921年	
	総部数	通年	総部数	通年	総部数	通年	総部数	通年	総部数	通年	総部数	通年	総部数	通年
報知	120	18	91	32	58	20	50	22	50	20	25	6	53	26
東京朝日	32	16	35	14	26	9	34	12	31	17	19	11	64	25
時事新報	24	7	16	7	24	11	25	9	28	8	33	12	31	15
国民	9	3	5	2	105	24	116	28	122	31	82	16	55	14
読売	13	5	18	4	8	2	8	3	6	4	4	0	6	3
日本	4	0	0	0	0	0	18	0	0	0	0	0	0	0
萬朝報	10	1	44	2	27	4	20	2	7	4	5	1	4	1
中外	5	1	8	2	3	1	6	3	8	4	10	6	54	26
東京日日	1	0	0	0	4	0	88	2	214	31	238	52	199	66
中央	9	5	15	2	4	2	99	1	159	7	49	10	11	4
横浜貿易	21	0	9	3	5	1	5	1	3	0	0	0	0	0
毎電	7	0	20	0	5	0	0	0	0	0	0	0	0	0
毎日	3	2	1	0	0	0	0	0	0	0	0	0	0	0
やまと			0	0	0		2	0	12	4	3	0	1	1
都			1	1	0		3	2	2	1	1	1	1	1
毎夕			0	0	0		13	0			1	0	29	1
東京紙小計	258	58	263	69	269	74	487	85	642	131	470	115	508	183
福島民報	41	8	90	22	85	14	104	20	80	24	65	18	197	21
福島民友	33	4	52	5	37	5	30	6	13	5	14	4	26	14
福島	19	0	31	3	157	6	101	24	57	22	39	9	25	9
河北新報	17	0	71	5	27	6	22	7	16	8	18	3	11	8
福日			0	0			0	0	22	0	13	2	17	1
毎日			0	0			0	0						
東北	0		2	0			0	0						
地元紙小計	110	12	246	35	306	31	257	57	188	59	149	36	276	53
合　計	368	70	509	104	575	105	744	142	830	190	619	151	784	236
購読世帯数	267	66	351	96	357	81	413	108	504	147	436	123	520	182

京の新聞では、『国民新聞』『中央新聞』、やや遅れて『東京日日新聞』、福島の地元紙では『福島新聞』『福島民報』などが急に部数を伸ばしている。『国民新聞』は、一九〇九年には五人しか購読していなかったのに、一一年に一〇五人、一二年に一一六人と二〇倍以上の飛躍的増加である。『中央新聞』は、一九一一年には四人であったのが、一二年には九九人とこれも二〇倍以上の増加である。『東京日日新聞』は一九一一年には四人だったのが、一二年には八八人となり、一四年には二一四人、一五年には二三八人と一九一一年に比べると約六〇倍の増加である。

福島の地元紙は一九〇九年に各紙がいっせいに増加させ、特に『福島民報』は一九〇七年に四一人であったのが、一一年には八五人とほぼ倍増し、〇九年に三一人であった『福島新聞』は、一一年に一五七人と約五倍の伸びである。

これら新聞の急増は、新聞社側が東北・関東一円で大規模な割引販売など特別な販売拡張策をとり、阿部回春堂がそれを受けて積極的な勧誘策をとった結果であろう。各新聞社の事情について、ここで詳しく立ち入る紙幅の余裕はないが、若干だけ言及しておけば、『国民新聞』は、一九〇五年九月五日の焼打被害から回復するためと、徳富蘇峰が「今後デモクラシーの世の中には、此の数といふことは、無視するわけには行かぬ」と考え新聞を「数の波に乗せ」ることとし[28]、一九〇六年から紙面を通俗化させた[29]。その延長線上に販売拡張策を進め、梁川では一九一一年頃からそれが実施されたと推察される。

『中央新聞』はもともと大岡育造の経営する新聞であったが、一九一〇年に政友会の所有するところとなり、機関紙となった。一九一二年に急増しているのは、政友会機関紙化を契機に販売拡張に乗り出したと考えられる。やや遅れて拡張策をとったのが、『東京日日新聞』である。『東京日日新聞』は、一九一一年三月一日に大阪毎日新聞社の所有経営に帰し、本山彦一の主導のもとで積極経営に乗り出した。それが、一九一二年以降の急増となって表れたのである。

『福島民報』は福島における政友会系新聞であり、この時期、桂園時代の与党政友会をバックとして拡張に乗り出したのであろう。また、『福島新聞』は、一八八二年創刊の古い新聞であるが、県庁当局の支援を受けていたといわれ、政党系新聞に対抗して大規模な拡張策をとったと考えられる。

一九一〇年代初頭から半ばにかけての新聞購読率の上昇や購読新聞の変化は、新聞社の販売拡張が直接的な契機となっていたのである。さらに、新規読者のその後の購読行動を追跡してみると、購読を始めた新聞を持続して読む率は低かったことがわかる。例えば、一九一二年時点で、『国民新聞』購読者は一一六人であったが、九年後の一九二一年時点で『国民新聞』を購読していたのは、そのうちの一一人（約九％）にすぎない。さらに、一一六人のうち一九一五年時点で四三人（約三七％）、一九二一年で六二人（約五三％）は、『国民新聞』どころか新聞そのものを、もはやとっていないのである。また、『福島新聞』の例では、一九一一年に購読していた一五七人のうち、一九二一年に同紙を購読していたのはわずか七人（約四％）にすぎない。一五七人のうち、八〇人（約五一％）は新聞購読をとめている。

ただ、一九一〇年代に入って購読者が急増した『東京日日新聞』の場合は、他紙に比較してやや定着率が高い。一九一四年に購読していた二一四人のうち、一九二一年時点で六六人（約三一％）、二六年には四六人（約二一％）が同紙を継続購読している。おそらく、同紙の販売拡張が持続的であったためであろう。それでも、一九一四年時点の購読者の約六二％（一三三人）は一九二六年では新聞をとっていないのである。

このように、この時期に初めて新聞の読者となった者は割引販売など新聞社側の販売拡張をきっかけにしたが、最初にとり始めた新聞をそのまま購読する率が低いばかりでなく、新聞そのものをとらなくなることが多かったのである。これは、彼らの購読が能動的なものでなかったことを示している。

住民の約半数をしめる新聞非読者のなかには、読み書き能力は備えていたが、家計上の理由から新聞をとれない者が一定の割合で存在し、彼らは新聞が安売りされ、販売店などからの勧誘が行われると新聞をとり始めた。ただ、彼らにとって購読料はぎりぎりの経済負担であり、家計が悪化すれば購読は中止される。それでも、新聞をとってみて、それを生活必需品と実感できれば、家計支出の優先順位は高まり、新聞購読を継続する確率は高くなるはずだが、新聞購読が続かなかったということは、住民の新聞需要は決して高くなかったということである。彼らの生業において東京や横浜の市況ニュースは緊要ではなく、また遠方での殺人事件や泥棒のニュースを日常的に消費する性向はいまだ育っていなかったのである。購読新聞の増加は供給側（新聞社）の牽引要因（プル）が大きい一方、住民側の需要は小さく、また安定してもいなかったといえる。

このように一九一〇年代前半における新聞の普及率向上によって、定期読者、不定期読者の割合が高まり、非読者の割合が低下するという構成比に変化はあったが、新聞購読の三層のピラミッド構造にほとんど変化はなく、三層構造が町の政治・社会階層とほぼ重なっている状況にも変わりはなかった。外部世界の情報についていえば、複数もしくは一紙を定期購読している最上層と新聞を時たま読む層、まったく読まない層の格差は依然として大きいのである。この時期、各新聞ともページ数を増やし、ニュースの速報・多様性を高めていたことからすれば、入手しうる外部情報の格差は拡大したといえる。

これを有権者層と比較してみると、一九一六年の衆議院有権者は一〇八人、県会議員有権者一五七人、町村会有権者二四一人である(30)。一九一五年の新聞定期購読者は一二三人、全購読者が四三六人であるから、新聞定期購読者層は衆議院有権者数とほぼ重なり、若干数新聞を定期購読しながら衆議院議員選挙権をもたない者がいた計算になる。県会議員有権者数は新聞定期購読者数を三四人上回っているから、県会議員有権者のなかには新聞を定期的に読まない者もいたのである。さらに、不定期読者数を含めた全購読者数は町村会有権者数を一九五人上回っているから、不定期にしろ新聞を読み社会的関心をもちながら、町政について発言権を持たない層がかなり蓄積されていたことになる。これは、潜在的には、政治・社会の不安定要因である。

三　国勢調査員と新聞購読

次に別の角度から住民の購読を見ることにしたい。一九二〇年、最初の国勢調査が実施された。このデータは既にその一部は利用したし、一九二〇年以降は国勢調査が梁川の社会を知るうえできわめて重要であることはいうまでもない。

しかも、それだけではなく、貴重なのは福島県における国勢調査員の推薦書類が残っていることである。(31) これには正員予備員の別、住所、職業、氏名、生年月日、公職の経歴等が記載されており、限られた人数ではあるが当時の住民について具体的に知ることができるのである。

国勢調査員はどのような人物が任命されたのであろうか。臨時国勢調査局は、一九二〇年五月一九日、各道府県国勢調査臨時国勢調査部長を招集し協議会を開いたが、席上での臨時国勢調査局長あいさつで調査員選任の要領について次のように述べている。(32)「一、小学校教員、青年団幹部会、在郷軍人会員等を国勢調査員とし適任者比較的多かるべき向へは進で応ずる様」に関係各省に交渉した。「二、社会の上流に立つ人士が篤志を以て国勢調査員と為ることは一般に本事業を重からしむるの好影響あり」、「三、一般の国政調査員としては警察官を挙げざるを可」とするが、「水面の調査又は工事中の人夫集団の調査等」には斟酌すること、（中略）「五、予備国勢調査員として市役所町村役場吏員を充用すること」を認めるなどである。

国勢調査員は住民のなかから無作為に選任されたのではなく、最初の国勢調査ということもあって、臨時国勢調査局がそれぞれの地域社会において警戒心をもたれることなく全住民に国勢調査の趣旨を啓蒙・宣伝し、調査票を配布・回収・点検できる人物を選んだのである。国勢調査員は、「当時の日本国家が、全住民を把握しようとしたとき、どういう人々の力に依拠せざるをえなかったか」[33]ということを示しているし、地域社会の信頼を得ていた人物がどういう人びとであったかを知ることができるのである。そういう人びとの新聞雑誌の購読はどのようなものであったのかは興味深い。

国勢調査員は各市町村から調査員が推薦されたが、梁川町では町長田口留兵衛から福島県知事宮田光雄宛に正員二八名、予備員八名の氏名が列記された内申書が提出された。ただ、正員の一名と予備員の二名が何らかの理由で二重線で消されているので、実際の調査員は正員二七名と予備員六名の三三名であったと考えられる。しかし、ここでは実際に調査業務を行ったかどうかは関係がないので、三六名について考察することにする。

表18の通り正員の職業を見ると、基本的に自然語で記されているが、「農」とあるのが最多で七名。他の職業自称を適宜まとめると商業・飲食業が八名、「蚕種製造」「蚕具商」それぞれ二名で蚕業関係が計四名、会社員・銀行員・事務員三名、僧侶二名、教員一名、紡績業一名、神職一名となっている。予備員は助役一名、町役場書記五名、教員二名となっており、予備員のうち町役場関係者は取りあえず名前を出しただけであろう。

農業と商業が多い正員の職業は、梁川の社会をよく示している。当時の梁川はたびたび述べている通り、広瀬橋から興国寺にかけてのメインストリートとその周辺に様々な商店・銀行・郵便局がならび、そこからはずれると田畑が広がっていた。広い農業後背地に小島のように商業地が浮かんでいたのである。ただ、国勢調査の職業別人口比では、農業人口が約四〇%を占めていたから、二八名中農業が七名、商業が八名というのは商業者への偏りが大きいことに

正員予備員ノ別	住　　所	職　業	氏　名	生　年	公職ノ経歴
正　員	伊達郡梁川町字上町54番地	鋳物商	引地直吉	明治22年	—
正　員	伊達郡梁川町字天神町24番地	農	奥山林蔵	明治22年	—
正　員	伊達郡梁川町字天神町24番地（ママ）	教員	熊倉信太郎	明治15年	小学校教員
正　員	伊達郡梁川町字清水町21番地	農	宮本知	明治20年	—
正　員	伊達郡梁川町字清水町１番地	質商	斉藤省三	明治14年	—
正　員	伊達郡梁川町字元陣内５番地	製材所事務員	相馬要蔵	明治13年	—
正　員	伊達郡梁川町字元陣内５番地（ママ）	塗器商	五十嵐辛ニ	明治24年	—
正　員	伊達郡梁川町字森町41番地	僧侶	和田了貫	明治25年	—
予備員	伊達郡梁川町字大町１丁目１番地	助役	藤石武蔵	明治23年	—
予備員	伊達郡梁川町字中町27番地	書記	佐藤嘉兵衛	明治10年	—
予備員	伊達郡梁川町字古町６番地	書記	大槻徳治郎	明治４年	—
予備員	伊達郡梁川町字天神町26番地	書記	二階堂熊太郎	明治14年	—
予備員	伊達郡梁川町字右城町72番地	書記	堀江春尾	明治23年	—2)
予備員	伊達郡梁川町字右城町82番地	書記	塚原辨祐	明治19年	—3)
予備員	伊達郡梁川町字鶴ヶ岡207番地	教員	今野甚三郎	明治５年	小学校教員
予備員	伊達郡梁川町字大町１丁目10番地	教員	大竹源喜	明治20年	小学校教員
	計36名				

＊　福島県歴史資料館所蔵『大正９年国勢調査』

＊　1）二重線消し　2）一行二重消し　3）一行二重消し

なる。また蚕業関係者と明記されている者以外にも、「農」と自称している者や様々な商業を記している者のなかにも他の資料から蚕種製造も行っていることがわかっている者もあり、全体として見れば蚕業従事者が最多であったといえる。

「公職ノ経歴」欄を見ると町会議員三名、在郷軍人分会長一名、行政区長一名、小学校教員四名。他は空欄となっている。町会議員の三名は呉服商、飲食店業、蚕種製造業。在郷軍人分会長も呉服商、行政区長も貸座敷業である。彼らはおそらく地主であり、農業とも関係をもっているが、どちらかといえば商業兼蚕業の従事者である。当時の町会議員名簿がなく全体についてはわからないところが多いが、町の公職者は商業と蚕業を営み、かつ地主という層が中心をなしていたと推測できる。

表18　国勢調査員（原資料には生年月日の記載があるが月日は省略した）

正員予備員ノ別	住　所	職　業	氏　名	生　年	公職ノ経歴
正　員	伊達郡梁川町字西工場橋104番地	農	今井長吉	明治20年	—
正　員	伊達郡梁川町字栄町33番地	農	阪内治左衛門	明治６年	—
正　員	伊達郡梁川町字田町19番地	会社員	脇屋隆吉	明治14年	—
正　員	伊達郡梁川町字本町61番地	農	中村和市	明治27年	—
正　員	伊達郡梁川町字本町73番地	僧侶	大塚孝順	明治23年	小学校教員
正　員	伊達郡梁川町字本町18番地	蚕具商	鹿俣惣吉	明治17年	—
正　員	伊達郡梁川町字中町41番地	呉服商	中村元治	明治２年	町会議員
正　員	伊達郡梁川町字中町23番地	飲食店業	橋初吉	明治26年	町会議員1)
正　員	伊達郡梁川町字北本町３番地	貸座敷業	角田倉蔵	慶応２年	行政区長
正　員	伊達郡梁川町字古町１番地	乾燥業	久保田幸次郎	明治９年	—
正　員	伊達郡梁川町字古町36番地	蚕種製造	浅野直蔵	明治４年	—
正　員	伊達郡梁川町字右城町48番地	紡績業	熊倉肇	明治25年	—
正　員	伊達郡梁川町字右城町23番地	蚕具商	大竹玄六	明治18年	—
正　員	伊達郡梁川町字大町１丁目55番地	銀行員	石川良太	明治16年	—
正　員	伊達郡梁川町字大町１丁目１番地	呉服商	菅野安次郎	明治21年	在郷軍人分会長
正　員	伊達郡梁川町字大町２丁目46番地	蚕種製造	佐藤甚右衛門	明治８年	町会議員
正　員	伊達郡梁川町字大町３丁目30番	農	平山繁蔵	明治30年	—
正　員	伊達郡梁川町字塩月77番地	農	高橋市郎	明治25年	—
正　員	伊達郡梁川町字上町78番地	魚商	金垣林太郎	明治20年	—
正　員	伊達郡梁川町字上町９番地	神職	関根道比古	明治４年	—

年齢では、正員予備員合わせて最年長が五四歳、最年少が二三歳、平均三六歳で、主に壮年者が推薦されている。全住民に調査票を配布し、回収するという実作業を伴うため働き盛りの者が選ばれたのであろう。

これが、当時の梁川の社会で「社会の上流に立つ人士」として信頼を得ている人びとであったのである。ただ、町の上層のなかでも最上層である名望家たちは推薦されていない。最上層の名望家とは、すでに述べてきている通り中村佐平治、中木直右衛門、大竹宗右衛門らで、彼らは蚕業試験所誘致、軽便鉄道敷設、電話開通、製糸会社設立など町の下部構造を支え、経済・政治に最も大きな影響力をもっていた人々であった。彼らとっては国勢調査票を住民に配布し回収するなどという作業は煩雑すぎて、面倒なことであったろう。

また、臨時国勢調査局の方針があって、教

師・僧侶・神職が推薦されている。彼らは、町の知識人として尊敬される存在であったし、また経済・政治で大きな役割を果たしていたわけではないから、選任されやすかったのであろう。

このように調査員に選任されたのは、当時の梁川「社会の上流」ではあったが、その上層のなかでは中かやや下、あるいは政治・経済の中心からは、はずれた知識人であった。これらの人びとが国勢調査に限らず梁川の町の下層と上層を媒介する役割を果たしていたと見ることができるだろう。この階層から在郷軍人会分会長・町議会議員など役職も出ていたのである。

調査員名を「新聞配達元帳」と照合すると、三六名のうちの二八名はいずれかの年の「新聞配達元帳」に記載があり、残りの六名、予備員のうち二名、合計八名はまったく記載がない。正員で名前がない六名のうち二名は僧侶で、「新聞配達元帳」では寺院名で記載されている。また二名は二〇代でおそらくまだ単身者であるため名前が出てこないだけで、家では新聞を購読していたと推定できる。残りの二名については同姓の者の名前があるので、家族の者の名前で新聞をとっていたのかもしれない。基本的には国勢調査員に推薦される人々はほとんど新聞購読者であったと見ることができる。

ただ、国勢調査の実施された一九二〇年の時点を見ると、同年の「新聞配達元帳」がなく、一九二一年の「新聞配達元帳」と照合せざるをえないが、約半数の一七名が記載がある。この一七名のうち一一名は定期購読していて、定期購読率は高い。六名が『東京日日新聞』、二名が『報知新聞』、『国民新聞』『東京朝日新聞』『中外商業新報』各一名である。地元の新聞を読んでいる者はいない。その関心の方向が中央の動向にあったことがうかがえる。記載のない一一名は、他の年の「新聞配達元帳」には名前があり、不定期な購読者であった。要するに表18に掲げたような人びとが定期購読者層と不定期購読者層の境目にいたのである。

雑誌・書籍の購読は後述するが、一九一八年の「雑誌配達元帳」と国勢調査員を照合すると雑誌・書籍の購入者として八名の記載がある。このうち六名は「新聞配達元帳」にも記載があるから、新聞と雑誌・書籍とに同時に接していたのである。読んでいるのは、旅行案内や子供向きの本で、総合雑誌などは読んでいない。総合雑誌などを読んでいるのは、国勢調査員には不適と見なされたのであろうか。

「雑誌配達元帳」に名前がない二八人は、新聞だけを定期か不定期かに読んでいるのであって、その点でもピラミッド構造の上部ではあるが、そのなかでは下のものが多かったことがうかがえる。それゆえに下層住民と接する立場で調査をしやすいことがあったのであろう。

四　雑誌・書籍購読と個の析出

次に、雑誌購読を見ると、一九一八年の「雑誌配達元帳」が残っている。これを集計すると雑誌購読者は合計で二七六名で、普及率二七％となっている。一九一八年の「新聞配達元帳」がないため一九二一年と比較すれば、新聞購読者は五一六人（五一％）であるから、新聞に比べれば普及率は大変低い。しかし、一九〇四年の雑誌購読者は、梁川の近隣町村をふくめ一九五名であったことからすれば、大きく増加したことになる。雑誌は、新聞に次ぐメディアとなった。

また、「雑誌配達元帳」には単行本も記載されているが、一九一八年に阿部回春堂から単行本を買ったのは一三〇名、計二八七冊である。これには梁川町近隣町村の書籍購入者も含まれていると見られるから、梁川町の書籍の普及率はもっと低かったはずである。一九〇四年の書籍購入者は八八人であったことからすれば伸びてきてはいるが、書籍は梁川の人びとにとっていまだ限定的なメディアであった。

外部世界を伝えるのはもっぱら新聞であったところに、新たに雑誌も外の多様な世界を伝えるメディアとして相対的に大きな役割をはたすようになってきたのが、この時期の特徴の一つである。一九二一年の新聞購読者五一六名のうち一九一八年に雑誌をとっていた者は一〇四名（新聞購読者の約二〇％）、全住民の約一〇％。このうち六九名は新聞定期購読者である。これは、全住民の七％にあたる。一方、新聞だけを購読し雑誌を購読していない者は、約四〇％である。また、新聞を読んでいない者は約五〇％いて、そのなかに雑誌だけを読んでいる者がいるはずだが、残念ながら資料的な制約から算出できない。おそらく、少数であったであろう。(34)

要するに雑誌普及によって梁川の住民は、①新聞定期購読＋雑誌購読者（約七％）②新聞不定期購読＋雑誌購読者（三％）③新聞のみ購読者（四〇％）④雑誌のみ購読者（少数）⑤新聞も雑誌も読まない者（約五〇％）というのが、ラフな構成であった推定できる。もともとピラミッド構造の上部にいる新聞定期購読者層が、新聞に加えて雑誌まで読むようになったのであるから、彼らの情報の集積度はさらに高まったといえる。

ただし、「雑誌配達元帳」記載の雑誌購読者の同姓者を「新聞配達元帳」に数多く見出すことができることからすれば、その縁戚関係まではたどれないが、世帯主でない者が個人として雑誌を購読していたケースは多く、世帯単位では新聞定期＋雑誌購読タイプ、新聞不定期＋雑誌購読タイプは、もっと多かったと推定できる。

そこには、新聞と雑誌との購読形態の違いがある。新聞はほとんど世帯購読であるのに対し、雑誌は世帯主が購読料を出し、家族内で輪読したり、家族の成員それぞれの性別、年代、趣味に応じて雑誌を読んだ。雑誌購読は、家族から個人が分化し、個人意識をもち始める一つの契機である。(35)一九〇四年に購読されていた雑誌タイトル数は五七誌であったのに、一九一八年には一二一誌となり、様々なジャンルの雑誌が読まれるようになった。住民個々の関心は多方面にのびていっているのである。

ジャンル別にみれば、表19の通り、婦人雑誌、子供雑誌、講談雑誌が高い割合を占めている。一九〇四年には戦時画報雑誌が上位を占め、戦争への関心が雑誌購読を動機づけていたことからすれば、日常生活のなかで雑誌を読むようになったことを示しているのである。

子供雑誌は最多で一〇三人が購読している。ただし、一年を通じて定期購読したのは一八人（約二〇％）だけである。そのうち一四人は、一九二一年に一紙か複数の新聞を定期購読しており、子供雑誌を定期購読したのが町の最有力者の家庭であったことは明らかである。残りの約八〇％ほどは、一時的に子供雑誌を購入したのだが、それでも、子供に雑誌を読む楽しみを与えようとする家庭がこれだけ増加したのである。

子供雑誌のうち最も読まれたのは、表20のごとく『日本少年』で、実業之日本社の発行、有本芳水が編集にあたり、一九〇六年に創刊された雑誌である[36]。例えば、一九一八年四月号を見ると、表紙は川端竜子の描く目元がパッチリした二人の少年が運動会で走る絵で、「決勝点近し」と題されている。次いで三色版と石版の口絵、「少年仮装会」といった写真版が三枚あり、記事も写真や挿絵などがほとんどのページに掲載されるなど視覚的な雑誌である。記事は、源平の戦い・戦国時代や日露戦争に取材した勇壮な歴史読み物、「回教の寺」「世界の大科学者メンデル」「勇壮なる西班牙の闘牛」といった外国風物紹介、「在米日本少年の無線電話」「地獄極楽無線電話」など新奇な科学発明、「野球小説兄」、久保田萬太郎の「少年小説春」、滑稽小説。巻末には俳文、詩、短文などの投稿欄が置かれるなど非常に多彩である。

表19　ジャンル別雑誌購読者数（1）

種　別	購読者数
講談雑誌	47
婦人雑誌	93
子供雑誌	103
総合雑誌	45
実用雑誌	12
教育雑誌	31
趣味雑誌	16
その他	15

この他、『幼年画報』『少女世界』『少年世界』が多数読まれているが、いずれ

表20　購読雑誌一覧（2）　1918年

単位：人

	購読者数	定期購読者
婦人世界	42	11
講談雑誌	34	10
日本少年	22	8
幼年画報	20	4
少女世界	20	3
婦女界	20	3
少女之友	19	3
家庭雑誌	16	0
幼年世界	14	—
中央公論	14	2
女学世界	13	2
講談倶楽部	11	1
幼年之友	11	2
少年世界	10	1
婦人公論	10	—
少女画報	10	1
太陽	9	1
文章倶楽部	8	—
実業之日本	8	2
少年倶楽部	8	0
面白倶楽部	8	—
主婦之友	8	—
中等英語	6	—
子供之友	6	—
教材集録	5	—
日本幼年	4	—
婦人之友	4	—
良友	4	—
蚕業新報	4	—
新演芸	4	—
活動写真雑誌	3	—
日本及日本人	3	—
農業世界	3	—
ＡＢＣ	3	—
中等英語	3	—
家禽界	3	—
皇族画報	3	—
中等英語	3	—
英作文雑誌	3	—
寸鉄	2	—
丁酉	2	—
少女新聞	2	—
中外	2	—
理科少年	2	—
中央美術	2	—
ダイアモンド	2	—

	購読者数	定期購読者
株式世界	2	—
教育画報	2	—
教育研究	2	—
独逸語学雑誌	2	—
ニコニコ	2	—
英語世界	2	—
園芸之友	2	—
精神界	2	—
少女	2	—
俳諧雑誌	2	—
東方時論	1	—
児童画報	1	—
理科教育	1	—
唱歌教壇	1	—
哲学雑誌	1	—
日本一	1	—
家庭及学校	1	—
大観	1	—
海外	1	—
小学教師	1	—
経済タイムス	1	—
修養世界	1	—
国語教育	1	—
心理研究	1	—
学術界	1	—
歴史と地理	1	—
経済時論	1	—
投資之世界	1	—
利殖之友	1	—
東京経済評論	1	—
三田学会雑誌	1	—
新教養	1	—
学校教育	1	—
三田文学	1	—
スコブル	1	—
ホトトギス	1	—
娯楽世界	1	—
武侠世界	1	—
飛行少年	1	—
俳句世界	1	—
思潮	1	—
時論	1	—
農事新報	1	—
達磨禅	1	—
禅	1	—
科学世界		—

も一九〇六年に創刊された博文館の雑誌で、巌谷小波が編集にあたり、彼のお伽噺が売り物であった。また、『良友』は一九一六年にコドモ社から発刊され、童話作家浜田広介が編集執筆した雑誌である。

子供雑誌が提示している世界は、梁川の子供の日常からは遠くかけ離れた都市中流階層の子供の世界である。しかし、日常から遠い世界が描かれているからこそ、子供たちは想像力によって大きな楽しみを得たのであろう。雑誌は、子供たちの世界を大きく広げたのである。梁川にも、メディアによって日常世界から離れ、遠くの空想世界を楽しむ少年・少女たちが出現してきた。

だが、それが一部の経済的余裕のある社会階層の生活であったことにも注意をはらう必要がある。一九一七年度の梁川町学事報告では、尋常科初期就学者一三九名、卒業者九一名に対し中途退学者四四名となっており、卒業率は七〇%をきっている。[37] 尋常小学校でさえ卒業できなかった子供が数多くいたのである。童話など都市文化をメディアを通して楽しむことができるようになった子供と相変わらず明日の衣食さえ不足している子供たちとでは、格差は非常に大きかった。むしろ、格差はこれまで以上に広がったというべきだろう。

女性雑誌購読者は、九三人。一九〇四年に女性雑誌を読んでいる者はたった三人であったことからすれば、大幅な増加である。読者の氏名を見ると、名前から女性と推定できるのは二一人で、他は男性の名前である。家計のうえで、女性の雑誌購読が戸主である男性に依存していたともいえるが、むしろ女性の雑誌購読が家庭内で黙認、許容されていたとも解することができる。ただ、定期購読者は一五人(一六%)のみで、子供雑誌よりさらに率は低い。女性雑誌を読み出したが、定期購読までにはいたらない読者が多く、家計のなかで女性の雑誌購読の優先度は高くはなかったのである。

婦人雑誌でよく読まれたのは、『婦人世界』『婦女界』『婦人公論』などである。[38] 『婦人世界』は一九〇六年一月、実業之日本社から創刊され、高信峡水が主筆であった。例えば、一九一八年一月号は、鏑木清方の表紙、口絵には「洋西名画・誕生日」と題され、英国貴族らしき家族が庭園で誕生日のパーティーを開いている絵、ついで「英国皇室の御質素ぶり」と説明があるが、豪華な宮殿の一室でくつろぐ英国王室の写真などが口絵を飾っている。記事は「娘を嫁入らせるまでの苦心」「私の好む音楽」「現代の女学生は如何なる良人を理想とするか」といった題目がならび、特に設けられた「女中欄」には、「女中に望む事」「或る女中の不平の数数」が載せられている。実用記事もあるが、「靴下の繕い方」「急いで外出する時の化粧法」の類で、都会の中上流層の主婦を想定した内容である。『婦女界』（一九一〇年創刊、都河龍編集）、『女学世界』（一九〇一年創刊、編集長松原岩五郎）といった他の女性雑誌も似たような誌面で、冒頭の口絵には内外の名流婦人とその家族の写真が掲げられ、記事には東京の女学校経営者や評論家の教訓的な論説、小説などが盛られていた。『婦人公論』一九一八年一月号は、「虚栄時代」という特集で三宅雪嶺、高島草平らの「虚栄」批判の論文、「今の若い女の身の嗜み（名家の回答）」などが掲載されている。

婦人雑誌が実用・実利をうたう記事は都市の中産階級の女性には実用・実利であったであろうが、梁川の女性達にとっては必ずしも実用・実利であったわけではない。むしろ遠い憧れの生活世界の情報であった。さらに、雑誌が伝えるのは、自分たちとはほとんど無縁な、遠い風景を眺めるような美しい口絵写真であり、評論家の高説であった。婦人雑誌も、梁川の日常生活からは遠い都市の生活文化を読者に伝えていたのである。しかし、それまで、直接体験の狭い世界だけに生きていた女性たちに、まったく知らないか、漠然としてしか知らなかった異郷への窓を開いたところに、これら婦人雑誌の意味があったのである。

これら婦人雑誌が提示した世界は、基本的に良妻賢母のイデオロギーに忠実であり、それを読んだ女性たちも自分たちの日常生活に反抗的であったわけではない。しかし、ひとりで雑誌を読み、自分だけの楽しみを得る、自分だけの世界をもつという体験自体が、次第に意識の変容をもたらし、特に個の意識の形成を促していく。また、子供雑誌にしろ、婦人雑誌にしろ、巻末には必ず投書欄が置かれ、全国各地に散在する読者からの身近な話題や和歌や短文などの投書が数多く掲載されていた。個の意識を持ち始めた読者は、活字の世界に見出した自分の分身や仲間と仮想の交流を行い、長期的には〈子供〉〈婦人〉〈主婦〉などといった抽象的な共同体への所属意識を形成していくだろう。(39)

一方、講談雑誌は四七人に読まれている。講談雑誌は他の雑誌と違い、本来講談という口頭の芸能から派生した雑誌メディアである。しかし、梁川町には常設の寄席はなく、巡業の講談師や芸人が広瀬座などで口演したことはあっただろうが、講談を直接聴く機会はそう多くはなかったはずである。

梁川の人びとは、新聞に連載されていた書き講談を読んだり、それを近隣の人が音読するのを楽しんでいたと考えられる。講談を実際に聞く機会が少なかったとしても活字で講談に親しんでいたのである。こうした講談の享受形態は、地方の農村部では決して珍しいものではなかったであろう。

一九〇四年の「雑誌配達元帳」には講談雑誌は一冊もなかったのに、四六人もが購読し、そのうち一一人(約二四%)が定期購読しているというのは、読み物としての講談の人気の高さを示している。『講談雑誌』『講談倶楽部』などを見ると、講談小説の連載はなく、ほとんどが読み切りになっていて、定期購読して連載を続けて読むのではなく、その都度購入し、さらに貸借や回読するなどの読書形態を推測させる。

講談雑誌読者を「新聞配達元帳」と照合すると、一九一八年時点で講談雑誌読者四七名のうち二七名が一九二一年「新聞配達元帳」には名前が出てこない。これからすると、講談雑誌購読者の六四%は新聞を読んでいなかったことになる。(40)しかし、これは、「新聞配達元帳」と「雑誌配達元帳」の集計範囲のズレによるところが大きく、また非世帯主が講談雑誌をとっていた場合は「新聞配達元帳」に名前が出ないから、六四％という数字は相当割り引く必要がある。だが、それを考慮しても、新聞を読まない講談雑誌読者、おそらくは住民の中下層が一定程度存在したと推定できる。逆に、梁川の最有力者である大竹宗兵衛、中木直右衛門、田口留兵衛、中村佐平治などの家は新聞を定期購読し、かつ婦人雑誌、少年・少女雑誌は取っているが、講談雑誌はとっていないのである。それは、講談雑誌の社会的位置を逆照射しているだろう。

この他の雑誌では、少数だが、活動写真関係の雑誌を読んでいる者もいる。当時、梁川には活動写真常設館はなく、福島などでしか見る機会はなかったが、新しい娯楽である活動写真に強く惹かれ熱心なファンになった住民がいたのである。一方、大正思想史研究などでしばしば取りあげられる総合雑誌はそう多く読まれていない。『中央公論』一四名、『太陽』九名、『実業之日本』八名、『日本及日本人』三名など合計四五名である。量的には多くはなくても、こうした雑誌が読まれるようになったことが、新しい兆候であった。

吉野作造などの論文によって、この時期の民本主義を主導する雑誌である『中央公論』読者一四名のうち、定期購読した者は二名だけである。二名とも「新聞配達元帳」には名前がないが、どちらも同姓者が新聞定期購読者として記載があり、おそらくその家族の若い成員であろう。このうち一名は、同年に起きた白虹事件において『大阪朝日新聞』を攻撃した『新時代』も購読している。『中央公論』では、吉野作造が国家主義団体の『大阪朝日新聞』攻撃を批判し、言論の自由を擁護する論陣をはったのであるから、事件に関心をもって『新時代』を取り寄せたのかもしれない。

他の一二名は、一時的に読んだだけである。そのうち三名は「寺」、二名は「高等学校」と注記があり、寺の僧侶と尋常高等小学校の教師であろう。またこの他、二名は開業医師である。『中央公論』読者のうち半数は教師、僧侶、医師であったのである。彼らは町の知識人で、一目置かれる存在であったことは間違いないが、町の政治・経済の中心ではなかった。逆に、梁川の指導的階層は、『中央公論』や総合雑誌は読んでいない。大正期の民本主義など新しい政治・社会思想の地域社会への影響力は、限られていたのである。

雑誌以外に単行本の読書がある。一九一八年の「雑誌配達元帳」に阿部回春堂が販売した二八七冊の単行本が記載されている。これを購入したのは一三〇人だが、梁川町だけでなく近隣の町村への販売も含まれており、梁川町だけとなると購入者はもっと少ない。

単行本の読書は、新聞、雑誌より高価で、また生活の必要性が低いためにずっと遅れていたのである。多くの者は一冊ぐらいしか購入していないが、文字の崩し方といった実用書、荒木又右衛門、八千代文庫といった講談本、教師向けの教育書がほとんどである。教育書と日記以外に複数売れた本はない。講談本などは、おそらく貸借・回読されたのであろう。ただ、富裕で余暇があったり、必要度の高い少数者は、多くの書籍を買っていた。梁川町きっての資産家で文化的関心の高かった中木直右衛門は一七冊も購入し、学校教師で教育書や教材本を必要とした新家先生は一三冊も買っている。

しかし、注目すべきことは、わずかであるが文学作品が読まれ出していることである。中木直右衛門は志賀直哉の『大津順吉』、武者小路実篤の『おめでたき人』を読み、雑誌『白樺』もとっていたから、白樺派に関心をもっていたようだ。先代の中木直右衛門は『平民新聞』や翻訳本を読むなどユニークな読書家であったが、当代も新しい文学・思想動向に敏感であった。それ以外に尾崎紅葉『金色夜叉』、夏目漱石『彼岸過迄』、『漱石文集』を読んでいる者がいる。明治期に文学作品を購入していたのは、先代中木直右衛門だけであったが、小説読者が少しずつ表れてきたのは、大正末期の円本ブームの予兆といえるだろう。

ただ、政治問題、社会問題関係の本は、『民主主義ト自由』という本が一冊あるだけである。この本の内容はわからないが、これを買った人物は他方で投資関係の雑誌をいくつか買っており、民主主義思想というより中央の新動向に関心があったのだろう。いずれにせよ、政治問題や社会問題への関心から本を読む住民はほとんどいなかったのである。

書籍はやはり限定的であり、住民のなかで広く読まれたような本もない。この時期の大きな変化は、書籍より雑誌購読部数の増加、ジャンルの多様化などであるといえよう。

以上の雑誌・書籍の購読状況からすると、第一に雑誌購読の拡大によって住民のメディア受容は、前述のように新聞＋雑誌、新聞のみ、雑誌のみ、新聞も雑誌も読まないという類型になったが、それは新聞を軸にした新聞定期購読、新聞不定期購読、非読者という三層をなしたピラミッド構造とほぼ重なり、これが梁川の町の社会階層と重なっていた。その点では、雑誌購読の拡大は、これまでの三層構造に基本的変化を引き起こしたわけではない。

しかし、雑誌の普及浸透は、いくつかの変化をもたらした。第一に、ピラミッド構造の上部と下部の情報格差を一層拡大化したということである。上層の家族は、新聞を定期購読し、婦人雑誌・子供雑誌などを読み、様々な都市的文化を享受するなど外部情報の集積は一段と高くなってきた。新聞も雑誌も読まず、外部情報に直接触れる機会は乏しい下層との間の情報格差は広がったのである。

第二に、たんなる情報の量的格差だけでなく、それまでほぼ一体であった梁川住民の文化に、微妙な分化を作り出すことになった。長年、梁川においては、蚕業を中心とする生活文化が醸成されてきており、上層も下層もゆるやかな一つの文化を構成していたのだが、上層のなかには雑誌が伝える都市的な子供文化、女性文化に共感し、受容する意識が形成されてきたのである。それは、都市的文化とまったく無縁に生活している下層との間に文化的分化を生じさせる。それが直ちに文化の対立にまで至ったわけではなく、広瀬座などに象徴される梁川の文化の共同性は維持されてはいくが、空気のように当たり前に受け取られていた梁川の文化の一体感に濃淡が生じてきた。

第三に、雑誌が、個の意識の形成にもつながっていたことである。年代・性別・趣味などに応じた内容をもつ雑誌は個人単位で読まれ、身近な世界から一時的に離脱して雑誌が提示する世界に一人で没入することは、個の意識を育てることになるだろう。

残念ながら、資料が乏しく詳しく立ち入ることはできないが、個人単位の読書の形成は、住居や灯りなどの社会的・物理的条件の形成と不可分である。梁川では、一九一〇年頃から電灯がつくようになった[41]。その後の普及率はデータがないが、一九二八年には九割普及とされているから[42]、一九二〇年代前半には中上層の家では電灯がつくようになったのであろう。部屋に電灯がつくようになって、若者や女性はそれぞれ自分の読書を楽しむようになるのである。柳田国男は『明治大正史世相編』において、家が明るくなることによって、若人達が家の片隅で本を読むようになり、「家長の知らぬことを、知りまたは考えるようになって来て、心の小座敷もまた小さく別れたのである」と述べている[43]。

無論、読書によって自分の世界をもつようなったからといって、身近な世界の否定に直結するとは限らない。だが、個の意識の形成は、長期的には梁川の社会の深部で様々な影響を与えていく。

五　自己主張の徴候

限定的にせよ、梁川のメディア・コミュニケーションに起きた変化が社会にどのような影響を与えたかは難しい問題である。すでに述べたように、それは長期的問題であるうえ、様々な媒介要因によって表れ方は一様ではない。ただ、この時期、コミュニケーションの変化と結びついていたと考え得る、いくつかの新しい徴候、住民の新しい自己主張があらわれていたことは注目に価する。それらを最後に考察しておくこととする。

通常、大正期社会の中下層の自己主張の爆発として知られる最大の社会的事件は、いうまでもなく一九一八年八月三日の富山県の暴動から全国に燃え広がった米騒動である。福島県内における最初の事件は八月一四日の福島市内の騒動といわれるが、一五日の『福島民友新聞』は梁川での不穏な動きを伝え、「梁川の米穀商は常に法外もなき値を呼んで暴利を貪り地方を苦しめ来れる奸商多く最近の暴動を聞くや先づ四十円台に引き上げ」、「地方民は痛く是等米商を憎悪し居れりといふが此上とも現状を維持するに於ては何等か制裁的行動に出ざるべからず、とて同地方人は痛憤して語られ居れり」とある。

とすれば、梁川には、米騒動が福島県内で最も早く波及したことになる。米騒動については様々な要因があげられるが、その迅速な波及には新聞報道の影響が当時も注目され、政府は厳しい報道統制を実施した。県内の他地より早く梁川で米騒動が発生したことは、住民が外部世界の情報に鋭敏で直ちに反応したとも考えられる。

実際、米価の騰貴は八月上旬から福島の新聞でも盛んに報道され、八月七日『福島民報』は、「米高で食ぬと女房連三百名一揆を起す」と、富山米騒動の第一報を記事にした。さらに『福島民報』『福島民友新聞』の両紙は「各地の米暴動、今や内乱状態」と、他県の騒動を報道し、地元福島での米買い占めを取り締まる警察の動きを報ずるなど切迫した情勢を伝えている。

そのあげく、福島市内や梁川の騒動となったのだが、『福島民友新聞』八月一八日は、さらに続報し、「梁川町の人出、町内を練り歩く」という見出しで、「伊達郡梁川町にては去る十四日夕景より多数町民群を為して町内を練り歩き重なる商店を歴訪し深夜に解散せりと地方人は是旧盆前の旧慣なりと云ひ居れり翌十五日より歴訪を受けたる米穀店は一升三十四銭に味噌醤油店、薪炭商店其他呉服店まで一斉に値下げを断行し各商売の店頭に貼り出せり」と伝えている。梁川の騒動は無秩序な暴動というわけではなく、多数町民が米穀店、味噌醤油店などに押しかけ値下げを迫り、商人達はそれに応えて値下げを行ったというのである。

富山や関西各地の騒動の有様は各紙に報道されていたから、新聞読者は知る機会は十分あった。しかし前述のように、梁川住民世帯の約半数、特に米価等の騰貴によって甚大な影響を受ける中下層は、新聞をほとんど読んでいなかったのである。無論、他県の米騒動を間接的に知ったり、緊迫した雰囲気は感じとっていたかもしれない。だが、梁川の中下層住民が外部世界の騒動ニュースにいち早く反応し、行動を起こしたとは考えにくい。

むしろ、新聞記事中にある「地方人は是旧盆前の旧慣なりと云ひ居れり」という一節に注目すべきだろう。これからは、梁川では、旧盆という特別な時期に貧しい住民が豊かな商店に値下げを要求するのは当然だとする「モラル・エコノミー」あるいは「民衆による価格制定」の「旧慣」が存在していたと推定できるのである。(44) この年も「旧慣」通りの下層住民による値下げ要求の練り歩きであったのが、たまたまこの年には「米騒動」というニュース枠組みをもつ新聞に注目され報道されたのではないだろうか。

それからすれば、梁川における騒動は、神戸・大阪などの大都市で起きた米騒動とは類を異にし、新しい社会運動というより、「モラルエコノミー」といった共同体の暗黙の合意が生きていることを示していると考えられる。

むしろ、梁川の新しい徴候として注目すべき動きは、米騒動のような行動ではなく、文化運動として、最初は俳句の運動として表れた。梁川の上層のなかでは江戸時代から俳句の活動が盛んで、なかでも中木葵史(中木弥平：中木本家第九世主)は東北蕉門の重鎮であったという。その後、蕉風の宗匠として東北一帯に名をなしたのが、中木篁洞(中木儀左衛門、中木本家第十二世主）である。梁川の寺院・神社には、門人たちの奉納額が掲げられており、その隆盛ぶりがうかがえる。[45]

中央の俳壇では、明治末期から大正期にかけて、河東碧梧桐らによる革新派俳句の勢力が強くなり、その門下荻原井泉水を中心とする自由律俳句の影響が梁川にも及んできた。一九二〇年、梁川の荻原井泉水門下生によって自由律俳句会公孫樹会が創設され、『春雑十句集・第一号波紋』が創刊されたのである。同人は、下山要七（一水）、橘初吉（雨睡子）、武石長太郎（夢之助）、塚原弁祐（不遠）、川上忠吉（芳里）、田口恭太郎（碧汀）、八巻三郎（白明）、奥川善右衛門（芳泉）らであった。

かれらの多くは二〇代の青年であったと推定され[46]、雑誌・書籍の購読を見ても、外の新しい文化に強い関心をもっていたことがうかがえる。武石長太郎は、いずれも不定期だが『スコブル』『ホトトギス』『新演芸』『婦人公論』『講談倶楽部』『婦女界』など多彩な雑誌をとっているし、田口恭太郎も『中央文学』『活動写真雑誌』『中央公論』『娯楽世界』『新時代』『講談界』といった雑誌をとり、『小唄選』といった本を買っている。下山要七は、『虚子句集』『巡礼紀行』『春流』などの本、雑誌『文章倶楽部』を読んでいる。

時代の流行とはいえ、梁川の俳句界のなかで青年グループが自由律俳句を実践し雑誌を発刊することは、若い世代の自己主張として梁川の町に新風を吹き込んだことは間違いない。公孫樹会は俳句だけではなく、様々な活動を行ったようだ。一九二〇年一〇月二四日、梁川町主催で町内マラソン大会が開かれたが、これを梁川小学校同窓会とともに後援している。[47]小学校同窓会は田口町長が会長を務めるなど町の最も有力な団体であったが、公孫樹会は若者団体として活動していたということだろう。

さらに同年、蚕業取締所梁川支所設置が県の計画として具体化すると、その候補地が論議となり、二つの陳情書が町会に提出された。いずれも町の均衡のとれた発展を考慮して候補地を選定すべきだという趣旨だが、その一つは公孫樹会の武石長太郎外一七名による陳情で、「町当局は情報を住民に周知させず、県当局の指定された位置に決定しようとしている、町内には県指定地以外にも希望がある」という主張で[48]、有力者層中心に運営されてきた町政の閉鎖性への批判を含んでいるのである。

公孫樹会に集まった青年達のなかには、『中央公論』の読者もいて、民本主義など新しい思想に触れていた可能性のある者もいるが、彼らの活動はそうした政治思想からの影響というより、荻原井泉水らの俳句革新運動に触発され、新しく・自由であろうとする精神に発していたと見られる。新しさ・自由さを求める眼が町の現状に向けられたとき、名望家政治への批判としても表れたのであろう。その後、彼らの俳句活動は持続していったが、外部世界ではその後活発化する普通選挙運動などと結びつくことはなかった。それでも青年たちがサークルを作り、町の有力者層主導の青年会とは別に[49]、自己主張するようになったことは新しい時代の動向であった。

公孫樹会など若い世代の動向は、雑誌購読などに見られる個人意識の醸成などとつながっていることは確かである。それは、これまでの町の秩序を紊乱させることはなかったが、互いに馴れ親しんできた町内の関係に一定の波紋をひきおこした。

六　まとめ

全体として、日露戦争後から大正前半期の梁川町において新聞の普及率は向上し、雑誌部数も増加し多様化した。しかし、それは、ピラミッド構造を揺るがすことまではなかった。ただ、個の意識の析出などいくつかの変化が表れてきたのである。

これらメディアの普及、個の意識などの動向は、大正期の社会全般で起きた変化が梁川という地域社会において表れたと理解することもできる。確かにそれは、一面においてあたっている。

しかしながら、梁川で実際に起きていることを観察すれば、これまで一九二〇年代社会の一般的動向といわれていることを限定的に考える必要があることが判明する。例えば、一般的にこの時期のメディアの普及は、民衆化、平準化と解されている。確かに、全国的な統計からは、顕著な新聞部数増加傾向を読み取ることができる。だが、梁川の例では、前代に比較して新聞の普及率は高まったが、依然として五〇％程度であり、雑誌も読まれるようになったことは間違いないにしても、社会の上層での動向であった。メディアの普及は社会で平均的に進んだのではない。むしろ、上層でのみ進行したのであって、それは平準化をもたらしたのではなく、上層と下層との情報の格差を広げ、情報の社会的偏在を拡大させたのが一九二〇年代の社会である。また、個の意識の形成は重要な問題ではあるが、主として上層のなかで起きた現象なのである。

地域社会上層での限定的動向を全体として総和すると、新聞・雑誌メディアは膨張し、民衆化したと見える。それを一般的傾向と考えがちなのである。しかし、地域社会の次元におりてみれば、基本的構造はゆるがず、そのなかでの格差が拡大し、そこに未だ表面化していない緊張が生じていたことにもっと注意をはらわなければならない。それを見失うと、一九二〇年代から三〇年代にかけての動向を単純化して理解することになる。

注

（1）『梁川町史』第三巻三五五頁。

（2）『梁川町史』第八巻資料編より算出。春蚕繭生産高と夏・秋繭蚕生産高を合算した。一九一八年以降のデータは掲出されていない。

(3)『梁川町史』第八巻資料編一九頁。
(4)『梁川町史』第八巻四五三頁。
(5)『梁川町史』第八巻四五六頁。
(6)『福島新聞』一九〇九年九月二四日。
(7)『梁川町史』第一〇巻七六二頁。
(8)「福島民報」一九一一年四月九日。
(9)『桑折町史』八一七頁。
(10)『福島民報』一九一〇年一二月
(11)『福島民報』一九一〇年一二月一一日。
(12)北村実彬、野崎稔『農林水産省における蚕糸試験研究の歴史』(独立行政法人農業生産資源研究所、二〇〇四年)二五頁。
(13)『梁川町史』第八巻三八九頁。
(14)『梁川町史』第八巻三九〇頁。
(15)『梁川町史』第三巻二八五頁。
(16)財団法人大日本蚕糸会『大日本蚕糸会百年史』(大日本蚕糸会、一九九二年)五二頁。
(17)『福島民報』一九一四年五月三〇日。
(18)『福島民報』一九一四年七月九日記事「品評会と梁川」に、「富田県立原蚕種製造所長等の勧誘宜しきを得たる為め同町にては協議会を組織し」とある。
(19)『福島民報』九月一〇日。
(20)『福島民報』一〇月五日によれば、品評会の総予算は二一一八円である。おそらく、これは協議会の予算であろう。
(21)『福島民報』一一月二日、三日、四日、五日など。
(22)『大日本蚕糸会報』一九一五年一月号。
(23)『福島民報』一九一四年一一月二日「梁川の品評会」。
(24)内川芳美「新聞読者の変遷」『新聞研究』一九六一年七月号。

(25) 永嶺重敏『雑誌と読者の近代』(日本エディタースクール出版部、一九九七年)二三頁。
(26) 『福島新聞』一九一〇年六月一八日記事によれば、町村会議員当選者は、一級中木直右衛門、八巻味右衛門、大竹権右衛門、和田興五郎、大竹宗兵衛、二級脇坂彦右衛門、久保田太次兵衛、椎名仁平、大竹安太郎、萩原庄四郎。補欠椎名善平衛であった。
(27) 『福島民報』一九一一年六月二一日「伊達行脚」(四)。
(28) 徳富蘇峰『蘇峰自伝』四〇八頁。
(29) 拙著『徳富蘇峰と国民新聞』(吉川弘文館、一九九二年)一五一頁以下参照。
(30) 『梁川町史』第三巻三〇八頁。
(31) 福島県歴史資料館所蔵、福島県行政文書1674『第一回国勢調査』。この資料については、佐藤正広『国勢調査と日本近代』(岩波書店、二〇〇二年)から知った。
(32) 福島県歴史資料館所蔵、福島県行政文書1674『第一回国勢調査』。
(33) 前掲佐藤二〇〇頁。
(34) 雑誌購読者のうちの新聞購読者の割合を算出できれば興味深いのだが、第一章四一頁に述べたように資料的制約がある。「雑誌配達元帳」は地区別にまとめられていないため、梁川だけの雑誌購読者を集計できない。
(35) 両年度の『雑誌配達元帳』から算出したが、雑誌扱いになっている「新聞」も含まれている。
(36) 『日本少年』については、渋沢青花『大正の『日本少年』と『少女の友』——編集の思い出』(一九八一年　千人社)。渋沢によれば、当時の少年少女雑誌は「雑誌運営上のメソッド」として、東京や地方大都市で愛読者大会を開催したというが、福島で愛読者大会が開催された記録は見出せなかった。
(37) 『梁川町史』第三巻三六四頁。大門正克『民衆の教育経験　農村と都市の子ども』(青木書店、二〇〇〇年)によれば、東京府田無尋常小学校の大正七年の男子卒業率は七九%、女子卒業率は六一%であるから、梁川の例が格別低いことはないようだ。
(38) 大正期の女性雑誌については、近代女性文化史研究会編『大正期の女性雑誌』(大空社、一九九六年)参照。
(39) 少女雑誌における投書の機能については、佐藤(佐久間)りか「『清き誌上でご交際を』——明治末期少女雑誌投書欄に見る読者共同体の研究」『女性学』第四巻(一九九六年)。
(40) この講談雑誌読者には「新聞配達元帳」集計で除外したは梁川町以外の者の含まれているので、新聞を購読していない者が多い数字になってしまう。
(41)『梁川町郷土史年表』。
(42)『福島民報』一九二八年四月二七日記事。
(43)『柳田国男全集第二六巻』（筑摩文庫、一九九〇年）一〇〇頁。
(44)モラル・エコノミーについては、E.P.Thompson, *Customs in Common* (New York 1993) 参照。p.185。「民衆による価格制定」については、ジョージ＝リューデ（古賀他訳）『歴史における群衆』（法律文化社、一九八二年）。
(45)『梁川町史』第一〇巻四九七頁。
(46)『梁川町史』第一〇巻五〇〇頁。同書によれば、下山要七は一八九九年生、一九七一年没。橘初吉は一八九三年生、一九七二年没。いずれも当時二〇代前半であったことになる。
(47)『福島民報』一〇月一三日。
(48)『梁川町史』第三巻二八六頁。
(49)梁川では、一九一三年三月五日に梁川青年会が結成されている。これは、田口留兵衛町長が会長、岡山幸太郎小学校校長、石井佳平在郷軍人会分会長が幹事を務めるなど、町の指導者層が中心的役割を果たしていた（福島県教育会伊達部会編『伊達郡之青年』（一九一三年）六五頁。

第二章　大衆化・平準化・個人化と地域社会

──一九二〇年代──

一　「民衆」と「大衆」

前章末で一九一〇年代後半に梁川の社会で起きたのは、通説でいわれるような平準化ではなく、格差の拡大であったのではないかと述べた。一九二〇年代を扱う本章では、この問題をさらに考えたい。

最初に繰り返しになるところもあるが、これまで一九二〇年代社会の顕著な傾向性といわれる大衆化、平準化という問題の脈絡を簡単に述べておく。『日本及日本人』一九一三（大正二）年元旦号において丸山幹治は、「明治の末に勃興したる民衆的傾向が、大正に入りて一層鮮やかなる色彩を帯びて政治上に現はれしを看過する能はず」と論じた。(1)いうまでもなく、丸山が眼前にしているのは、「憲政擁護、閥族打破」を唱えて国会議事堂を取り巻いた大群衆であるが、「民衆的傾向」は政治に限らず、社会や文化など様々な領域において顕著な「時代傾向」となっていた。しかも、基底における「民衆的傾向」は政治・社会・経済を隔てていた既存の壁を乗り越え、混然とあふれ出していたのである。日露戦争後のポーツマス講和条約反対（日比谷焼打事件）、電車賃値上げ反対、電車市有化反対、憲政擁護運動、シーメンス事件と毎年のように繰り返された都市の暴動は、たんに政治的不満というだけではなく、様々な社会的な不満が混合され、政治の舞台で爆発したものと考えるべきだろう。これを桂太郎首相は元老山県有朋宛の書簡で、「政事と社会と混同」と表現していた。(2) それまで明確に区別されていた「政事」と「社会」とが、「商業的売出候小新聞」により「下層の人民」の様々な社会的不満を政治の世界に逆流させたというのである。

この時期の新聞発行部数に関しては、共通に統計が存在しないため同時代の推定に頼らざるをえないが、例えば、『広告大福帳』の推定によれば、全国主要新聞六三紙の総発行部数は約一六三万部であり、同年の第九回総選挙時点の有権者数約七六万人を大きく上回っている。東京市一六新聞社の部数は約七一万七〇〇〇部であり、仮にその半分が市内配布とすれば約三五万八〇〇〇である。当時の東京市部選挙権保有者は三万三八七〇人であったから、新聞購読者は選挙権保有者の約一〇倍であったことになる。

新聞は選挙権保有者層を超えて広範な普及を示し、制度的には政治的発言権をもたない階層を読者としていたのである。この新聞読者層と有権者層とのギャップ、それが引き起こす「政事と社会と混同」「民衆」の登場は、政治に構造的不安定をもたらす大問題であった。(3)

これに対し吉野作造は、「民衆運動」それ自体は欧米諸国とも共通する喜ぶべき現象であるが、近時のそれは一部の煽動家にのせられた不健全なもので、講和条約問題や護憲運動における「国民大会」を「新聞で何といつたてアレは国民大会ぢやない」と否定した。「民衆」と「国民」とを区別し、「国民」とは判断力と責任をもった主体という規範的概念であるのに、「民衆」はそれ以前の烏合の存在であり、「国民」へと教育していかねばならない対象であったのである。吉野は、選挙権の拡張と民衆への教育によって「国民」に育成することに今後の課題を見出していた。(4)

実際、一九二〇年代における重要な政治争点は普通選挙問題にあったが、その底部にあったのは「民衆」の「国民」化という課題であった。ところが、一九二五（大正一四）年にようやく普通選挙法が成立したのだが、その段階で喧伝されたのは政治・社会・文化などの領域における大衆化であった(5)。「民衆的傾向」の延長線上にありながら、さらに大規模で複雑な時代傾向を表現する言葉として、もともと仏教語であった大衆という言葉が流行しだしたのである。

大衆概念は現在でも明確でないところもあるが、「民衆」よりもより大量の存在であり、「民衆」が前代からの商工業者・雑業者層と新しい労働者層との混合であったのに比べ、大衆は産業化の進行が出現させる俸給生活者・労働者を主たる構成者とし、また様々に大量生産・大量販売される画一化された商品の消費者などと捉えられている。

本書の関心であるメディアの問題についていえば、新聞・雑誌・書籍は大量生産され大量販売されるようになった商品の典型であり、かつ規格化された受動的消費者意識を増幅する機能を果たす(6)。一九二四（大正一三）年の大阪朝日新聞社、大阪毎日新聞社による元旦号一〇〇万部突破宣伝、一九二五（大正一五）年一月の創刊号で七五万部、翌年新年号には一五〇万部に達したという講談社の雑誌『キング』発刊、一九二六（昭和元）年の改造社の『現代日本文学全集』が火をつけた円本ブームなどは、この時期のメディアの大衆化を示す現象として例示されている。

さらに、大衆化の派生として平準化も、この時期の大きな社会傾向と見なされてきた。筒井清忠は大衆化と「同時並行的に平準化の傾向がみられたであろうことは想像に難くない」と述べ、「一九二〇年代を起点とする日本における平準化とその内実」を分析しようとしている(7)。それまで一部の階層に専有されていた商品や知識が広範な階層に広がり、社会の平準化をもたらすというのである。メディアでも、その普及拡大・大衆化が社会的文化的格差を縮小させ、斉一化、平準化を実現すると考えられる。

確かに、一九二〇年代、三〇年代の社会を考えるうえで、大衆化・平準化は有効な概念である。様々な政治・社会の論議の底流には大衆の国民化という課題があったと見ることもできる(8)。しかし、大衆化・平準化という問題をさらに踏み込んで考えようとすると、それを実証的に裏づけた研究は意外に少ないことを痛感せざるをえない。むしろ、大衆化・平準化という概念が先行し、それに合った事象を見出して議論を組み立てる逆立ちの傾向さえ見られる。新聞・雑誌の大衆化についても、社会のなかでどの程度普及したのか、どのような社会階層に受容されたのかについては、十分明らかにされないまま議論が進んでいるのである。

二　一九二〇年代震動

一九二〇年代、梁川の町は表面的には平穏で、大きな変動は起きなかったように見える。『梁川町史』記載の戸数・人口の推移を表21に掲げた。これによれば一九一〇年代後半戸数・人口ともに若干減少したが、一九二〇年代に入ると回復し、以後大きな変化はない。

一九二〇（大正一〇）年に第一回国勢調査が実施された。国勢調査は個人・世帯を調査単位とするなど調査方法が異なるので「梁川町郷土史」とは数字が食い違う。国勢調査の世帯数は梁川調査の戸数を若干上回り、人口は国勢調査のほうが少ない。

また、梁川小学校「梁川町郷土史（地域社会実態調査記録）」(9)から、職業別戸数統計を表22に掲げた。これは職業分類が簡単すぎる嫌いがあるが、例えば一九二五年の場合は「農業」二九％と「商業」二八％とがほぼ同じ、「工業」戸数が一二％とやや低い。「その他」が三一％もある。蚕種製造業者は「農業」か「商業」に分類され、「工業」は蚕具・農機具製造業者などであろう。「その他」の実態は不明だが、小作農業者、桑園労働者、雑業者がここに分類されたと考えられる。一九二〇年代後半から若干「農業」の割合が高まっているが、それほど大きな増加ではなく、蚕種製造販売を経済の中心とし、同時に近隣農村との物資・人が往来する商業地でもある梁川の町の特徴がうかがえる。

表21　戸数・人口の推移（2）

	戸　数	人口計	国勢調査人口	
			戸数	人口計
1915年	990	6,352		
1916年	990	6,226		
1917年	1,100	6,170		
1918年	1,008	6,629		
1919年	1,075	6,543		
1920年	1,015	6,525	1,100	5,691
1921年	1,020	6,521	—	
1922年	1,080	6,636	—	
1923年	1,080	6,632	—	
1924年	1,080	6,611	1,176	6,365
1925年	1,080	6,365	—	
1926年	1,080	6,676	—	
1927年	1,151	6,676	—	
1928年	1,180	6,715	—	
1929年	1,170	6,916	—	
1930年	1,261	6,801	1,254	6,589
1931年	1,253	6,808	—	
1932年	1,271	6,799	—	

＊『梁川町史資料集』第29集 p.64

国勢調査による職業別人口を表23に掲げた。これは「梁川郷土史」と職業分類が異なるが(10)、一九二〇年において、「本業者」の男性では「農業」四二％、「工業」二二％、「商業」二五％である。「梁川町郷土史」調査より「農業」の割合が高くなっている。梁川調査で「その他」とされた者が国勢調査では「農業」に分類されたのだろうが、農業と様々な雑業を兼ねる者がかなりいたと推定できる。

また、「本業者」と「本業ナキ従属者及家事使用人」という概念がわかりにくい。その構成比では、男性六一対四九、女性二三対七七と、女性の「本業ナキ従属者及家事使用人」が多い。これについては、あとでも検討するが、「家長」の職業が「本業」とされ、「家長」以外の家族構成員は「本業ナキ従属者」に分類されたようだ。各職業でこれだけ「本業ナキ従属者」が多いということは、「家長」と主婦などの共稼ぎによって生計を維持している世帯が多いということでもあろう。

絶対数として多くはないので先の職業別統計では目立たないが、この時期、小学校、実科女学校の教師、県立原蚕種製造所、蚕業試験所などの従業員、会社形態をとるようになった一部の蚕種家・商工業者で働く俸給生活者が増えたことは、この時期の変化である。「大正十二年梁川町主要会社経営状態調」では、梁川の主要会社として九社があがっている(11)。梁川蚕種株式会社（筆頭者：大竹宗兵衛、以下同じ）、株式会社梁川製材所（木村慶蔵）、中村醤油合資会社（中村佐平治）、合資会社宍戸商店（宍戸嘉平）、梁川紡績株式会社（菅野五郎治）、株式会社第百壱銀行（大竹宗兵衛）、梁川製糸株式会社（阿部常蔵）、梁川倉庫株式会社（大竹宗兵衛）、桔梗屋商店（熊倉八太郎）である。これらのなかには会社といっても登記上だけであって、実質的にはこれまでの商店経営と変わらないものもあったろうが、梁川製糸のように二九四人もの職工を擁する企業もあった。それらで働く俸給生活者たちの生活様式は、農業・商業従事者とは異なっていただろう。

このように調査対象・概念の違いによって「梁川町郷土史（地域社会実態調査記録）」と国勢調査とでは若干の数字の違いがあるが、基本的にはどちらも梁川町の内部で大きな変動は起きた形跡はうかがえない。しいていえば、一九二〇年代後半に人口・世帯数（戸数）ともに漸増した程度である。

表22　職業別戸数統計

	総戸数	農　業	工　業	商　業	その他
1925年	1,080	318(29.4)	130(12.0)	298(27.6)	334(30.9)
1926年	1,080	318(29.4)	130(12.0)	298(27.6)	334(30.9)
1927年	1,151	331(28.8)	138(12.0)	316(27.5)	365(31.7)
1928年	1,180	366(31.0)	141(11.9)	322(27.3)	351(29.7)
1929年	1,170	368(31.5)	141(12.1)	321(27.4)	340(29.1)
1930年	1,261	372(29.5)	149(11.8)	355(28.2)	385(30.5)
1931年	1,253	372(29.7)	142(11.3)	366(29.2)	373(29.8)
1932年	1,271	375(29.5)	146(11.5)	412(32.4)	438(34.5)
1933年	1,298	377(29.0)	147(11.3)	422(32.5)	352(27.1)
1934年	1,283	378(29.5)	149(11.6)	432(33.6)	327(25.5)

＊　『梁川町史資料集第29集』p. 63
＊　カッコ内は構成比（％）

しかしながら、この時期、町は無事平穏であったというわけではない。外部を震源地とする政治と経済の大きな地殻変動が梁川の町に波及し、町の地盤を震動させ始めていたのである。最大の問題は、生糸価格の乱調・輸出不振など日本の蚕業全体が大きな困難に陥っていったことである。また、政治面では普通選挙運動が盛り上がりなどによって選挙人資格が緩和され、有権者が大幅に増大したことである。どちらも、これまでの蚕種家＝名望家を中核に運営されてきた梁川の経済・政治の基本的仕組みを大きく揺るがす震動であった。

第一に蚕業の陥った困難について述べれば、この時期蚕業の生産量それ自体が急に衰退したというわけではない。全国的に、養蚕農家は増大し、桑園

表23　国勢調査による職業別人口

		1920年		1930年	
		男	女	男	女
総数	本業者	1,656	699	1,863	1,131
	本業ナキ従属者及家事使用人	1,050	2,286	—	—
農業	本業者	702(42.0)	195(28.0)	701(38.0)	412(36.0)
	本業ナキ従属者及家事使用人	424(40.0)	946(41.0)	—	—
水産業	本業者	2(0.0)	—	3(0.0)	—
	本業ナキ従属者及家事使用人	—	1	—	—
鉱業	本業者	—	—	—	—
	本業ナキ従属者及家事使用人	—	—	—	—
工業	本業者	361(22.0)	230(33.0)	423(23.0)	321(28.0)
	本業ナキ従属者及家事使用人	200(19.0)	464(20.0)	—	—
商業	本業者	417(25.0)	149(21.0)	504(27.0)	211(19.0)
	本業ナキ従属者及家事使用人	281(27.0)	638(28.0)	—	—
交通業	本業者	48(3.0)	37(5.0)	71(4.0)	5(0.0)
	本業ナキ従属者及家事使用人	37(4.0)	75(3.0)	—	—
公務・自由業	本業者	91(5.0)	62(9.0)	122(7.0)	40(4.0)
	本業ナキ従属者及家事使用人	106(10.0)	126(6.0)	—	—
其他の有業業	本業者	6(0.0)	7(1.0)	26(1.0)	4(0.0)
	本業ナキ従属者及家事使用人	4(0.0)	5(0.0)	—	—
家事使用人	本業者	—	—	13(1.0)	138(12.0)
	本業ナキ従属者及家事使用人	—	—	—	—
無職者	本業者	29(2.0)	39(6.0)	1,395(75.0)	2,418(214.0)
	本業ナキ従属者及家事使用人	12(1.0)	29(1.0)	—	—

＊　太字は本業者人口，カッコ内は構成比（%）

面積、繭生産量などは顕著に増大した(12)。福島県の蚕種生産高も伸びている。梁川について資料は乏しいが、粟野村、大枝村などでは一九二七年頃まで蚕繭量は伸びている(13)。

しかし、戦後恐慌以後の経済不況、特に対米輸出の不振によって繭価格などが低落し、また人造絹糸が次第に興隆してくるなど蚕業は大きな困難に直面した。一九二〇年、生産過剰・糸価暴落という事態に陥り、九月一〇日、福島市公会堂において福島県蚕糸同業者の発起する蚕糸救済県民大会が開催され、政府から低利融資を受けるとともに、製糸業者が一定期間同盟休業することを決議した。この実行委員には加藤慶作、大竹安太郎など梁川の蚕業家も名を連ねている(14)。

全国の蚕糸業者の陳情によって帝国蚕糸株式会社が設立され、政府の特別融資を受け、糸価維持のために生糸の買い取り策が行われた。だが、これだけでは十分ではなく、一一月一〇日の第二次全国蚕糸業者大会において、一一月三〇日以降、七八日間の全国一斉操業休止を決議した(15)。福島県でも一一月二〇日に福島県製糸同業組合評議会が開かれ、全国大会決議に基づき一一月三〇日から明年二月一五日まで八〇日間休業を決定し、製糸業者に通知した(16)。当然、これは金融不安や労務問題など社会全体に波及し、年末から年初にかけての地元新聞紙面には暗い話題で満ちている。

一九二七(昭和二)年にも糸価繭価が暴落した。それは銀行の貸し渋りをも招き、六月一六日、県下繭同業組合長富田勘之丞、梁川町長富田三津義、梁川繭市場理事長遠藤喜一郎、養蚕同業組合長菅野喜三郎がそろって県庁に赴き、梁川繭市場取引のため各地銀行の貸出警戒解除を働きかけるよう要望している(17)。伊達郡では、糸価よりも繭価維持を急務とする意見が強く、「伊達関係者が烽火を揚げ、全国的の大運動を起さんとす」る動きなども伝えられている(18)。

また、これまでの蚕業史研究によれば、この時期に養蚕農家と製糸資本が特約契約を結ぶ大きな構造変化が進行したという。近隣の伏黒村の蚕種業を事例にした江波戸昭の研究は、官庁機関、大製糸業者による蚕種製造所があいついで設立された結果、富農的蚕種経営者は大打撃をこうむり、それまで「養蚕農民の手にあった加工部門としての蚕種工程・製糸工程が剥奪され、養蚕家が養蚕専業経営者として完全に製糸産業資本の原料下請生産者におしこめられていく」と指摘している。(19)ただ、江波戸の研究をふまえた松村敏の研究では、長野県小県郡塩尻村の事例をもとに、「関東・東山地方に特約取引が容易に普及せず、在来の伝統的蚕種製造家＝蚕種商人との結びつきが強固であったがゆえに、特約製糸からの蚕種製造を受託することによって、そうした製糸資本のもとに従属するようになることは、かなり遅れ、比較的長く製糸資本からの独立性を保った」としている。(20)製糸会社と養蚕農家との特約契約が大勢として進行していったことは間違いないが、地域によって時期や規模は異なるようだ。

梁川町では昭和恐慌以後、特約契約は増加していくが、一九二〇年代は依然として大規模蚕種生産者が多数存在していた。一九二三（大正一二）年に五〇〇〇枚以上生産した蚕種家が法人を含め、一一家あった。宮本利七三万枚、佐藤甚右衛門八〇〇〇枚、梁川蚕種会社一万三〇〇〇枚、毛利富之助一万三〇〇〇枚、大竹宗兵衛九〇〇〇枚、大竹卯兵衛九〇〇〇枚などである。(21)やはり、梁川では伝統的な蚕種家の力が強かったのである。

それまでも霜害などによる蚕業の被害は繰り返されてきた。しかし、それは住民の努力によってそのつど克服されてきたのだが、一九二〇年代の蚕業不振は、これまでよりずっと大きく深い構造的問題であった。梁川の住民の刻苦勉励だけで打開策を見いだすことはできない。そもそも住民の側からすれば、どのような理由で自分たちの蚕業がうまくいかないのか、次々生起する事態の背後にどのようなメカニズムが動いているのかの把握に悪戦苦闘しなければならなかった。

第二の政治における変動は、選挙権の拡大である。周知のように一九二〇年代普通選挙運動が盛り上がり、この時期の政治の最大の争点であった。しかし、梁川では普通選挙権要求、選挙権拡大の運動が起きたことはなかった。例えば、一九二〇年の第一四回総選挙後、憲政会によって県内の普通選挙派の大同団結が試みられたが、参加したのは福島普選同志会、耶麻立憲青年会、若松青年同志会、田村磐州会、石川立憲石陽会、双葉立憲青年会、岩瀬立憲青年会、相馬立憲青年会で、梁川だけでなく伊達郡の組織の名前はあがっていない。梁川の住民にとって、普通選挙運動は遠い出来事であったのである。

しかし、普通選挙権要求運動に押されるように進んだ選挙権拡大によって、表24のごとく梁川でも有権者は次第に増加していった。一九一九（大正八）年五月の衆議院議員選挙法改正により、選挙人の納税資格は直接国税一〇円から三円以上に引き下げられた。この結果、衆議院議員有権者数は大幅に増加した。残念ながら、この時点および一九二〇年五月一〇日第一四回総選挙時の梁川町の有権者数は不明だが[22]、一九二五年一月時点における有権者は二四九人である[23]。選挙法改正前の一九一七（大正六）年が九九人[24]であったから約二・五倍の増加である。また、一九二一（大正一〇）年、町村制が改正された。これによって、町村会議員の等級選挙制は廃止となり、有権者資格から国税条件が撤廃され、二年以上町村税を納めていればよいことになった。梁川では有権者数が二四一人から八四二人に大幅増加した。

そして、一九二五年の衆議院議員選挙法改正によって、

表24　有権者数

	町　会	県　会	衆議院	備　　考
1903年			66	『福島新聞』明治37年1月19日
1904年	299			伊達郡統計書
1905年		169	90	伊達郡統計書
1906年	287	177	110	伊達郡統計書
1907年	265	—	—	伊達郡統計書
1909年		170	126	伊達郡統計書
1910年	257	—	—	伊達郡統計書
1911年	—	180	126	伊達郡統計書
1913年		173	116	伊達郡統計書
1915年	241	158	108	伊達郡統計書
1916年	245	157	108	『梁川町史』3巻 p.308
1917年	255	152	99	伊達郡統計書
1921年	842			『梁川町史』3巻 p.309. 投票807
1925年			249	『福島民友新聞』1925-1-12
1927年			1,244	『福島民友新聞』1927-2-11
1929年	1,330	1,330	1,370	『昭和四年梁川町勢一覧』
1932年			1,429	『資料集』29集 p.67
1933年			1,424	同上

＊「福島県統計書」には町村単位の有権者数の記載はない.

原則として満二五歳以上の男子に選挙権が与えられ、梁川の有権者は一挙に拡大した。一九二七年時点の有権者は一二四四人[25]で、六倍以上の増加となった。身近な町政だろうが遠い国政だろうが、これまで政治圏外におかれていた住民が受動的にせよ政治参加の権利をもつようになったのであるから、名望家層中心の町の政治は大きく変わる可能性があった。

このように外部世界を震源地とする蚕業不振、選挙権拡大などの政治的経済的大変動が町の地盤を震動させ始めていたのである。この震動は住民のコミュニケーション活動にも大きな影響を与えていくはずである。

三　新聞購読率の停滞

まず、新聞の購読状況を「新聞配達元帳」[26]から見ると、一九二〇年代の新聞購読率は、表25の通りほとんど横ばい状態である。一九二八年（昭和三）の「新聞配達元帳」によれば、新聞購読者数は六四八人、そのうち定期購読は一九一人（新聞購読者の二九％）となっている。「新聞配達元帳」に記載されているのは個人名だが、多くは世帯主と推定でき、記載個人名を仮に世帯主または戸主と見なせば、世帯普及率が算出できる。一九三〇（昭和五）年の国勢調査の世帯数は一二五四であるので、世帯あたりの普及率は約五二％である。[27]定期購読に限定すれば、一五％の普及率である。

すでに前章で述べたように、一九一四（大正三）年の購読率が約五二％、定期購読率が約一五％であったことからすれば、わずかな増加にすぎない。時間の経過とともに、新聞購読率は上がっていくはずだという常識や前述の『大阪朝日新聞』『大阪毎日新聞』の一〇〇万部突破宣言などからすれば、新聞紙の購読率五二％、裏返せば四八％の世帯は新聞紙を読んでいないというのは低すぎるという印象はまぬがれず、これは東北の遅れた一小都市の特殊な事例と解することもできる。

しかし、内川芳美の「新聞読者の変遷」(28)は、大正後期から戦後初期までを「新中間層と労働者階級」が新聞読者として登場してきた時期ととらえ、一九二四年の全国日刊紙の総推定発行部数を六二五万部とし、一部あたり人口を九・二八と見ている。梁川の場合、一九二四年の部数はわからないため、二六年をとると、総人口は六六七六人、購読部数合計は九二一部で、一部あたりの人口は七・三人となる。この時点で、梁川の普及率は、内川推計の全国平均より高いのである。

また一九二四年の京都市社会課「常雇労働者生活調査」によれば、新聞紙購読は三五・三%。同年の東京市社会局の「職業婦人に関する調査」では、学歴が高いこともあって八八・九%が新聞紙を読んでいる(29)。梁川の新聞購読率は京都の常雇労働者より高く、東京の職業婦人より低いということになる。

これらから見て、新聞購読率が五〇%強というのは、地方小都市ゆえの低い数字ではない。都市の高学歴層には及ばないものの、全国平均より若干高いぐらいであった。これは、確かに大衆社会の成立といった言葉のイメージとはだいぶ異なる。しかし、それは、われわれのほうが、一〇〇万部突破といった宣伝に引きずられ、大衆化について誇大なイメージをもってしまっているということであろう。

表25　世帯あたり新聞部数

	世帯数	人口	新聞購読世帯数	普及率(%)	定期購読世帯数	普及率(%)	複数定期購読世帯	普及率(%)
1920年	1,100	5,691	—	—	—	—	—	—
1921年	—	—	516	47	182	17	13	1
1925年	1,176	6,365	—	—	—	—	—	—
1926年	—	—	604	51	184	16	30	3
1927年	—	—	613	52	207	18	34	3
1928年	—	—	648	52	191	15	28	2
1929年	—	—	600	48	144	11	21	2
1930年	1,254	6,589	—	—	—	—	—	—

＊　世帯数は「国勢調査」による.

新聞購読者の内訳を見ると、定期購読者の割合も停滞で、一九一五(大正四)年の定期購読者が一二三人、全世帯の一二％、新聞購読者の約二八％であったのが、一九二一年は一八二人（一七％）、二六年は一八四人（一六％）、二七年は二〇七人（全世帯の一五％、新聞購読者の約三四％）と、一九二八年をピークに人数・世帯普及率でも微減になっている。

定期購読者が梁川の町の上層であるのは、これまでと変わりはない。例えば、梁川の有力会社である梁川製糸株式会社の一九二一年の株主は三六名、そのうち二五名が梁川在住者だが、うち一八名が新聞定期購読者である。残りの七名のうち二名は複数紙を断続して読み、五名は「新聞配達元帳」に記載がないが同姓者の記載があり、その家族の一員であった可能性が高く、実質的には定期購読者層であったと推測できる。

さらに、複数の新聞を定期購読する者は、一九二六年で三〇人、二七年で三四人とわずかだが増加している。一九二七年の複数新聞購読者三四人のうち、一三は法人、七人は浅野徳右衛門、大竹卯兵衛など有力蚕種家など蚕業関係者、五人は医者など町の上層である。もともと彼らは外部情報への関心が高く、経済的余裕もある。特に三〇人は『福島民報』を購読しており、地元紙と東京紙という組み合わせで定期購読しており、福島と東京の両方の情報を入手しようとしている。

このように、全体としての新聞購読率は上がっていかなかった。約一五％の定期購読者、三七％の不定期読者、四八％の非読者という三層ピラミッド構造、三％弱の複数定期購読者を入れれば、四層構造に基本的な変化はなかったのである。新聞購読者の底上げが進まないのは、不定期読者が累積化していかないからである。一時的もしくは断続的にしろ購読している不定期読者が、その不定期購読を数年間にわたって慣習化していけば、全体としての新聞購読率は上がっていくはずだが、不定期購読者はその年に不定期購読であるだけでなく、不定期購読自体が持続しないことが多い。例えば、一九二一年の不定期読者三三四人のうち、五年後の一九二六年に新聞を購読していた者は一二五人で、二〇八人は新聞購読をやめてしまっているのである。結局、不定期読者群は各年度ごとにメンバーが交替し、新聞購読率は六〇％程度のところでとどまってしまうのである。

なぜ、新聞購読率は上がっていかなかったのであろうか。前述のように外部世界では、梁川の経済・政治に深刻な影響を与える変動が起き、外部世界の情報への需要が高まりそうな状勢であった。

新聞購読の条件は様々あるが、重要な条件は読み書き能力、生活上の必要度、経済的余裕であろう。ただ、経済的余裕というのは、収入の絶対金額ということもあるが、同時に他の支出費目との相対的順位の問題でもある。あまり余裕がなくても、生業上の必要度が高ければ購読するだろうし、余裕があっても、必要度が低ければ新聞を読まないかもしれない。

梁川の住民の読み書き能力を示すデータは残念ながらきわめて乏しい。小学校の就学率などは、一九一二年の時点で男女ともに約九九％、出席歩合約九五％。一九一六（大正五）年には男女とも就学率一〇〇％、出席歩合約九七％に達しており、この数字は以後ほとんど下がっていない(30)。しかし、これはあくまで統計上のデータであり、実際にはこれより低かったと推定されるが、それを勘案しても一応の読み書き能力を習得できる教育水準は、一九一〇年代半ばには達成されていたと見ることができる。

また、一九一五年一一月、修業年限四年の梁川町立実業補修学校が設立された。この学校は一九〇九（明治四二）年梁川町、堰本村、白根村、山舟生の一町三村が学校組合を結成して、開校した梁川実業補修学校を始まりとし、幾多の変遷を経ているが、一九一六年一月、県訓令第七三号による実業補修学校青年団奨励規定公布等を契機に梁川町立実業補修学校として小学校に附設されることになった。午後七時から午後九時までの夜間制で、学科は修身、読方、作文、算術、農業の五科目、修業年限四年。甲組は尋常小学校卒業以上、乙組は尋常小学校卒業以下とされている。

これが、同年一一月三日の県訓令第一七号による実業補修学校規定の大修正を機に、同年一二月公民理科の二科目を加え、予科二年、本科六年に改められた。さらに一九二三年に梁川農商補修学校と改称し、前期二年後期三年の編成とした。このとき特に女子のために、梁川製糸工場における補習教育奨励と連絡をとることにしたという[31]。

また、一九一九年、「高等小学校卒業ノ女子ニ主トシテ家政ニ関スル知識技能ヲ授ケ家庭ノ実際ニ適スル教育ヲ施スヲ以テ目的」として梁川実科女学校が設立された。これは、一九二三年四七名、一三年四九名の卒業生を出しており、女性の補習教育として成果をあげたようである。

小学校卒業後の住民に対する補修教育は、政府や県などの政策で必ずしも梁川だけの問題ではないが、梁川町としても制約はあるにしても教育維持・底上げに意をはらっていたことは確かである。全般的には、一九二〇年代は、それまでと比較して基礎的教育水準は少しずつではあっても、改善していたのである。

住民の読み書き能力のデータとして、一九二二（大正一一）年の伊達郡役所の『壮丁学力調査成績』という報告書がある。それによれば、この年の全壮丁一三一一人に対し学力（国語科・算術科）と体格・病歴を調査したところ、尋常小学校を卒業しない者六五八人（うち四四人は不就学）、尋常小学校卒業者一一六四人、高等小学校卒業六七四人、中等学校半途退学者八人となっている。約二六％が義務教育さえ終了していない一方、義務教育以上が七三％である。

国語科の試験問題からは新聞雑誌が読みこなせたのかの判断は難しいが、尋常小学校卒業の試験でも全員が新聞を読みこなす学力があったとは思えない。きわめて大づかみな推測で、試験で尋常小学校の好成績者（「甲」一三三七人）と高等小学校以上、合わせて一〇一九人（四一％）程度が新聞を読める学力をもっていたのではないだろうか[32]。梁川町については全伊達郡より学力が高く、壮丁五三人のうち二九人（五三％）がこれに該当する。これは低すぎる推定かもしれないが、新聞の購読率五一％とほぼ符合している。

仮に読み書き能力があっても、新聞雑誌を購読し日常生活のなかで習慣化するには、家計上の余裕と生業上の必要性という二つの条件が必要であったであろう。しかし、それを資料的に裏づけることは非常に難しい。特にこれまで新聞を読んでこなかった階層の生活を知る手がかりは乏しいのである。しかし、前述した一九二〇年の第一回国勢調査による職業的人口（表23）で、「本業ナキ従属者及家事使用人」という分類が各職業に設けられ、相当の人数になっていることを改めて考える必要がある。男性の場合、有業者全体の約三九％、女性の場合約七七％を占め、男女合わせれば三三三六人で、本業者二三五五人を上回っているのである。有業者の約五九％である。この「本業ナキ従属者及家事使用人」というのは曖昧な概念で、当時の国勢調査実務担当者もこの取り扱いに困惑したとされ[33]、一九三〇年国勢調査では、この項目は外され、「無業」という項目が置かれている。その結果、梁川の場合、一九二〇年の「本業ナキ従属者及家事使用人」三三三六人を上回る三八一三人が「無業」として記載されている。「本業ナキ従属者及家事使用人」あるいは「無業」と分類される人口が梁川のなかで相当の割合を占めていたのである。

また、当時の梁川の土地所有を見ると約五〇％弱の小作地率で、ほぼ全国平均であった。ただ、水田の小作地率は約八〇％、田畑は約二五％と極端に分かれていた。これは、梁川の地主が、水田に比べて畑、特に桑畑を自作することによって養蚕業を行い、多くの収入を得て、田地については小作に出し、小作料を徴収していたからだとされる[34]。

これに従えば、職業分類で「本業ナキ従属者及家事使用人」、「農業・本業者」に分類された人々のうち相当部分が、小作人、農家被雇用者、養蚕被雇用者であったと推定される。これら階層の収入などに関するデータは断片的である。一九二七年の梁川町の近隣である大枝村の例では、男は一〇日以内なら一日一円三〇銭、二〇日以内なら一円二〇銭、二〇日以上なら一円。女はそれより三〇銭ほど安かった。また養蚕の労銀水準は、農家常雇の労銀に比し、男女とも約一五銭から二〇銭高かった[35]。

一九二七年の『福島民友新聞』記事では、梁川の田植え労働賃金「上男一円五〇銭、中男一円三〇銭、女上一円二〇銭、女中一円」で、昨年に比べ、二〇銭以内の低落とある。(36) 概して、この時期の新聞報道では労働賃金の低下を報ずるものが多く、労働者にとっては苦しい状況であった。

当時の月極の新聞購読料は新聞によって違うが、平均五〇銭程度で、基本的に上昇してはいなかった。簡単に収入と比較することはできないが、一日賃金が月極新聞購読料にあたる計算になる。しかし、一日賃金といっても、一ヵ月実働するわけではなく、むしろ不安定雇用である。若干労銀が高いとされる養蚕労働でも季節労働であった。

こうした下層の人々は不安定な収入のなかで日々の生活に追われていたであろう。また、その生活圏は梁川の町内もしくはその近隣の村々でほぼ完結しており、外部世界の情報を得ようとする動機は乏しく、その必要性があったとは考えにくい。一時的に家計に余裕が生じたときに、新聞を購読することがあったとしても持続することは難しかったであろう。

梁川の新聞普及において、下層特に「本業ナキ従属者及家事使用人」層の経済的困難、生活様式が一種の壁になっていたのではないだろうか。住民の上層から中間層までは、経済的余裕の大小、外部情報必要度の強弱の差はあるにしても、基本的に程度の差であって、新聞は明治末期から大正初期にかけて徐々にだが浸透していった。しかし、それより下の層になってくると、経済的条件・生活様式に質的な落差があり、新聞購読は容易には浸透せず、また一時的に読んでも生活習慣化しないのである。

購読・非購読を分ける壁が世帯の約五〇％のところにあり、結局、新聞購読率は横ばい状態となったと考えられる。新聞を毎日読む習慣を身につけている定期購読者、時々新聞を読む不定期購読者、新聞をまったく読まない非読者というピラミッド型の三層構造ないしは四層構造とその割合はほとんど変わらなかった。それは、これまで同様社会階層とほぼ重なっていた。定期購読者は町の経済・政治を担っている規模の大きい蚕種製造業者・商業者と医師等の専門職業者、特に複数定期購読者は蚕種製造・商業・地主を兼ね、代々の名望家層である。不定期購読者は小規模な蚕種製造者・商工業者、自作農である。非購読者層は小作人・桑園労働者・雑業者であった。

新聞購読においては平準化は起こらず、複数の新聞を定期購読する最上層と新聞を読まない下層との情報格差は非常に大きいままであったのである。

四　新聞社の販売拡張

全体の購読率は横ばい状態で、三層構造は変わらず、上と下との格差は大きかったのだが、新聞購読行動においては大きな変化が起きた。購読する新聞が少数に限定されるようになったのである。購読している新聞名は表26の通りだが、一九一五年から大きく変動している。第一に前章で述べた通り、『東京日日新聞』は、大阪毎日新聞社の経営に移って以来、大規模な販売拡張を関東・東北で展開した結果、梁川でも一九一五年に首位に立ち、以下、『国民新聞』『福島民報』『中央新聞』『福島新聞』という順序になっていた。その後、『東京日日新聞』とならんで『東京朝日新聞』も部数を伸ばし、一九二六年、二七年とこの両紙が頭抜けた部数を販売し、第三位の地元紙の『福島民報』は両紙の約半分という状態になった。特に一九二七年には『東京朝日新聞』二三％、『東京日日新聞』二七％と、両紙合わせて六〇％を占めるまでになっているのである。

第二に地元新聞のなかでも『福島民報』が『福島民友新聞』などを圧倒し、大きな優位を占めている。一九二八年の場合、地元紙購読部数は合計二四三部であるが、『福島民報』は一六〇部、地元紙占有率六六％にもなっている。

東京紙、地元紙の両方で購読が少数に集中し、全体として『東京朝日新聞』『東京日日新聞』、地元紙の『福島民報』を加えれば、三紙だけで約七三％もの占有率になっているのである。これまで述べてきたように、梁川の住民は明治期以来、それぞれの関心や必要に応じて様々な新聞をとってきたのであるが、それがこれだけ少数の新聞に購読が集中してきたのは、購読行動の大きな変化である。住民の新聞需要に大きな変化が起きたのであろうか。

最初に『東京朝日新聞』『東京日日新聞』の急増について述べれば、この間、両紙の部数の伸びは不自然な軌跡をたどっている。『東京朝日新聞』の場合、一九一五年には一九部であったのが、一九二一年には六四部と増加し、さらに一九二六年に二五九部、一九二七年二七七部と一四倍も急増している。反面、一九一五年には五八％が通年購読（定期購読）であったにもかかわらず、一九二六年には一四％、一九二七年には一三％と大きく低下している。『東京日日新聞』もほぼ同じような推移であるが、『東京朝日新聞』より先行しているので、一九二〇年代は定期購読率が若干高い。

　このような不自然な急増は、住民の需要によって両

（通年購読率，占有率の単位は％）

1927年				1928年			
購読部数	通年	通年購読率	占有率	購読部数	通年	通年購読率	占有率
40	19	48	5	58	11	19	6
277	36	13	33	307	41	13	30
0	0	0	0	0	0	0	0
27	13	48	3	40	13	33	4
8	0	0	1	0	0	0	0
0			0	0			0
0			0	0			0
48	28	58	6	44	23	52	4
228	75	33	27	272	50	18	27
0			0	0			0
0	0		0	0			0
0	0	0	0	0			0
0			0	0			0
0			0	0			0
14	5	36	2	15	3	20	1
1	0	0	0	35	0	0	3
643	176	27	74	771	141	18	76
138	58	42	16	160	47	29	16
14	4	29	2	16	3	19	2
10	1	10	1	8	1	13	1
8	6	75	1	9	5	56	1
0	0	0	0	0	0	0	0
34	6	18	4	50	8	16	5
204	75	37	24	243	64	26	24
847	251	30	100	1,014	205	20	
613				653			

表26　購読新聞一覧（3）

新聞名	1915年				1921年				1926年			
	購読部数	通年購読	通年購読率	占有率	購読部数	通年購読	通年購読率	占有率	購読部数	通年購読	定期購読率	占有率
報知	25	6	24	4	53	26	49	7	54	19	35	6
東京朝日	19	11	58	4	64	25	39	8	259	35	14	28
時事新報	33	12	36	5	31	15	48	4	36	0	0	4
国民	82	16	20	13	55	14	25	7	28	18	64	3
読売	4	0	0	1	6	3	50	1	9	1	11	1
日本	0	0	0	0	0	0	0	0	0	0	0	0
萬朝報	5	1	20	1	4	1	25	1	48	0	0	5
中外	10	6	60	2	54	26	48	7	45	25	56	5
東京日日	238	52	22	38	199	66	33	25	227	68	30	25
中央	49	10	20	8	11	4	36	1	0	0	0	0
横浜貿易	0	0	0	0	0	0	0	0	0	0	0	0
毎電	0	0	0	0	0	0	0	0	0	0	0	0
毎日	0	0	0	0	0	0	0	0	0	0	0	0
やまと	3	0	0	0	1	1	100	0	0	0	0	0
都	1	1	100	0	1	1	100	0	12	1	8	1
毎夕	1	0	0	0	29	1	3	4	13	0	0	1
東京紙小計	470	115	24	76	508	183	36	65	731	167	23	79
福島民報	65	18	28	10	197	21	11	25	112	45	40	12
福島民友	14	4	29	2	26	14	54	3	12	4	33	1
福島	39	9	23	6	25	9	36	3	13	5	38	1
河北新報	18	3	17	3	11	8	73	1	11	5	45	1
福日	13	2	15	2	17	1	6	2	0	0	0	0
毎日	0	0	0	0				0	21	5	24	2
地元紙小計	149	36	24	24	276	53	19	35	169	64	38	18
合　計	619	151	24		784	236	30		900	231	26	
実世帯数	436	123	28		520	182	35		602	184	31	

紙の部数が伸びたのではないことを示している。新聞社・新聞販売店が特定時期に集中して販売拡張を行い、一時的に部数が急増するが、多くの読者は定着せず漸減していく。これがある程度までいくと、新聞社・新聞販売店は再度販売拡張に乗り出し、また部数が増加するという波動を繰り返し、大勢としては両紙の販売力が他紙を圧倒していっているのである。

　こうしたなかにあって注目されるのは、『時事新報』の読者が一九二七年「新聞配達元帳」から一切消えていることである。『時事新報』は購読料は高いが建てページ数が多く、実業関係記事では定評がある新聞として『中外商業新報』とならんで蚕業家などを中心とする梁川町の名望家層に安定的に読まれている新聞であった。それが、一九二六年「新聞配達元帳」によれば、四月に突然ほとんどの世帯の『時事新報』購読は止まり、七月以降梁川における購読者が皆無となるというきわめて異常な事態が出現したのである。

これは、『東京朝日新聞』『東京日日新聞』の強引な販売拡張によると推定できる。大阪に本拠を置く朝日新聞社・毎日新聞社は大震災によって東京系新聞社が弱体化したことを絶好の拡大機会として利用し、一挙に激しい販売戦に乗り出したのである。

これは、新聞販売拡張戦、特に関東大震災後に関東・東北で激しく展開された販売拡張戦の総決算であった。関東大震災が新聞読者に甚大な影響を与えたことはいうまでもないが、一九二三年の「新聞配達元帳」が残っていないため、梁川の新聞購読にどのような影響を与えたかを知ることはできない。一般的には東京の新聞は発行不可能になり、福島の新聞社にとっては、絶好の拡張機会となったことは間違いない。しかも梁川の蚕業家にとって東京・横浜の市場の安否は死活問題であったから、一刻も早く東京・横浜の被害状況や市場の行方を知りたかったであろう。福島の各新聞は特派記者を送り、被害の惨状を報道しようとしたが、断片的な情報しか集まらず紙面作りに苦労している(37)。

しかも、『福島民報』が新聞製作原料欠乏のため四ページに減ページし、定価を六〇銭とする措置をとっている(38)ことなどからすれば、福島の新聞も一時的には読者が急増したであろうが、たんに漁夫の利をえたという関係ではない。

さらに大問題は、その後の販売拡張戦であった。大阪に本拠を置く朝日新聞社・毎日新聞社にとって大震災によって東京系新聞社が弱体化したことは販売拡張の絶好機となり、両紙は一挙に激しい販売戦に乗り出したのである。当初は『報知新聞』を標的としたが、『報知新聞』が弱体化すると、次に福沢諭吉以来の伝統を誇り、経営の安定していた『時事新報』に狙いを定め、その地盤の切り崩しにかかった。

朝日新聞社と毎日新聞社は、ほとんどの新聞で割引販売が常態化している状況に対し、定価販売実行を大義名分に掲げて自社系列の新聞販売店を定価売即行会として組織化した。定価売即行会の新聞販売店は、『時事新報』が定価販売を実行しないという名目で攻撃し、読者の意向とかかわりなく、『時事新報』を一切取り扱わない非売という戦術を関東・東北一帯でとったのである。

福島県においても、一九二四年一一月九日、飯坂温泉で福島県下新聞取次販売店組合と一府十七県新聞取次販売店組合との合同会が開催された(39)。一府十七県新聞取次販売店組合は定価販売実行を唱える新聞販売店の組織で、事実上朝日新聞社・毎日新聞社の販売拡張の第一線部隊である。この大会には本部幹事長根岸真吉などが出席し、ただちに一府十七県新聞取次販売店組合福島支部発会式に切り替えられ、新聞紙定価販売の実行などを決議した。さらに一九二七年三月一七日には郡山公会堂において福島県下新聞販売業総会が開かれ、東京朝日新聞社販売部長が出席し、定価販売実行を決議している。朝日・毎日両社が福島県内新聞販売店の組織化に成功していることがうかがえる。

阿部回春堂には定価売即行会に関する文書が残っており、定価売即行会に加盟していたことがわかる。阿部回春堂は、両社の販売戦略に従って、一九二六年四月から読者の意向と無関係に『時事新報』をまったく売らずに、別の新聞を読者に配達したのである。その結果、梁川から『時事新報』の読者はいなくなった。

阿部回春堂から非売された『時事新報』は、やむなく別の新聞店に販売を委託することとしたようで、『伊達公論』一九二七年一月一日付第三四号、四月二〇日付第三六号には「保原駅前　時事新報専売所」の広告、同じく第三六号（一九二八年四月二〇日）の「椎名農蚕具店」の広告に「時事新報福毎新聞取次販売所」と記されている。これらの専売所や農蚕具店についいては資料がなく、その新聞販売の実態についてはわからない。しかし、『時事新報』の販売部数から見て、保原、梁川、霊山など広い地域を対象としたとしても、専売所が営業的に成立したとは考えられない。また元の『時事新報』読者がすでに阿部回春堂から他の新聞をとり始めている状況で、農蚕具店が片手間に新聞を販売しても読者を取り戻すことは困難であったろう。

このように『東京朝日新聞』『東京日日新聞』の部数が急増したのは、二紙が強引な販売拡張によって他の新聞の読者を奪取していったからであった。『時事新報』の場合は長年続く定期読者が多いため期日を定めた非売という強硬措置がとられたのだが、他新聞に対しては日常的に蚕食的活動が行われていたことは推測に難くない。六六％が不定期に購読しているという読者市場の流動性が二紙の販売拡張を容易にもしていた。

また、朝日新聞社・毎日新聞社の大々的な販売拡張は、東京系新聞だけでなく地元新聞にも大きな影響を与えた。一九二一年には地元紙の占有率は三五％まであったが、一九二六年には一八％と低下し、一九二七年には若干回復しているが、それでも二四％である。すでに述べたように梁川の住民は明治期以来東京の新聞のほうを読む傾向が強かったが、『東京朝日新聞』『東京日日新聞』両紙の販売拡張が一層それを促したのである。

ただ、地元紙のなかでは、『福島民報』が『福島民友新聞』などを圧倒する傾向が強まった。一九二八年の場合、地元紙購読者は合計二四三人であるが、『福島民報』は一六〇人、地元紙占有率六六％にもなっている。これは、新聞販売ではなく、政争によるところがおおきい。

福島では政友会系の『福島民友新聞』が長年ライバルとして争ってきたが、一九二五年、地元財界の有力者で政友会系の吉野周太郎が『福島民友新聞』の株買収を策動したという噂から福島民友新聞社内に内紛が発生し、憲政会・民政党系の記者は一斉に退社し、一一月一八日に『福島毎日新聞』を発刊した。これによって、『福島民友新聞』は弱体化し、『福島民報』が福島新聞界で優勢となったのである。

一九二七年の内務省警保局調査によれば(40)、『福島民報』の発行部数一万五〇〇〇、『福島毎日新聞』七四八〇、『福島民友新聞』六四八〇となっている。梁川では『福島民報』一六〇、『福島毎日新聞』五〇、『福島民友新聞』一六であるから、内務省調査の部数比以上に『福島民報』の優位が顕著である。もともと『福島民友新聞』は弱かっただけに内紛の影響がもろにでたのであろう。

このように新聞購読が少数紙に集中する傾向を見せたのは、住民の内発的需要というより、梁川とはまったく別次元で起きた新聞資本の寡占化や政争が主因であった。大正初期の新聞部数増加が新聞社側の販売拡張に牽引されていたことはすでに述べたが、この時期は資本の力が一層大きくなったのである。もともと新聞それ自体の個性が乏しくなっていて購読新聞選択への積極的な意味は減ってきてはいたのだが、それ以上に、新聞社の販売力という外発的要因が梁川住民の新聞選択肢を狭小化してしまった。

五　政治的大衆化と新聞購読

梁川における新聞購読の横ばい状態が続くあいだ、中央では選挙制度の改革は進み、有権者は次第に増加していった。前述のように梁川の住民にとって選挙権拡大は他動的な変革であった。無論、選挙権を持たない住民のあいだに潜在的には参政権への願望があったかもしれない。しかし、梁川では、具体的な要求の声があがることはなかった。受動的にせよ、選挙制度改革によって梁川の住民の有権者は増加していったが、新有権者たちは、時事的知識をも増加させていっただろうか。

前述のように、一九一九年五月の衆議院選挙法改正によって選挙人の納税資格は三円以上に引き下げられた。残念ながら一九二〇年五月の第一四回総選挙の梁川での選挙人数はわからない。その後の一九二五年一月の時点の選挙人数は二四九人である。同年の「新聞配達元帳」がないため、一九二六年で代用すれば、一九二六年の新聞購読者は六〇四人、定期購読者は一八四人である。計算上選挙人の約七四%しか新聞を定期購読していなかったことになる。(41) 新聞購読者全体は選挙人数を上回っているので不定期にしろ、ほとんどの選挙人は新聞に接していたはずだが、それにしても国政レベルの選挙人でさえ新聞を定期的に読んでいない者が相当いたのである。

町政レベルになると、一九二一年に選挙人は八四二人にまで増加したが、同年の新聞購読者は五一六人、定期購読者は一八二人であるから、新聞を購読していた選挙人は六一%で、定期購読していたのは二一%だけである。

そして一九二八年普選最初の国政選挙である衆議院議員総選挙があったが、この時の梁川町有権者数は不明であるので、前年の県議会選挙と同数と仮定すれば、一九二七年二月の県議会選挙における梁川の選挙人は一二四四人であった。(42) 一九二八年二月時点の新聞購読者は四九二人で、このすべてが二五歳以上の男子とは限らないが、仮にそうみなせば選挙人の約三九・五%しか新聞を購読していなかったことになる。定期購読者は二二七人で、選挙人の約一八%にすぎない。

これは、異常に低い数字と解されるかもしれない。だが、これでも総選挙に向けて部数が伸びた結果であって、一月の新聞購読者は四四九人、二月は購読者が減少するのが通常だが、総選挙によって押しあげられ、四九二人となったのである。三月には四一六人と急減している。

明治末期に新聞普及が進んだ結果、新聞購読者数が有権者数を上回る事態となり、新聞を読んでいながら、政治的発言権をもたない階層が出現し、それが政治体制の構造的不安定をもたらしたことをすでに指摘した。その対策が普通選挙という政治的平準化であった。「大正デモクラシー」論からいえば、一九二〇年代の普通選挙は遅々として進まなかったという評価であろうが、梁川のような地域社会では制度改正のほうが先行しているのである。また、漸進的選挙権拡大によって住民の政治的関心が高まり、新聞購読が増加するという相乗的関係は生じなかった。普通選挙制が実現した段階では、政治制度的平準化が新聞普及を追い越してしまい、時事的ニュースを伝える新聞を読まない選挙人層が大量に出現したのである。この逆転は、名望家層によって運営されてきた町の政治を変える重大な契機となることは明らかである。

六　雑誌・図書の購読

阿部回春堂は雑誌・書籍の販売も行っており、一九二八年の「雑誌配達元帳」が残ったため、この年の雑誌・書籍の販売状況について詳しく知ることができる。一九二八年は、前述のように『キング』や円本ブームなどの全盛期で出版の大衆化を見るのに格好の時期になっている。

まず雑誌購読を見れば、購読されていた雑誌はのべ六九二誌。購読者数は三六九人で、新聞購読者数の約半分（五七％）である。「雑誌配達元帳」には、梁川以外の地域の購読者も一括して記載され、個々の購読者の居住地域を特定できないため、すべて集計した。このため、実際の梁川町の雑誌購読者より多くなり、「新聞配達元帳」の集計結果との食い違いも生じざるをえない。また雑誌の場合世帯購読とは限らず、個人購読があるので、世帯あたり普及率を算出するのは無理があるが、新聞と同様に一九二五年国勢調査世帯数をもとにすれば約三一％の世帯普及率となる。単純に一部あたり人口を算出すれば、八・三人である。

雑誌の購読率は、新聞よりもだいぶ低い。だが、一九一八（大正七）年の雑誌購読者は二七六人であるから、一〇年間で約二五％も増加したことになる。新聞購読が横ばいにとどまっているなかで、雑誌購読のほうは大きく拡大したのである。ところが、購読雑誌タイトル数では、一九一八年が九一であったのに比し、八二に減少している。購読雑誌の総数が増加したにもかかわらず、タイトル数が減ったのは、特定の雑誌に購読が集中したためである。特に『キング』一誌が一一五部も売れ、全購読雑誌部数の一六％も占めた。新聞でも大資本の販売攻勢が見られたが、雑誌出版でも同様な現象が起きたのである。個々の購読雑誌の消長は後述する。

雑誌購読者がこれだけ増加したということは、単純に考えれば新たに雑誌を読み始める者が増えたということである。実際、雑誌購読者三六九人のうち、一九一七年に雑誌を読んでいた者は六三人（約一七％）にすぎず、残りの八三％は新規に雑誌購読を始めた者である。

しかし、一九一八年に雑誌を読んでいた二六八人のうち、一九二八年に雑誌を読み続けている者は六三人（二四％）だけである。この間一〇年という時間の経過はあるにしても、雑誌購読はあまり継続されておらず、累積的に増加していっているのではない。また、長期的に継続しないだけでなく、一年間を通して一誌あるいは二誌以上を定期購読していたのは九一人で、雑誌購読者の二五％、全世帯の約八％にすぎない。多くの雑誌購読者は、二、三ヵ月続けたあげくやめてしまったり、数ヵ月に一回読んでみたりしているのである。さらに、複数雑誌を不定期に購読していた者が五一人いる。これは、家族のメンバーそれぞれが不定期に雑誌を読んでいる場合と一人の者がいくつかの雑誌を取り替えて購読している場合とがあるが、いずれにせよ、かなり散発的な読書である。

本来定期性を特徴とする雑誌の読書が継続性をもたず、間歇的なものになるのは、多くの雑誌が性別・世代別や特定の趣味・嗜好によって対象読者を分節化していることがある。一時的には愛読した雑誌も加齢や関心の変化によって一定期間後に卒業してしまうのである。しかし、それと同時に雑誌が生活必需品というより、経済的余裕があるとき選択される贅沢品であったということだろう。雑誌購読は、贅沢をできる余裕をもっていたときだけで、余裕がなくなればやめてしまう。

また、『伊達公論』第三四号（一九二八年）に「新本と同様な月遅れ雑誌おどろく程安く売ります」「古本買入れます」「大竹権太郎書店」という広告がある。大竹権太郎書店について詳しいことはわからないが、古本屋であったようだが、月遅れの雑誌も販売している。雑誌は格別最新のものでなくても、楽しんで読む住民がいたのである。[43]

いずれにせよ、出版する側からすれば雑誌は定期刊行物であるが、多くの購読者にとっては雑誌の定期性はさほど重視されず、様々な短い記事をオムニバスにした単行本という感覚で読まれていたのである。他方、雑誌読者が随時交替していく流動性をもっていたことは、新発刊の雑誌が読者を獲得できる条件ともなっていた。創刊まもない『キング』が大成功をえた一つの条件である。

雑誌以上に、大きく伸びたのが、住民の書籍購読である。一冊一円の予約販売である円本と一冊ごとに販売する単行本を合わせて、一九二八年に阿部回春堂が売った書籍は一〇七四冊。[44]購入者は三七六人、一人平均二・九冊である。雑誌より若干普及率が高く、梁川の三二％の世帯で書籍を買っていたことになる。書籍の場合、福島市の書店店頭での購入や通信販売の利用などもあったであろうから、住民の書籍購読はこれより多かったはずである。一九一八年の書籍購読者が一三三人であったことからすれば、三倍近い大幅な増加である。

特にそれまで本を読まなかった住民が本を読むようになった。一九二八年の時点での単行本・円本の購入者で、一九一八年に書籍を購入していた者はそれぞれ約一〇％にすぎず、単行本・円本ともに新たに本を読むようになった者が大多数であったのである。

書名だけから単行本なのか、円本なのか判別困難な事例もあるが、一応区別すれば、単行本購入者は二六二人、円本購入者は二四〇人である。約二〇％の世帯が円本を買ったことになり、全国的な円本熱が梁川住民にも及んでいたことがわかる。ただし、円本は毎月刊行の予約全集として宣伝されたので、そのように読まれたと理解されていることが多いが、円本を定期購読していたのは、三九人だけである。多くは一冊だけ購入したり、数ヵ月に一回バラで購入していた。住民側からすれば、単行本と円本との違いはそう大きなものではなかったのである。無論、こうした販売は、出版社からすれば好ましくないことであったが、実際には全巻月極め予約販売を貫徹することは困難であったのである。円本のバラ売りは、梁川だけでなく広く生じていたと推定できる。

逆に複数の円本を定期購読した者が、五人もいる。知的好奇心や阿部回春堂とのつきあいもあっただろうが、毎月大部の円本が複数届くのであるから、消化不良を起こしかねない。円本読者といっても、ばらばらな一冊だけを読む者から毎月数冊を手にする者まで大きな格差があった。

七　住民の購読類型

新聞、雑誌、書籍それぞれの購読状況はわかったが、住民はそれらをどのような組み合わせで購読していたのであろうか。「新聞配達元帳」「雑誌配達元帳」を住民別に再集計し、各住民が購読状況を見ると、新聞・雑誌・書籍のいずれかの媒体を購読している住民はのべ九七二人である。新聞・雑誌・一般書籍・円本の四つの媒体の組み合わせは論理的に一五通りあり、それぞれの人数は表27に掲げた。

しかし、一五通りをすべてを個々に検討するのは効率的ではないので、先行して普及した新聞購読を基軸として組み合わせを整理すれば、第一の類型は新聞・雑誌・書籍・円本の四つすべての購読している者。第二類型に新聞に加えて雑誌、書籍、円本のいずれか二つ、合計三つの購読者。第三類型に新聞に加え、雑誌・書籍・円本のいずれか一つ、合計二つの購読者。第四に新聞のみの購読、そして第五に新聞は購読せず、雑誌・書籍・円本を購読という五つの類型がある。最後の新聞を購読せずに雑誌・書籍・円本のいずれかを購読する類型は細分化すれば、いくつかの組み合わせがあるが、それはあとで検討する。

いうまでもなく最も外部世界の情報を集積しているのは、第一の新聞、雑誌、書籍、円本のすべてを購入している類型の人々である。これは、四七人である。このうち二八人は新聞を定期購読し、他の多くの者も購読新聞は変更しながら新聞購読そのものは継続しており実質的には定期購読者である。

雑誌も一つではなく、複数購読しているものが二五人もいる。組み合わせは様々だが、婦人雑誌、子供雑誌などを購読していることが多い。また、二二人が複数の円本を購読しているが、定期的に円本を購入したのは七人だけである。

表27 メディア別購読者数
1928年

	購読者数
新聞＋雑誌＋書籍＋円本	47
新聞＋雑誌＋書籍	27
新聞＋雑誌＋円本	15
新聞＋書籍＋円本	15
雑誌＋書籍＋円本	40
新聞＋雑誌	91
新聞＋書籍	25
新聞＋円本	21
雑誌＋書籍	29
雑誌＋円本	22
書籍＋円本	24
新聞のみ	407
雑誌のみ	98
書籍のみ	55
円本のみ	56
合計	972
全新聞購読者	648
全雑誌購読者	369
全書籍購読者	262
全円本購読者	240

それにしても、新聞、雑誌、書籍、円本という四つのメディアを享受していたということは、経済的にも生活時間でも十分な余裕があったということである。彼らは、浅野徳右衛門、菅野五郎治、斉藤平重郎、中木直右衛門、中村佐平治、毛利富之助、八巻味右衛門といった有力な蚕業家で、町の最上流層を形成する代々の指導的名望家階層である。

彼らはもともと経済・政治で外部世界と活発な交

流をもち、明治期以来のピラミッド型新聞購読階層で最上位に位置していたが、それが雑誌、書籍、円本の購読までを加わえていたのであるから、彼らが集積し利用する情報は量的に多いだけでなく、多種多様さにおいても町内でも一段と抜きんでたものになっていったのである。

例えば有数の資産家である中村佐平治は、『東京日日新聞』（中村醬油店名義）、『福島民報』と『婦人倶楽部』を定期購読し、『実業之日本』を時折読んでいる。『世界文学全集』『現代日本文学全集』という円本、『日本大百科辞典』『現代法学全集』『経済学全集』『女子技芸講義録』を購読している。また中村家と並ぶ資産家であり、町きって文化人といわれたる中木直右衛門は、『東京朝日新聞』『東京日日新聞』『福島民報』の三紙を定期購読し、『福島毎日新聞』も随時読み、いずれも不定期だが『講談倶楽部』『富士』『改造』『少年倶楽部』『幼年倶楽部』『少年世界』『少女之友』『アサヒグラフ』といった雑誌を購読し、円本では『明治大正文学全集』『日本児童文庫』『現代大衆文学全集』『現代日本文学全集』『小学生全集』『世界大衆文学全集』『朝日常識講座』、単行本では『資本論』『お鯉物語』『壮快なるスキー術』『菊池寛集』『漫画大観』『ムッソリーニ伝』『三年の優等生』『旅行案内』『二科院展』『帝展号』『田園の英雄』『名画展号』、教科書、当用日記を購入している。

どちらも梁川の経済・政治の指導的家柄であり、その購読の傾向は異なるが、驚くほどの多様さである。特に中木直右衛門は文学全集から『資本論』や『改造』を読み、同時に『ムッソリーニ伝』まで読んでいる。(45)

このように新聞・雑誌・単行本・円本と多様な購読が実現したのは、出版社や書店の販売促進活動があり、読者の経済的余裕があったことは間違いない。同時に、これら家族では、個々の成員の読書への関心が高まってきたことがあろう。女性雑誌、子供雑誌、講談雑誌などが読まれていることは、家族の成員それぞれが自分の関心による読書をもっていたことを示している。

主婦や子供たちは、戸主から独立して自分の世界をもち、あるいは戸主自身も戸主の責務から一時的に離れて小説の世界に浸り、『資本論』の論理をたどるようになった。読書という孤独な行為によって書物の世界に没入することは個人という意識の形成を促す。それは、一時的にせよ、直接体験している地域共同体から意識を離脱させる。しかも、たんに一人になるということではなく、書物の媒介する想像の「読者共同体」[46]に帰属することでもある。

いうまでもなく、こうした読書による個人意識の形成は、第一の類型の家族においてのみ起きたのではない。しかし、個々人の読書を可能にする経済上・生活上の余裕を持ちえたのは、主に第一の類型であり、そうした家族で典型的に見られたのである。

第二の類型は、新聞に加えて雑誌、書籍、円本のいずれか二つ、合計三つを購読している合計五七人である。彼らもかなり活発な情報集積である。このうち新聞定期購読者は三三人（五八％）で、第一の類型に比して低いが、それでも新聞購読はほぼ日常習慣化している。

合計三つといっても、組み合わせが三つあるが、新聞・雑誌・書籍の組み合わせが最多となっている。新聞と雑誌を読み、そのうえで時に書籍を買うというのが通常の選択であったようだ。やはり多くは複数の雑誌をとっている。

この類型は、社会階層でみると三つの集団に細分できる。一つは、大竹宗兵衛、横山要右衛門のように町会議員など町の要職を務め、第一類型の最上流層とほぼ同じ名望家層に属する者たちである。二つ目は、やや規模の小さい蚕業家、町内や近隣を商圏とする商工業者、三つ目は医者・学校教師などの知識人などで、町の有力者だが政治経済の中心ではない者たちの集団がある。三つ集団を区分する明確な一線があるわけではなく、互いに重なり合って基本的には町の上流層を形成している。

第三の類型は、新聞に雑誌、書籍、円本のいずれか、合計二つの購読で、合計一三七人である。人数としては最上流層、上流層より多い。上中流層といえる。そのなかでも新聞と雑誌を購読している者が一番多く、九一人である。新聞と書籍・新聞と円本という組み合わせは、それぞれ二五人、二一人。やはり、新聞に加えて雑誌を読むというのが、一般的な購読形態であった。ただ、新聞と雑誌という組み合わせのうち、新聞定期購読者は三六人（三九%）。最上流層、上流層より新聞定期購読率は低くなっている。やはり外部世界の情報を常習的に得ようとする意欲は逓減しているのである。

社会階層的には、中堅蚕業家、蚕具商、様々な小売り商、蚕業試験所関係者、教師など町の社会階層全体でみれば中流層が中心である。ただ、田口留兵衛町長、小学校校長など町の有力者も、この類型のなかにいるように、経済的余裕などはあっても家族構成や関心領域によって新聞、雑誌、書籍（円本）という三点セットまで至らなかった場合があり、この中流層は、社会階層的には最上層、上層とはっきりした断絶があったわけではない。

第四の類型は、新聞だけを読んでいる者たちである。これは、四〇七人いて、最多である。全新聞購読者は六四八人であるから、約六三%は新聞だけを読んでいるということになる。このうち新聞を定期購読しているのは約一九%（七六人）と、新聞定期購読率も低くなっている。新聞を読んでいるといっても、一年を通して読むという生活習慣の形成度は低いのである。

このグループは職業などがわからない者が多いが、町内の小売業者・職人などが多かったと見られる。社会階層としても中流層もしくは中下流層で、新聞購読の下限であり、経済的余裕のなさから、雑誌、書籍などは読んでいないのであろう。

これら以外に新聞を購読せずに、雑誌、書籍、円本を読む第五の類型がある。これは、三二四人いて、意外に多い。このうち四〇人は、雑誌、書籍、円本の三つを購読している。雑誌と円本・雑誌と書籍・円本と書籍という二つの組み合わせのものが七五人、雑誌のみ、書籍のみ、円本のみが合わせて二〇九人と多い。

これには四つのグループがあったと考えられる。第一は前述のように「雑誌配達元帳」に記載された梁川町以外の読者で、「新聞配達元帳」の集計からはこれをはずしたので、結果的にこの類型に入ってしまう。第二に学校教師や産業試験所職員のように所属機関で新聞を読み、個人として雑誌や書籍を買っていた者。第三に戸主が新聞購読していた家族の成員だが、自己負担で雑誌・書籍を購読していた者。第四に実際に新聞を読まず、雑誌や書籍だけ読んだ戸主である。これら四つのグループの総計なので人数が多くなったのであろう。

梁川以外の住民の混入は集計上の問題で深く考察する必要はないが、他のグループに見られるのは、読書が個人の行為になってきた傾向の表れである。第一の類型で指摘したごとく、戸主が新聞を選び、戸主が読み終わった後に家族がそれを回読するという読書から、経済・生活に余裕のある家族では、戸主が妻や子供にそれぞれに合った雑誌・書籍を買い与え、また戸主自身も自分の関心に合った雑誌・書籍を購入し、家の成員がそれぞれの読書を楽しむようになる。さらに一定の年齢に達し何らかの個人収入をもつようになった青年も自分の関心にそった雑誌・書籍を購読するようになる。新聞を読まない類型の読者は、個人の独立性が強くなり、それぞれが個人として日常的世界から離れ想像の世界を楽しむようになったことを示していると考えられる。

以上のように新聞・雑誌・書籍・円本購読の組み合わせ類型を見ると、そこからわかるのは第一に新聞・雑誌・書籍・円本すべて、あるいは三つを購読しているグループの読書の多様さである。この類型の住民は、もともと新聞購読ピラミッドで上部を形成していたところに雑誌・書籍・円本まで購読するようになった。新聞しか読まない層あるいは新聞さえ読まない層との情報格差は一層拡大したのである。一九二〇年代後半の梁川社会で起きたのは、情報の平準化ではなく、格差の拡大であったのである。

第二に、社会の上層において読書の個人化が進んだことである。それまで新聞を一家で回し読みしていたのが、家族の成員それぞれが自分の関心にしたがって雑誌や書籍を読む傾向が顕著になってきた。「雑誌配達元帳」の記載が男性名で婦人雑誌や子供雑誌を購入しているのは、家族の主婦や子供のために雑誌を買っていたのであろうし、「新聞配達元帳」に記載がなく、「雑誌配達元帳」に雑誌・書籍購読の記載がある者のなかには自分の財布で好みの雑誌や書籍を買う青年なども含まれていたのである。こうした読書の個人化は、個人意識の形成と表裏の関係にあることはいうまでもない。

八　ま と め

以上述べてきたように、一九二〇年代の梁川の住民の購読について述べてきた。その要点をまとめれば
第一に、一九二〇年代新聞の購読はほとんど横ばい状態であった。一方では選挙権拡大が進み、普通選挙が実現した段階では選挙人数は新聞購読者を上回ることになった。政治的発言権をもちながら新聞を読まない層が出現したのである。

第二に、東京朝日新聞社と東京日日新聞社の強引な販売拡張によって二紙の占有率が六〇％にまで高まった。需要ではなく、供給側の資本競争によって住民の新聞選択肢は狭まってしまったのである。

第三に、新聞購読の停滞にもかかわらず、雑誌・単行本・円本の購読は、大きく拡大し、住民の読書は実に多様性をおびてきた。しかし、雑誌や書籍は平均的に普及したのではない。雑誌や書籍を購読したのは主にこれまで新聞を読んでいる上層であったのである。新聞購読だけ見ても、複数の新聞を定期購読している層と新聞を不定期に読む層、

さらにはまったく読まない層との間には大きな情報格差が存在していたのだが、最上流層は新聞を定期購読するだけでなく、複数の雑誌を読み、書籍を購読し、円本も買うようになっていたのである。こうした最上流層と依然として新聞だけを不定期にしか読まない層、新聞さえまったく読まない層とでは、その情報格差はこれまで以上に大きく拡大した。新聞さえ読まない住民ははるか後方に取り残されたのである。この時期起きたのは、平準化ではなく格差の拡大であった。

第四に、様々な雑誌や書籍を購読するようになった上層においては、家族の成員それぞれが自分の関心に従って雑誌や書籍を読むようになったことである。読書の個人化が進んだ。それは個の意識を形成を促していくことになった。このような傾向が、梁川の社会にどのような影響を与えたのかが問題である。一般的には垂直的な格差拡大と読書の個人化は、地域社会を拡散させる方向に働くであろう。実際、梁川の社会にもいくつかの動きが生じてきていた。

注

（1）丸山幹治「民衆的傾向と政党」『日本及日本人』一九一三年元旦号。
（2）尚友倶楽部山県有朋関係文書編纂委員会編『山県有朋関係文書 二』（山川出版社、二〇〇五年）三四三頁。
（3）拙著『近代日本のジャーナリズムの構造　大阪朝日新聞白虹事件前後』（東京出版、一九九五年）四五頁以下。
（4）吉野作造「民衆的示威運動を論ず」『中央公論』一九一四年四月号、『吉野作造選集』第三巻（岩波書店、一九九五年）などに収録。
（5）私も、明治末期から大正初期を「民衆化」、大正末期から昭和初期を「大衆化」と段階区分した（拙稿「『民衆』の時代から『大衆』の時代へ」『メディア史を学ぶ人のために』（世界思想社、二〇〇四年）。一九二〇年代、三〇年代の大衆化を論じた研究は数多いが、藤竹暁「大衆文化」『今日の社会心理学・文化と行動』（培風館、一九六三年）が代表的である。最近の研究では、佐藤卓己『『キング』の時代』（岩波書店、二〇〇二年）。
（6）社史編纂委員会編『講談社の歩んだ五十年（明治・大正編）』（講談社、一九五九年）六四六頁、六六六頁。

(7) 筒井清忠「戦間期日本における平準化プロセス」『昭和期日本の構造　その歴史社会学的考察』(有斐閣、一九八四年)四八頁。
(8) ゲオルゲ・L・モッセ(佐藤卓己・佐藤八寿子訳)『大衆の国民化　ナチズムに至る政治シンボルと大衆文化』(柏書房、一九九四年)。拙稿「「戦時体制と国民化」『年報・日本現代史』第7号(2001年)。
(9) 『梁川町史資料集』第二九集(梁川町史編纂委員会、一九九〇年)。
(10) 国勢調査の実施過程・意義については、佐藤正広『国勢調査と日本近代』(岩波書店、二〇〇二年)参照。
(11) 『梁川町史』第八巻六四二頁。
(12) 荒木幹雄『日本蚕糸業発達とその基盤　養蚕農家経営』(ミネルヴァ書房、一九九六年)二一二頁。『梁川町史』第三巻三一四頁も同様に記述している。
(13) 『梁川町史』第三巻三一四頁。
(14) 『福島民報』一九二〇年九月一〇日。これに関連する記事は、九月一日、四日、六日などに多数掲載されている。
(15) この問題の詳しい経緯は、河杉信男『大正九、十年第二次蚕糸業救済の顚末』(一九二四年　間瀬印刷所)。
(16) 『福島民報』一一月二〇日。
(17) 『福島民報』六月一七日。
(18) 『福島民報』八月一九日。八月二〇日同紙は、「糸価よりも繭の値段維持が急務、五円台を割る夏繭に桑折町で昨日養蚕家会合」などの記事が掲載されている。
(19) 江波戸昭『蚕糸業地域の経済地理学的研究』(古今書院、一九六九年)三四七頁。
(20) 松村敏「富農的蚕種製造経営の展開と没落―長野県小県郡塩尻村を事例から」『国立歴史民俗博物館研究報告』第一六集(一九八八年三月)。同『戦間期日本蚕糸業史研究　片倉製糸を中心に』(東京大学出版会、一九九二年)三〇三頁以下。
(21) 『梁川町史』第三巻三一九頁。
(22) 『福島県統計書』には町村単位の有権者数の記載はない。またこの時期の『伊達郡統計書』は残っていない。
(23) 『福島民友新聞』一九二五年一月一二日。
(24) 『伊達郡統計書』による。
(25) 『福島民友新聞』一九二七年二月一一日。

(26) 一九二〇年代の阿部回春堂の「新聞配達元帳」は一九二一（大正一〇）年、一九二六（大正一五）年、一九二七（昭和二）年、一九二八（昭和三）年、一九二九（昭和四）年の三冊が残っている。一九二八（昭和三）年については、「新聞配達元帳」「雑誌配達元帳」の両方がそろっているなど資料が豊富である。一九二四（大正一三）年の「雑誌配達元帳」も残っていて『梁川町史』第三巻に集計結果が掲示されているが、筆者は未見であるので、ここでは取り上げない。

(27) 『梁川町史』には戸数の記載があるが、一九二〇年から実施された国勢調査の世帯数を利用した。『梁川町史』の戸数をもとに新聞普及率を算出すると、約六〇％である。

(28) 内川芳美「新聞読者の変遷」『新聞研究』第一二〇号（一九六一年七月号）。

(29) 詳しくは、拙稿「一九二〇、三〇年代のメディア普及状態」『出版研究』第一五号（一九八四年）。

(30) 梁川町史編纂委員会『梁川町史資料集第二九集・梁川町郷土誌（地域社会実態調査記録）』（一九九〇年）七二頁。

(31) 前掲『梁川町史資料集第二九集』八六頁。

(32) 伊達郡役所『壮丁学力調査成績・自大正十一年七月十日至大正十一年四月二十二日』。学力調査の国語科試験問題は、以下の通りである（原文は旧漢字だが、新漢字に改めた。不就学、尋常科半途退学者、中学は省略するが、中学の一問は漢文である。これを「甲乙丙」の三段階で採点しているのだが、採点基準は記されていない）。

尋常小学校卒業

一、身体健全ナル人ハ精神モ亦快活ニシテ耳目ニフル、モノ皆楽シ。心楽シケレバ自ラ笑フ故ニ笑フベシ。笑ハント欲セバ衛生ニ注意シ身体ヲ健全ニスベシ

二、農業に従事するものは多く野外にありて、清潔なる空気を呼吸し、筋肉を労するが故に身体常に健全なり。「農は人の職業中最も健全、最も高貴にして又最も有益なるものなり」

高等科卒業

一、我等は常に国家並びに自治団体の隆昌を思ひ我等の直接又は間接に参与せる議会の決議を重んじ、喜で租税の負担に応ずるの覚悟なかるべからず

二、我等日本人の最も著しき短所は、七度倒れて八度起くる執着心の欠乏と信用を重んずる道徳心の欠乏とに在らん此の短所を去らずんば世界列強の間に立ちて、平和の競争に勝利を占めんことを難かるべし

(33) 前掲佐藤『国勢調査と日本近代』二三七頁。
(34)『梁川町史』第三巻、三三二頁。
(35)『梁川町史』第三巻三一六頁。
(36)『福島民友新聞』一九二七年六月二四日（夕刊）。
(37)『福島新聞』一九二三年九月三日など。
(38)『福島民報』九月二八日社告。同紙は一〇月二三日から六頁にもどっている。
(39)『福島民友新聞』一九二四年一一月一一日。
(40) 内務省警保局「新聞雑誌通信社ニ関スル調」昭和二年一一月末『新聞雑誌社特秘調査』（一九七九年　大正出版）。
(41) 本来、選挙人名簿が見出されれば、選挙人と新聞購読者の重なりを正確に見ることができるのだが、今のところ大正期の梁川町の選挙人名簿を発見することができない。
(42)『福島民報』一九二七年二月一一日。
(43) 月遅れ雑誌については、永嶺重敏「『月遅れ』雑誌というメディア」『日本歴史』二〇〇〇年四月号（第六二三号）。
(44) この時期のユニークな書籍である円本をどのように数えるのかは難しいが、ここでは一つの円本全集を一冊と数えた。一巻ずつのべ冊数を数えれば、もっと多くなる。
(45) 中木直右衛門は、有数の資産家でありながら日本共産党の同情者であったといわれるなどユニークな人物であった。その読書については、次章で述べる。
(46)「読者共同体」という言葉は、シャルチエ『読書の文化史　テクスト・書物・読解』（一九九二年　新曜社）九頁。シャルチエは、「解釈共同体」という概念まで提示しているが、梁川の資料からはそこまで推測するのは難しい。

第三章　雑誌・書籍の購読

――関心の広がりと個人化――

一　雑誌購読に見る関心の広がり

前章で一九二〇年代の新聞・雑誌・書籍の購読を見たが、そこではっきりしたのは、最も先に普及し、普及率も高いメディアである新聞は、この時期には横ばい状態となったが、一方で雑誌・書籍は大きな増加を示した。しかし、雑誌や書籍の普及率は新聞には及ばず、しかも住民に平均的に広まっていたのではなく、社会の上層である新聞購読者層に付加的に購読されるようになったのである。

上層は新聞に加えて雑誌や書籍を読むようになったのであるから、政治・経済・娯楽など外部世界についての質量ともますます豊かな情報を享受することになった。他方、依然として新聞さえ読まない世帯が半数弱もあって、情報の格差は平準化するどころか、逆に格差が拡大したのである。

また、上層＝読書階層では、経済的余裕もあって各成員がそれぞれ自分の関心で雑誌や書籍を読む傾向が進行した。こうした読書の個人化が雑誌・書籍の購読を押し上げたのである。当然、それは関心を多方面に拡大させていくことになるだろう。

本章では、読書階層の雑誌・書籍読書がどのような広がりを見せたのかについて、また個人化が進んだとすれば、どのような雑誌や書籍が個人的に読まれるようになったのかをより具体的に見ていきたい。それは、住民の意識の変容、梁川の社会の変動と深く結びついていたことはいうまでもない。ただし、資料となる「雑誌配達元帳」が一九二八（昭和三）年しかないので、考察は専ら一九二八年中心である。

雑誌と書籍を比較すれば多様性がより顕著であったのは書籍であるのだが、最初に雑誌から見ていくことにする。前述のように一九二八年の雑誌購読者は三六九人、三一％の世帯購読率で、一九一八（大正七）年の雑誌購読者二七六人であったことからすれば、雑誌購読は大きく伸びている。

しかし、新聞に比較すれば、雑誌の世帯購読率は低い。都市の出版社が生産する雑誌文化に接し、読書という楽しみを体験していたのは住民の限られた層だけであった。さらに雑誌購読者のうち定期購読していたのは九〇人（世帯の八・三％、雑誌購読者の二四％）と、これも新聞と比較して低い。雑誌購読者の約四分の三は不定期に雑誌を読んでいて、二、三ヵ月に一回もしくは家計や時間の余裕のある数ヵ月だけ読んで、やめてしまう間隔のあいた閲読であった。雑誌は、時事性より様々な記事がパッケージされた手軽な単行本という感覚で読まれていたのである。

他の地域では青年団などの組織を通じた雑誌の回読が行われていたことが知られている。(1) 梁川でもそうしたことがあれば、雑誌読者は購読者数よりずっと多いことになる。ただ、「雑誌配達元帳」からはその点の裏づけはとれない。組織購読として記載があるのは町役場・学校・警察署・蚕業試験場などで、こうした組織は業務の必要性から購読しているのだが、同時に職員が回し読みをしたのであろう。この他、インフォーマルな組織として小学校教員の組織と推定される梁川小学校クラブの記載があるが、これは雑誌をとっておらず、「教材集録」を購読している。教員たちが教材資料を共同購入・回読していたのである。しかし、個人名の購入となっているもののなかには、青年団などの回読用雑誌もあるかもしれないし、また親戚・友人関係による貸借など小規模な回読もあっただろうから、購読者の外縁にいる回読雑誌読者はある程度存在したであろう。

購読されている雑誌をジャンル別に見れば、表28のように娯楽雑誌、婦人雑誌、子供雑誌、実業関係雑誌、時事雑誌などである。(2) 娯楽雑誌、婦人、子供雑誌などが広く読まれるのは一九一八年の「雑誌配達元帳」でも見られたが、さらに増加し、また実業関係雑誌、時事関係雑誌が増えたことが目立つ。

娯楽雑誌の代表はいうまでもなく一九二五(大正一四)年創刊の『キング』である。『キング』一誌が群れを抜いて多数の購読者を得て、一一五部も売れ、全購読雑誌部数の一六%も占めているのである。

よく知られているように講談社は創刊号発行部数五〇万部を目標に掲げ、一冊五〇銭という廉価で「国民的大雑誌」「世界的大雑誌」「日本一為になる、日本一面白い、日本一安い」などをキャッチフレーズにして新聞広告・街頭広告などセンセーショナルな宣伝活動によって売り出した。(3) 梁川住民の雑誌購読がこれだけ『キング』に集中したということは、その影響力が東北の一小都市にも及んでいたということである。新聞購読においても見られたのだが、雑誌においても、出版資本の大規模かつ組織的な宣伝活動という供給側の力が住民の購読に強い影響力を及ぼすようになってきたのである。

表28 ジャンル別雑誌購読部数(2)

	誌数	部数
娯楽	13	210
婦人	8	174
子供	15	95
時事	8	60
実業	11	57
学習	14	42
総合	8	42
文学	5	12
合計	82	692

しかし、住民の潜在的需要があったから宣伝活動が効果をあげ、需要を顕在化したともいえる。梁川の町で誰が『キング』を読んだのであろうか。一九二八年の『キング』読者と一九一八年の「雑誌配達元帳」を比較してみると、『キング』読者で一九一八年時点に何らかの雑誌を読んでいた者は二一人(約一八%)にすぎない。残りの約八二%は、これまで雑誌を読んでこなかった者た

ちであったのである。ただし、前章で述べたように雑誌購読は長続きせず、読者が次々と交代していくのが一般的傾向であり、新規購読者が多いのは『キング』に限ったことではない。ただ特に『キング』は新しい読者の割合が高く、今まで雑誌を読んでこなかった住民に雑誌購読の機会を作ったのである。

したがって、『キング』の急増によって他の雑誌の読者が浸食されたという関係ではない。一般的に影響を受けそうなのは講談雑誌であるが、実際には、一九二八年の『キング』読者で、一九一八年に講談雑誌を読んでいた者は三人にすぎない。しかも、そのうち一名は一九二八年にも講談雑誌を読んでいる。講談雑誌から『キング』に変わったのはごくわずかであった。ただ、講談雑誌の潜在的読者が結果的に『キング』に吸引されたということは考えられ、一九一八年の時点では最大の割合を占めていた講談雑誌は一九二八年には減っている。『講談雑誌』『講談倶楽部』が名前を出しているが、かつての勢いはない。これまでであれば講談雑誌を読んだであろう住民が『キング』読者になったのである。

『キング』読者一一五人のうち、定期購読者を見れば、二三人。『キング』全体の読者の二〇%で、雑誌平均の定期購読率（二五%）より若干低い。八割の『キング』の読者は不定期読者であったわけで、他の雑誌でもそうだったが、『キング』の場合特にいろいろな記事がオムニバスにまとめられていたため、単行本的に読まれたのであろう。

定期購読していた二三人は、当然熱心な愛読者ということになるが、そのうち新聞定期購読者は七人（『キング』定期購読者の三〇%）、不定期購読者三人（一三%）、新聞非購読者一三人（五七%）となっている。定期購読者は石井市左衛門、加藤慶作、田口半三郎といったいずれも有力蚕業家で、町会議員を務めた者もいるなど町の政治経済の有力な担い手である。

『キング』を定期購読しながら新聞をとっていない者が一三人もいるというのは面白い。彼らが、実際に新聞を読まずに『キング』だけを読んでいたとすれば、新しいタイプの読者が登場してきたことになる。しかし、一三人のうち富田衛蚕業試験場場長以下六名の者は姓だけの記載で、「支所」「試」などの符丁、「先生」「部長」など敬称がつけられている。阿部長兵衛が姓名を知らない、梁川出身ではない蚕業試験場、蚕業取締所梁川支所、学校などの勤務者である。彼らはおそらく勤務先で新聞を読み、自宅で娯楽雑誌を楽しんでいたのである。その他の定期購読者は、その姓から見て町の中上流層家族の成員で、戸主から独立して自分のサイフで雑誌を読んでいる者と推定できる。

このように『キング』購読者で、集計上新聞非購読者として現れてくる者たちは、新聞を読んでいない下層が『キング』を読んだということではなく、別のところで常時新聞に接していて、個人的に『キング』を読んでいる比較的恵まれた層と推定できる。要するに、『キング』の定期読者は、町の有力者層と知識人層、上層の家族の成員といったグループから成り、一定の経済的余裕と娯楽雑誌を楽しむ生活様式を形成しているのである。

次に不定期読者九二人について、やはり新聞購読を指標として見れば、新聞定期購読者が二八人（三〇％）、新聞不定期読者二二人（二四％）、新聞非読者四二人（四六％）となっている。新聞を読んでいない読者が目立つが、定期読者と比べると割合が若干低くなっている。新聞非読者が前述のように個人的読者であるとすれば、不定期に『キング』を読む者のほうが、個人的読者の割合が低いことになる。

さらに表29のごとく前章で述べた諸媒体購読の類型別集計で、『キング』読者の位置づけを見ても、『キング』と新聞・書籍・円本の四つを読んでいる者が一九人（一七％）、『キング』と新聞に加えて書籍あるいは円本を読んでいる者が一五名（一三％）で、これら四つ、三つの媒体を購読するのは梁川の最上流層・上流層であるが、三〇％を占めている。また、約四七％は新聞を読んでいないことになるのだが、このなかには他の雑誌・書籍・円本を併読しているものが約半数で、これは経済的余裕を示している。『キング』だけの購読となっている者のなかにも、前述した新聞購読

表29　『キング』読者の購読状況

種　　目	購読人数
『キング』，新聞，書籍，円本	19(17)
『キング』，新聞，書籍	11(10)
『キング』，新聞，円本	4(3)
『キング』，新聞	26(23)
『キング』，円本，書籍	11(10)
『キング』，円本	7(6)
『キング』，書籍	6(5)
『キング』と他の雑誌	8(7)
『キング』のみ	23(20)
合　　計	115

＊　表中新聞定期購読者35人，不定期購読者25人，非読者55人.
＊　カッコ内は構成比（％）

世帯の成員が個人的に『キング』を読んでいた者が一定数いたはずである。他のメディアにはまったく接せず『キング』だけしか読んでいない者が皆無と断言はできないが、いたとしても少数であったと推測される。

総じて『キング』の読者は、社会階層的にはピラミッドの中から上、定期読者となると上層であった。『キング』は一般的に「あらゆる読者階層を網羅する国民的規模での大衆雑誌」といわれる(4)。こうした評価は、特定の分節化された読者を対象とした雑誌との比較では必ずしも間違いとはいえない。だが、一つの地域社会で見た場合、雑誌を読む読書階層自体が上層であり、そのなかでは『キング』読者は幅広いにしても、やはり多くは上層読者なのである。

購読部数では確かに単独の雑誌としては前代未聞の多さであり、あるタイプの「国民」像を表象するという意味で、「国民的大雑誌」という宣伝文句はわかるが、実際には限界をもった大衆化のなかで成立した雑誌であって、それを「国民的」と押し出したところに『キング』のイデオロギー性があったのである。

こうした梁川の住民が『キング』をどのように読んだのか非常に興味深いのだが、「雑誌配達元帳」を資料とする本書の視角からでは、読書のあり方に直接立ち入ることはできない。ただ、一般的に考えれば『キング』は娯楽雑誌であったから娯楽や気晴らしとして読まれたのであろう。しかし、それだけではなかったとも考えられる。前述のように『キング』読者のなかには他の雑誌や書籍を併読している者が一定数いる。後述するように梁川には『資本論』を購読していた者が一六人もいたのだが、そのうち六人は『キング』も読んでいた。『キング』の読書と『資本論』の読書とも共存しているのである。(5)また雑誌では『キング』と『改造』を読んでいる者も三人いる。『キング』は余暇の気晴らし・娯楽として読まれ、『資本論』や『改造』は社会学習として読まれ、同一人物のなかでまったく別次元に併読されていたと解することもできる。確かに、そうした側面があっただろう。だが、それと同時に両方の読書に共通する関心があったとも考えることもできる。次章で述べるように、当時の梁川の人びとの意識の底部には、町の経済の中核であり、また町の誇りであった蚕業が衰退していき、それに有効な対策を打てないことへの不安が醸成されてきていた。何か得たいのしれないことが起きている大きな地殻変動が梁川の社会や自分たちの生活の足下で起きていることは感ずるが、そのメカニズムはわからないのである。そこでは、意識的にあるいは無意識的に、手探りで様々なところから社会の仕組みを理解しよう、あるいは自分たちの生き方を探ろうする動きが出てきていた。社会や生き方を考える手がかりは、時に娯楽雑誌のなかの歴史読み物や講談、人生訓話であったり、当時流行の難解な社会理論であったりしたのである。その点では、『資本論』の読書も『キング』の読書も同じ根っこから発している面もあった。

購読雑誌の一覧を表30に掲げた。この時期の梁川では、部数はそう多くはないが、これまではあまり読まれてこなかった政治・経済・文芸・科学雑誌が読まれるようになってきた。『改造』『週刊朝日』『文藝春秋』『アサヒグラフ』などである。『アサヒグラフ』『週刊朝日』の部数が多いのは、この頃、阿部回春堂が朝日新聞社との関係を深めたことから、新聞販売拡張と連動して販売拡張を行ったと推測できる。『改造』が売れたのも、後述する改造社の円本販売と相乗的な販売がとられたのかもしれない。

しかし、それにしても一九一八年には政治経済の雑誌としては少部数の『中央公論』しか売れなかった梁川で、『改造』『文藝春秋』『エコノミスト』まで売れているのは、住民の政治的社会的関心が広がったことを示している。

表30　購読雑誌一覧（3）　1928年

雑　誌　名	購読総数	定期購読
キング	115	23
婦女界	62	18
主婦之友	47	1
アサヒグラフ	32	0
富士	28	1
譚海	28	3
婦人倶楽部	27	2
幼年倶楽部	26	4
婦人世界	24	4
少年倶楽部	24	4
少女倶楽部	18	0
改造	16	0
講談雑誌	13	2
蚕業新報	12	10
講談倶楽部	10	0
週刊朝日	10	2
文藝春秋	9	1
雄弁	9	0
平凡	9	0
蒲田	9	1
受験と学生	8	0
商店界	8	0
実業之日本	8	0
婦人公論	7	2
経済往来	7	1
少年世界	7	1
サンデー	7	0
現代	7	0
令女界	6	0
科学画報	6	0
一年生	6	0
文芸倶楽部	5	0
二年生	5	0
少女画報	4	1
教員受験生	4	1
文章倶楽部	4	0
エコノミスト	3	2
中央公論	3	0
子供の科学	3	0
六年生	3	0
蚕種会報	3	0
鶏の研究	3	0
日本少年	2	0
小学校	2	1
体育と競技	2	2
病虫害雑誌	2	1
良友	2	0
アサヒスポーツ	2	0
コドモ	2	0
子供の国	2	0
赤い鳥	1	0
囲碁クラブ	1	0
秩父宮画報	1	0
キネマ	1	0
中学世界	1	0
問題解義号	1	0
幼女	1	0
芝居とキネマ	1	0
女性	1	0
ラジオの日本	1	0
社会教育	1	0
アカツキ	1	0
金の星	1	0
受験界	1	0
植物学雑誌	1	0
昆虫世界	1	0
解放	1	0
インタナショナル	1	0
自由評論	1	0
映画と演芸	1	0
教材研究	1	0
教材集録	1	0
新潮	1	0
詩神	1	1
子供之友	1	0
大礼画報	1	0
創作月刊	1	0
時論	1	1
小学二年生	1	0
新青年	1	0
農業経済研究	1	0
計	692	90

『改造』の読者は一六人だが、定期購読した者は一人もいない。一六人のうち、新聞・雑誌・書籍・円本の四点セット購読者は四人だけである。このうち一人は牛乳販売業の真生舎であるので、個人としては三人だけ。最有力の資産

家である中木直右衛門、歯医者の慶徳四郎、小学校教師で文学者でもある大友文樹である。いずれも町の地付きの知識人として有力な人物である。

彼らは『改造』以外にも雑誌を読み、新聞を読み、また円本なども購入していた。しかも、中木直右衛門と大友文樹の二人は後述するように『資本論』を購読し、慶徳四郎は『社会政策体系』を購読している。真生舎は『資本論』と『社会思想全集』を購読している。おそらく真生舎のなかに社会問題に関心をもつ者がいたのである。さらに面白いのは、中木、慶徳、真生舎は大日本雄弁会講談社刊行の『ムッソリーニ伝』も買っていることである。ムッソリーニが左翼なのか右翼なのかはっきりわからない時期であるが、彼らがマルクス主義だろうが国家社会主義であろうが、社会革新の動向に強い関心をもっていたことをうかがわせる。

他の者は、姓だけか名前だけだったり、「蚕種会社」などと所属の注記がついている者が計九人である。先の『キング』読者と同様に阿部回春堂が彼らの姓名を知らなかったり、注記を付ける必要があったのであり、おそらく一時的な居住者である。この時期の梁川には、蚕業試験場や蚕種会社の技師、学校教師などの知的職業に従事する一時居住者がいて、彼らのなかには、政治・社会・文化動向に関心をもつものがいた。だが、阿部長兵衛がフルネームを知らなかったほどだから、住民との交流はあまり深くなかったのであろう。

婦人雑誌はのべ一七四誌が購読されている。ただ婦人雑誌を取り替え、また重複して購読している者が二六人もいるので、購読者としては一四八人である。一九一八年は九三人であったから、外部世界の情報に接する女性たちは増えていったのである。

雑誌タイトルでは表30の通り『婦女界』(都河龍編集)が最多で、『主婦之友』『婦人倶楽部』(講談社)『婦人世界』(実業之日本社)という順序である。一九一八年には『婦人世界』『婦女界』『女学世界』が多く読まれていたことからすれば、『主婦之友』や『婦人倶楽部』といった新しい雑誌が伸びてきている。だが、古い雑誌を完全に凌駕するところまでには至らず、『婦女界』『婦人世界』といった雑誌も依然として読まれていた。

永嶺重敏は、大正中期以降に「婦人雑誌の再編過程」が進行し、明治期創刊の『婦人世界』『女学世界』『婦女界』が衰退し、代わって大正期創刊の『主婦之友』『婦人倶楽部』『婦人公論』が伸張することを指摘している。ただ、内務省警保局の一九二七（昭和二）年の雑誌発行部数調査でも『主婦之友』『婦女界』『婦人倶楽部』『婦人世界』の順序で、全国的にも「再編過程」がそう急速に起きたのではないことがわかるが、梁川の場合は、その再編は一層緩慢なのである(6)。

『婦女界』の定期購読率は二九％で、雑誌の平均よりやや高い程度だが、他の婦人雑誌『主婦之友』『婦人倶楽部』がそれぞれ二％、七％であったのに比べ、はるかに安定した読者を得ていた。『婦女界』読者はおそらく主婦層が中心であったため持続したのである。

永嶺は、当時の様々な読書調査から新旧婦人雑誌の「再編」も含め大正後期から昭和にかけての婦人雑誌の膨張をもたらしたのは「当初職業婦人・女学生や都市中産家庭の主婦層を中心に普及した婦人雑誌購読習慣」が、「女工や女中といった、より下層の若い女性達にも徐々に拡がりをみせ始める」(7)ことにあるといっている。ところが、梁川の町では職業婦人・女学生はごく少数である。また、製糸工場があった関係上、女工は地方都市としては多く、当時の福島の新聞には、若い女工が多い梁川では、若い男女の噂がたえないという記事さえ載っているほどだが(8)、「雑誌配達元帳」の記載には女工と推察できる個人名や集団購読事例はなく、梁川の女工たちの雑誌購読はそう多くなかったと考えられる。

梁川では、永嶺の指摘するような社会階層の拡大による婦人雑誌の新旧交替はあまり起こらなかった。それは、梁川の婦人雑誌読者が主婦層中心であったからである。主婦の雑誌購読は比較的持続するので、新しい婦人雑誌の浸透はなかなか進まず、婦人雑誌の「再編」も緩慢に進んだのである。講談社や主婦之友社の資本の力の浸透も他の雑誌ジャンルに比較して遅い傾向であった。

幼年雑誌少年少女雑誌を見ると一九一八年に購読されたのはのべ一六五誌であったのに比べ、一九二八年は九五誌と減少している。子供雑誌はそれぞれ適齢期があり、一定年数の購読で卒業していくものであるので、誌数が減ったのは偶然の要素もあり、一概に梁川の親たちの子供雑誌への関心は低下したとはいえない。ただ、他の雑誌や円本など他の読み物への支出が増え、子供雑誌購読を減らした可能性はあるだろう。

一九一八年には『日本少年』『幼年画報』などが売れていたのに、表30の通り一九二八年には『少年倶楽部』『幼年倶楽部』『少女倶楽部』などが上位を占めている。いずれも講談社の雑誌である。ここでも、講談社の力が増加していったのである。各ジャンルで講談社の雑誌が拡張してきたのには、出版元と阿部回春堂との特殊な契約関係があったとも推察されるが、詳しいことは不明である。

二　円本の大ブーム

雑誌以上に大きく伸びたのが、住民の書籍購読である。一冊一円の予約販売である円本と一冊ごとに販売する一般書籍を合わせて、一九二八年に阿部回春堂が売った書籍は一〇七四冊(9)。購入者は三七六人、一人平均二・九冊である。一九一八年の書籍購読者が一三三人であったことからすれば、三倍近い大幅な増加である。雑誌より若干普及率が高く、梁川の三二%の世帯で書籍を買っていたことになる。書籍の場合、福島市の書店店頭での購入や通信販売の利用

表31　書籍購読一覧

書　籍　名	販売部数	定期
朝日常識講座	37	0
小学生全集	36	7
現代日本文学全集	32	4
現代大衆文学全集	30	5
明治大正文学全集	29	11
世界文学全集	29	5
長編小説全集	27	0
修養全集	24	0
資本論	16	0
日本児童文庫	15	1
大菩薩峠	9	0
世界美術全集	9	5
羽仁もと子全集	9	1
現代法学全集	8	0
旅行案内	8	0
富士に立つ影	7	0
ムッソリーニ	7	0
商業美術全集	7	0
ユウモア全集	7	0
漫画大観	7	0
マルクスエンゲルス集	4	0
蚕業講座	4	0
国民叢書	4	0
資本論解説	3	0
将軍乃木	2	0
大西経済学	2	0

などもあったであろうから、住民の書籍購読はこれより多かったはずである。

それまで書籍は一般的に高価なため容易に普及しなかったのが、この時期これだけ拡大したのは驚異的だが、この拡大をもたらした最大の契機は予約本全集を大規模な宣伝によって販売する円本の出現である。一九二六（大正一五）年一二月、改造社の『現代日本文学全集』が火をつけた円本出版は、梁川でも前代未聞の読者を得ていた。購読書籍の一覧を表31に掲げた。

一般書籍と円本を一応区別すれば、一般書籍購入者は二六二人、円本購入者は二四〇人である。約二〇％の世帯が円本を買ったことになり、梁川にも全国的な円本熱が波及していた。

円本購入に一挙に火をつけ、大きく延焼させた大きな要因は、やはり大金をつぎこんだ出版社の大規模な宣伝活動である。中央紙や地元紙には、人目を驚かす円本の大型広告が多数掲載された[10]。それまで大規模な出版広告は少なかった地方紙にまで、円本のおかげで大量の出版広告が掲載されたのである。『福島民報』の一九二五年の「図書」広告は一四万八〇〇四行であったのが、一九二八年には二六万二二九行と倍増、『福島民友新聞』は四万八五五六行であったのが二三万七五三三行と六倍近く増加している[11]。

さらに、新聞広告と連動した講演会・映画界などのイベントが大規模に催され、聴衆を動員したのである。それまでの出版活動では考えられないことであった。例えば、『現代大衆文学全集』を発刊した平凡社は、一九二七年三月二七日、福島民報社の後援をえて、大衆文学全集講演と映画の会を開催して大々的に売り出すと、『現代日本文学全集』によって円本ブームの先鞭をつけた改造社もやはり福島民報社後援で、秋田雨雀を講師に招いて「現代日本文学全集講演と映画会」を主催した。(12) 一九二八年も、改造社『世界大衆文学全集』、春陽堂『日本戯曲全集』などの大型円本広告が新聞紙面を連日埋めていたが、特に改造社は、三月九日に福島市公会堂で福島民報社後援「世界大衆文学全集講演映画大会」を入場無料で開催している。上映された映画は、『世界大衆文学全集』第一回配本であった「家なき児」と「ロビンフット」の二本。講師は木村毅、高橋邦太郎。会場では改造社員が大々的に予約募集を行った。まさに出版・映画・講演・新聞広告と様々なメディアを連動増幅させる宣伝活動であったし、講師の木村毅は折しも行われた普通選挙でも人気応援弁士であったと特記されているから、普選の派手な選挙宣伝とも相乗的であったのである。(13) 梁川の住民もこれに巻き込まれていった。

前述のように円本購入者は二四〇人、約二〇％の世帯普及率だが、二四〇人のうち一九一八年に書籍を購読していたのは二四人だけ（一〇％）で、円本購入者のほとんどが新しい書籍読者であったのである。

円本購入者で新聞を購読していない者が一四二人（円本購読者の五九％）で、雑誌よりも新聞購読者の割合が低い。さらに新聞も雑誌も購読しない円本購読者が八〇人いる。しかし、一ページ三段組みにぎっしり組まれた小説などをこれまで新聞や雑誌など活字にほとんど触れてこなかった者が急に読み出したとは考えがたい。これらの者は、先の雑誌購読でも見られたように、新聞購読世帯の非戸主者、勤務先など新聞や雑誌を読む機会があって自分ではとっていない者、また「雑誌配達元帳」の配布先が梁川の外に及んでいるため新聞の集計からはずれた者たちで、実際には何らかのかたちで新聞を閲読していたと推定できる。むしろ読書の個人化を示しているのである。

また、円本ブーム勃発から三年ほどを経過している一九二八年という時点では、様々な出版社の類似企画が重複して、円本の市場は飽和状態に達していた。これを打開するため、改造社は一冊一円を半額に値引きして五〇銭で販売することを大々的に宣伝し、他社もこれに追随するなど円本の販売はかなり混乱していた。

梁川町でも実際に円本を毎月定期購読していたのは三九人、二七％にすぎない。残りの購読者はバラバラに買っているのである。一冊一円月一回刊行が円本の語源でもあり、最大の売り物であったのだが、現実的にはこれを貫徹することは難しく、不定期販売・バラ売りが広く行われていたのである。読者のなかには、いくつかの円本を取っ替え引き替え購読している者もいるし、時折一冊だけ買っている者もいる。

ところが、逆に複数の円本を毎月定期購読した者も五人いるのである。これだけでも大変な出費で、当然町の最上流階層に属した者である。円本読者といっても、複数を毎月購入する者からバラで一冊だけ買う者まで様々なかたちがあった。

梁川で最も売れた円本は『朝日常識講座』で、これは一冊五〇銭、朝日新聞社の記者が社会問題を平易に解説した全集である。他の出版社系の円本全集と異なり、文学中心ではないところがユニークで、一六万部売ったという。[14]これが梁川で最も売れたのは、先の『アサヒグラフ』などと同じく、阿部回春堂が朝日新聞社の販売拡張に協力したことが一因だろう。

改造社の『現代日本文学全集』は三二人も購入していたし、やはり文学系の円本が多く売れている。すでに述べたように、これまで梁川住民は小説などの単行本を買うことは少なかった。無論、新聞や雑誌に小説・講談は掲載されており、前述したように新聞連載小説を切り抜いて冊子のように綴じていた家族もあったから、文学的関心はある程度醸成されてきていただろう。だが、それにしても『現代日本文学全集』『世界文学全集』などに盛り込まれた「名作」

小説を多くの住民が読み出すというのは、かなり唐突である。

予約全集というパッケージ化された書物のかたちが、梁川の人びとに「名作」に親しむ機会を作ったのである。それまで阿部回春堂が店頭に本を陳列していたかどうかわからないが、陳列していたとしても少数で、顧客がそれを手にとって軽く立ち読みしたうえで購入するという機会は少なかったろう。多くの書籍は顧客があらかじめ何らかの知識をもち、注文によって取り寄せていたと推測できる。ところが、『現代日本文学全集』『世界文学全集』などというパッケージ商品である円本は注文しさえすれば、いちいち個々の作品の内容を吟味する必要はなく、それまで遠い存在であった芥川龍之介や永井荷風、ディッケンズが毎月一回届けられるのであるからずっと手軽である。それはお仕着せといえばお仕着せであるが、それによって時に思わぬ楽しみを見出す。「文字の上では安定しているかに見えるテクストも、読まれるためにそのテクストを提供している印刷物の仕掛けが変わるとき、思いがけない意味作用やステータスを身におびてくる」のである。[15] 円本全集という「印刷物の仕掛け」が、それまで日本や西欧の「名作」と無縁に近かった人びとに「名作」を読むという新しい読書体験を生み出したのである。

ただ反面では、相対的に出版資本の力が上回り、住民の読書は受動化したともいえよう。出版資本が、潜在的で未定形であった読書需要を追い越し、先回りして具体的な商品として提示し、大規模宣伝によって読者を作り出したのである。

しかし、円本というパッケージ商品が、住民がこれまで知らなかった世界を提供し、住民の視野を広く拡大させたことの意義は小さくない。それは、社会問題関係書籍の販売とも重なっている。後述する『資本論』も全五冊の円本のようなかたちで売られているのであり、購買者もそのような意識であったであろう。さらに、円本ブームは古今東西の文学全集にとどまらず、『現代法学全集』『現代商業美術全集』『漫画大観』『羽仁もと子全集』などといった企画まで生まれ、それらが住民よって購読されているのである。町きっての有力者である中村佐平治は、『現代法学全集』『経済学全集』まで購読している。無論、『現代商業美術全集』を買われているのは、自分たちの商業活動のヒントを得ようとしたのであろう。円本ブームは、それまで考えられなかったほど住民の世界を広げていったのである。

三　関心の広がり――『資本論』の読者たち

円本において見られた関心の広がりは、単行本の多種多彩な読書としても表れている。複数売れる本は少ないなかで、目立つのは『資本論』、『大菩薩峠』、『富士に立つ影』など当時全国的にも話題になり、当時の社会風潮を表す書物が梁川でも読まれていることである。「雑誌配達元帳」には出版元などの記載はないが、高畠素之訳の『資本論』は一九二七年から全五巻で改造社から刊行、中里介山『大菩薩峠』は大正期から刊行された大長編小説だが、おそらく春秋社版が売れたのであろう。白井喬二の『富士に立つ影』は平凡社から全六巻で一九二八年刊行された。『大菩薩峠』『富士に立つ影』などはそれなりに娯楽性がある本だが、『資本論』はとうてい娯楽とはいえない。当時『資本論』の全国的販売部数がどれだけであったのかは不明だが、難解な書物を、人口七〇〇〇人にも満たない、この東北の小さな町で一六人もの住民が購読していたというのは驚くべきことである。しかも、このうち三人は『資本論解説』[16]を合わせて購入しており、また、『マルクス・エンゲルス集』、『社会思想全集』といった社会問題関係書を購読している者もいる。気まぐれに話題の書物を読んだのではなく、きわめて真面目に『資本論』を学習しようとしていたことがわかる。

『資本論』の読書は、梁川住民の読書のなかで決して平均的というわけではないが、この時期ならではの読書のあり方であり、またこれまで述べた雑誌や円本の読書で浮かんできた住民たちの意識の一断面を集約的に示していると思われるので、少々詳しく見てみよう。『資本論』の購読者は、大きく二つのタイプに分けることができる。一つは梁川出身の地付きの住民、もう一つは一時的な住民である。

資料の上での、両タイプの判別については、これまでも触れたが、やや詳しく述べれば、阿部回春堂の一九二八年の帳面では集金の便宜のために地区別に購読者が分けられているが、「役場警察署講習所取締支所蚕業試験所」と「各製糸場」は別項目としてたてられている。この「役場警察署講習所取締支所蚕業試験所」に七名、「各製糸場」に一名の『資本論』読者がいる。通常阿部回春堂の文書は姓名が几帳面に記載されているが、「役場警察署講習所取締支所蚕業試験所」の七名は一名をのぞき姓だけしか記されておらず、四人に「試」一人に「支所」と注記がある。また、地区別の項目に入れられている『資本論』読者の一人も姓だけで「寺」と注記されている。おそらく阿部回春堂は姓名を知らなかったのである。明治期以来梁川町で営業している阿部回春堂は町の出身者のほとんどを熟知しているはずで、姓だけしか知らないというのは、これら八名の読者は梁川の出身ではない一時的な居住者であることを推察させる。

「試」は蚕業試験場、「支所」は蚕業取締所支所の職員。「寺」はどこかの寺の学僧であろう。「各製糸場」の一人も「阿部」と注記があるので、阿部製糸場の職員である。すでに述べた通り梁川には一九一四（大正三）年に福島県原蚕種製造所が設立されたが、一九二三（大正一二）年に省令により府県原蚕種製造所規定は廃止され、梁川町の原蚕種製造所も蚕業試験場と改称となった(17)。また蚕業取締支所は、一八九七（明治三〇）年蚕種検査法に基づき福島産業検査所として設置され、その後変遷があったが、一九一二（明治四五）年蚕糸業法発布により蚕業取締所梁川支所となった(18)。

これらの機関には農業技師が勤務していたが、彼らは梁川町の出身ではなく、一定年数だけ梁川に勤務したのである。また彼らは俸給生活者であって農業・商業に従事している多くの住民とは生活様式を異にしていたし、おそらく農業関係の教育を受けており、それなりの知識人なのである。

要するに『資本論』読者の半数は、一時的住民で、俸給生活者・知識人であったのである。残りの半数は、帳面の地区別項目に姓名を記載されており、またその姓から見て梁川出身、多くは代々居住している地つき住民である。こうした二種類の読者は、先の『改造』の購読者にも表れていたが、『資本論』購読者ではより鮮明であったのである。まず、一時的居住者について見れば、地方小都市の農業技師や学僧といった社会科学とは比較的縁遠い知識人が『資本論』を読んだというのは、マルクス主義の影響が広く及んでいたことを示している。特に農業技師は、蚕業の衰退が顕著になってきている状勢だけに社会的危機感をもち、社会や経済の仕組みに関心をもったのかもしれない。

当然のことながら、彼らは『資本論』だけを読んだのではない。ところが、『資本論』読者一六人全員の購読した新聞・雑誌・書籍のタイトル点数を集計してみると、一時的住民は平均六・八点、町出身住民は一七・五点である。これは定期購読・不定期購読を区別せず、単にタイトル数だけで集計したので、ごく大ざっぱな目安であるが、明らかに一時的住民は、購読しているメディアが少ない。収入が一定の俸給生活者であるだけに、やりくりのなかで選択的に購読しているのであろう。

顕著なのは八人のうち、新聞を購読していたのは一人だけであることである。しかも、この一人も不定期購読である。おそらく彼らは勤務先で読むことにしていて、自宅では新聞を購読していないのである。ただ、蚕業試験場が定期的にとっていた新聞は、『福島民報』、『福島民友新聞』、『福島毎日新聞』といった地元新聞で、中央の新聞で定期購読していたのは経済専門紙である『中外商業新報』だけである。このほか蚕業試験場職員の親睦団体と推定される蚕業試験場クラブが『東京朝日新聞』と『東京日日新聞』を不定期に購読していた。総じて農業技師たちが新聞から入手できる情報は地元福島のニュースと経済関係ニュースに偏っていて、中央の政治・社会・文化関係のニュースは少なかったのである。

さらに雑誌・書籍で読んでいるのは、一つは蚕業関係の雑誌・書籍である。また一つは娯楽・教養関係の雑誌・書籍である。

蚕業取締所支所の渡辺は『蚕業新報』、蚕業試験場の浅沼は『植物学雑誌』『病虫害雑誌』『昆虫世界』といった雑誌を読み、西尾兼一は『蚕卵論』といった本を読んでいる。こうした読書は、職業がら当然だが、熱心な学習である。『資本論』など読んでいない住民のなかにも蚕業関係の雑誌や書籍を読んでいる者もいた。当時、蚕業不振のなかで様々な議論があったが、そのなかで福島県あるいは伊達郡の蚕業技術の立ちおくれを指摘する意見もあり、梁川の蚕業関係機関、住民も最新の情報を取り入れようとする熱意が強まったと推定できる。

しかし、これら農業技師たちは、蚕業関係の専門雑誌や書籍を読んでいるだけでなく、娯楽・教養的な雑誌・書籍も幅広く読んでいる。三人が『キング』を読んでいる。『キング』は、通常は体制に従順な価値観が基調にあると説かれている。だが、実際には『資本論』と『キング』は同じ読者によって読まれていたのである。

また、『婦女界』を三人、『主婦之友』を二人が購読している。いずれも不定期購読である。『婦女界』は都河龍の編集する婦人雑誌で、この時期は石川武美の『主婦之友』に押され気味であったのだが、梁川では前述のように全体的に『主婦之友』より『婦女界』のほうが売れていた。これらは主婦向け雑誌であるから、彼らの家庭の主婦のために購読したのであろうが、これらの家庭では新聞をとっていなかったので、主婦は新聞を読まずに婦人雑誌を読んでいたことになる。

書籍では、折から大ブームになっていた円本を購読している。三人が円本ブームのきっかけをつくった改造社の

『現代日本文学全集』を購読し、『世界文学全集』を不定期に購入した者が二人いる。ただ、全員が円本以外に小説類の単行本は買っていないので、日頃小説を読むという習慣はなかったと推測される。一冊のなかに〝名作・代表作〟をパッケージした円本という書物の形式が、農業技術者にも文学に親しむ機会を用意したのである。

この他、単行本としては、先にも触れた『資本論解説』を購読した三人、『現代法学全集』を二人、『マルクス・エンゲルス集』を一人が購読している。難しい書物を読んでいるのである。

こうした読書傾向で特徴的なのは、時事的問題、現に進行している政治問題・社会問題への関心がうかがえないことである。自宅で新聞を購読していなかったことも、その表れの一つである。勤務先で新聞を読んでいたにしても、地元紙や経済専門紙に偏っていた。また、『改造』『中央公論』といった時事的な政治・社会問題を扱う雑誌はほとんど読んでいない。

彼らの『資本論』読書は、決して気まぐれや目先の流行に飛びついたというのではなく真面目なものであった。蚕業試験場だけで四人も読んでいたのであるから、学習会などが組織されていたかもしれない。しかし、その関心は、政治・社会問題との結びつきは弱かったのである。目の前の政治・社会問題について鋭い関心から出発して『資本論』の読者に向かったのではない。無論、学問的関心から読んだのでもない。

先にも触れたように日本の蚕業全体が不振に陥っていく当時の情勢に対し彼らも漠然とにせよ強い危機感をもっていたと考えられる。しかし、その危機感は、眼前の政治・社会問題を素通りして、経済の基本的仕組みを理解しようとして『資本論』に向かったのである。逆にいえば彼らの『資本論』読書は、現実社会の認識への回路をもたない読みになっていたと考えられる。

また、一時的住民の社会的影響力はきわめて限られていた。国・県・町レベルの政治は蚕種製造業者を中心とする町の名望家によって運営されており、一時的住民の介入する余地はほとんどなかった。無論、蚕業技術に関する彼らの発言はそれなりに尊重されていたが、それ以外の問題では発言力はほとんどなかったのである。地付き住民である残りの半分の『資本論』読者とは、同じ本を読んでいても交流はあまりなかったであろう。

一時居住者のまじめな『資本論』読書は、彼らの意識のなかでも、また梁川の社会のなかでも周囲との連環をもたない一種の「飛び地」の読書であった。

四 『資本論』を読む住民

地付き住民の『資本論』読者は、八人である。ただそのうち真生舎として記載されているが、これは柳沼惣太郎の経営する牛乳屋である。ただ、別途柳沼も記載されており、真生舎の購読と柳沼個人の購読とがどのような関係にあったのかはわからない。また、柳沼惣太郎の履歴などはわからない。

残りの六人、中木直右衛門、加藤宗平、大友文樹、川上忠吉、信夫広三郎、石井孝平については、ある程度の経歴が分かるので、簡単に紹介する。まず、中木直右衛門。中木直右衛門家は梁川町きって資産家で、代々直右衛門を襲名することになっている。先代は梁川製糸株式会社初代社長、県会議員、梁川郵便局長などを務めた町の経済・政治の中心的担い手であった。同時に文化人としてもしられ、早い時期から雑誌や書籍を購入し、『平民新聞』や『白樺』を購読するなど初期社会主義などに関心を寄せていたことはすでに触れた。

この時期の中木直右衛門は第五代、襲名前の名は幹雄。代々蔵書家であったが、第五代直右衛門も「読書三昧、東西の名著を読破。しかも物知り顔をせず、書庫にあって内面哲理を探るに汲々たり」と評された(19)。

一九二八年の「新聞配達元帳」「雑誌配達元帳」によれば、中木直右衛門は、『東京朝日新聞』『東京日日新聞』『福島民報』の三紙を定期購読し、『福島毎日新聞』を不定期にとっていた。通年で購読した雑誌はないが、『講談倶楽部』『少年倶楽部』『幼年倶楽部』『少年世界』『少女之友』『改造』『富士』『アサヒグラフ』を随時購読していた。『少年倶楽部』『幼年倶楽部』『少年世界』『少女之友』は主に家族のためであったろう。書籍は、『資本論』『お鯉物語』『菊池寛集』『漫画大観』『ムッソリーニ伝』『壮快なるスキー術』『三年の優等生』『旅行案内』『二科院展』『帝展号』『田園の英雄』『名画展号』、教科書、当用日記など数多く購読している。円本では、『明治大正文学全集』を定期購読したほか、『日本児童文庫』『現代大衆文学全集』『現代日本文学全集』『小学生全集』『世界大衆文学』『世界大衆文学全集』『朝日常識講座』七種類の円本を数冊ずつ買っている。

中木直右衛門はもともと有数の読書家であり、経済的にも豊かであったから、これだけ多種多彩な購読を行いえたことは間違いない。特に『改造』や『資本論』を読んでいることからは、左翼思想に関心をもっていたことがうかがえる。実際、南会津郡伊南村の出身で一九二〇年代半ば政治研究会福島支部の活動家であった渡部義通によれば、一九二五年秋、政治研究会が梁川で宣伝演説会を開いた後に、中木直右衛門から「立場上、あなたの運動に参加することはしないけれども、わたしにできるかたちで協力したい」と、財政援助の申し出があったという。一九二八年、いわゆる三・一五事件で渡部が検挙された際、中木直右衛門は渡部との密接な関係から検事局に召還されたが、その後も刑務所の渡部に公然と手紙を寄せ、ひんぱんに本の差入れなどをしたとされる。[20]

梁川あるいは伊達郡有数の資産家でありながら、秘かに共産党に金品を援助していた中木直右衛門がどのような思想をもっていたのかを示す資料はない。しかし、一方で、中木は「思想的には日本主義、西郷隆盛を崇拝」していたとの評もある。[21]また『ムッソリーニ伝』を読んでいたことなどからすると、現在の社会・経済あるいは自分自身の矛盾を漠然と感じながら、その打開策をどこに見出すのか暗中模索していたのではなかろうか。

しかし、中木直右衛門は、「立場上」運動に参加できないと自制していた。それは、中木家という代々続く家業（関東屋）への責任感、梁川という地域社会への責任感を強く意識していたからであろう。中木家は、明治期以来梁川町の基盤を整えるのに尽力してきたが、五代直右衛門も私財を投じて中央幼稚園の建設に進めたという。(22)

中木直右衛門は、自らの社会的あり方に疑問をもち、自問していたのであろう。それが、『資本論』の読書となり、左翼運動への心情的共感となった。だが、他方で彼は、あくまで梁川の地域社会に生き、地域社会や自己の家業を守っていく責任も強く意識していた。彼の多彩な読書は、行動につながることはなかった。

加藤宗平は、明治期以来長い間町長であった田口留兵衛の養嗣子で、梁川の憲政会・民政党の有力者であった。一九二九（昭和四）年の県会議員選挙で県会議員に当選し、一九三四（昭和九）年からは町長を務めた梁川政界の有力者である。

彼は、『東京朝日新聞』を定期購読し、『東京日日新聞』も不定期に読んでいる。いずれも不定期だが、『文藝春秋』『経済往来』『インタナショナル』『自由評論』といった雑誌を読み、『公民講座』『禅の生活』『エンサイクロペディア』という単行本、『小学生全集』という円本を購読している。『インタナショナル』というのが雑誌なのか書籍なのかも、その内容もわからないが、これ以外は社会運動への関心をうかがわせるものは読んでいない。彼は町の指導者としての自覚から、当時の社会思潮の動向を知っておく必要を感じ、『資本論』を買ってみたのかもしれない。

大友文樹は、梁川町の出身のユニークな知識人・教師で今でも年配の町民から懐かしく思い出されている。大友は一八九九（明治三二）年生まれ、当時二九歳。仙台商業学校で学び、在学中に作詩活動に入ったようだが、台湾銀行東京支店に就職。しかし、病気のため退職し、五十沢小学校代用教員を経て一九二三年から梁川小学校教員となった。

教師としては近隣の小学校教師とともに「綴り方教育」に熱心に取り組み、昭和期になってからだが、文集「くわご」「川岸」を発行した。同時に自らも自由詩を志し、『波光る』『北方詩人』などの詩雑誌に参加、東京の『日本詩人』『詩神』にも投稿している(23)。

戦争中、反戦思想をもっている嫌疑で警察の取り調べを受けたという話も伝えられている。戦後は、東邦銀行に勤務し、隣町の保原支店長などを務めた(24)。

大友文樹は、新聞は『福島民報』を不定期にとっているだけだが、小学校に出勤すれば『東京日日新聞』『国民新聞』『福島民報』が毎日読めたはずだし、雑誌では『詩神』を定期購読し、『文藝春秋』『改造』『キング』『経済往来』を時々買い、書籍では『低学年教育』『教材王国』といった教育用書籍のほか、『資本論』『大菩薩峠』『葉山嘉樹集』などを買っていた。円本では『近代戯曲全集』を定期的に購読し、『明治大正文学全集』を数冊買っていた。年末には『当用日記』も買っていたから日記をつけていたのであろう。

彼は、強い文学志向をもっていたのだが、社会や思想の新しい動向にも敏感であった。その一環として『資本論』を読んだのであろう。梁川の若い世代の文化活動の中心で、梁川の文学や教育に新しい風を吹かせようともしていた。その点では、『資本論』やプロレタリア文学の読書は、間接的にせよ実践に発揮されていたのである。しかし、決して急進的なものではなく、「本業の教員、銀行員であることと地元であるがための様々な制約や、地方作家の悩みや焦燥のはざまでの文学活動であった」という『梁川町史』の評価はあたっていよう(25)。

川上忠吉は、大正中期に武石長太郎、清水清助らと自由律俳句会「公孫樹会」を起こした人物である。さらに一九二八年に『伊達新報』を発刊し、三浦英太郎が一九二七年に創刊した『太陽新聞』にも寄稿するなど、この時期、若い世代の運動の中心人物の一人である。『伊達新報』第二号に伊達新報社として記載の電話番号は、一九三〇（昭和五）

年『福島県下特設電話番号簿』（仙台逓信局発行）に「川上イネ　貸座敷業」と記載のある番号と同一であるので、川上家は貸座敷業を営んでいたことがわかる。イネは忠吉の母親であろうか。

川上忠吉は、『東京日日新聞』を不定期に読み、『キング』『実業之世界』『婦人倶楽部』『少年倶楽部』『少女倶楽部』といった雑誌を取り替えながらとっている。さらに『資本論』『大菩薩峠』『日本随筆大成』『一話一言』などの単行本を買い、『世界文学全集』、『現代大衆文学全集』、『世界大衆文学全集』、『講談全集』といった円本を何冊ずつか買っていた。彼の場合は、新聞、雑誌、円本などで定期的に購読していたものはないが、その関心は多方向に広がっている。

川上忠吉らは後述するが、「公孫樹会」という同輩者サークルを作り、それまでの梁川の名望家秩序とは異なった運動を起こしていた。ただ、それは名望家秩序と対立的であったのではなく、選挙運動などでは名望家の実働部隊という性格をもちながら、同時にそれとは違う自己主張をもとうとしていたのである。若い世代の自己主張にとって中央の最新社会思潮について知識をもっていることは有効で、彼の読書はそのための仕込みという感を受ける。

信夫広三郎は、一八九六（明治二九）年生まれで、一九二八年には三二歳であったことになる。呉服太物商である信夫吉助の六男、梁川にあった私立学校伊達学館を卒業した後、同級生の加藤宗平らが上京進学したのに刺激され、上京を希望したが兄に反対され、無断で上京し加藤宗平の下宿に止宿した。日本大学夜学部に半年ほど通学したところで兄の訃報を受け梁川に戻り、信夫屋四代目を嗣いだという(26)。

恐らく信夫広三郎は、故郷に帰ってからも勉学の志望が強く、在京中に接したマルクス主義に関心を持ち続けていたのである。彼は、『資本論』だけでなく、『マルクス主義経済』『マルクス主義講座』『財界研究』を読み、雑誌『エコノミスト』も読んでいた。『資本論』を読むことは、不本意に諦めざるをえなかった学習を故郷で挽回しようとしたのであろう。

しかし、それらとは異質な雑誌『商店界』もとっていた。彼もやはり梁川の社会に生きているのであり、自分の家業を最新の知識で改善しようと『商店界』を読んだのであろう。信夫も左翼的な本を読んだが、そうした運動に関係したことはなく、その後は商工会の役員などを勤めた。

石井孝平は梁川の呉服商の家に一九〇二（明治三五）年に生まれた。当時二六歳であったことになる。三歳のとき父を亡くし、小学校を出ると高等科に進学せず、直ちに地元の第百壱銀行に給仕として入った。けなげな働きぶりが認められ、一九二〇（大正九）年に書記に昇格、以後一九二九年同行が破産休業するまで、勤勉実直な銀行員として勤務した。第百壱銀行の経営危機は一九二八年には歴然としていたのだが、まさにその時期に彼は『資本論』を読み始めたのである。小学校卒業して以来営々と務めてきた銀行の破綻という足下の地盤が崩れるような事態に深刻な社会矛盾を感じたのであろう。しかし、小学校だけの教育では『資本論』はかなり難解な書物であったと考えられる。

その後、不動産と株式売買の仕事に従事し、さらに梁川商業組合の書記長についた。戦後は、梁川町の収入役を長く務め、町民から信頼されたという。(27)『キング』の実話にでも出てきそうな人生である。しかし、彼は『キング』は読まなかった。

石井は、新聞は『国民新聞』を時々読み、雑誌『幼年倶楽部』をとっていた。小さな子供がいたのであろうか。書籍では、『現代日本文学全集』、『朝日常識講座』という円本をバラで買い、単行本としては『資本論』、『我等の主張』、『無憂華』、『漢文叢書』、『選挙大観』、『商況記事の見方』、『肉弾』、『哲学概論』、『将軍の木』、『啄木全集』、『うるさき人々』、『湖畔吟』、『朝日日記』、『国語』と実に様々な本を読んでいるのである。

彼は刻苦勉励型の人物で、独学によって様々な知識を身につけようとしているのである。この年にはとっていないが、一九二〇年の「雑誌配達元帳」によれば雑誌『英語世界』『中等英語』『ABC』を購読している。ちょうど彼が銀行書記に昇格する時期であり、そのステップのために英語を学習しようとしていたのであろう。

『資本論』の読書も、こうした向学心の一環であることは明らかである。ただ貧乏と様々な煩悶をうたった石川啄木の全集を読んでいることからすると、勉学と出世を無邪気に信じていたのではなく、心中には葛藤を抱えて生きていたと推察できる。

このような地付き住民の『資本論』読者は、それぞれ個性的であるが、いずれも梁川の社会の逸脱者・周辺者ではない。むしろ、町の中心である。

あえていえば、信夫や石井のように中途で終わった学習を挽回しようとする向学心に発しているタイプ、大友、川上あるいは中木のように町から育った知識人として中央の社会動向・文化動向に強い関心をもち、それをなんらかのかたちで梁川の町に生かしていこうとするタイプとがあった。経済的に比較的恵まれていたせいか、体系的とまではいえないが、『改造』、プロレタリア文学や『大菩薩峠』といった社会問題と隣接分野の雑誌・書籍も読んでおり、農業技師たちより連環性をもった読書である。

いずれにせよ、町の中心に位置する住民たちが、難解な『資本論』を読もうとした背後には、後の章で述べるが、蚕業の不振が次第に深刻化していく不安感・危機感が存在していたことは間違いない。これまで梁川の町は、霜害や水害など何度も大きな危機を体験してきたが、そのたびに町民の地道な努力によって克服され、梁川の社会・経済は維持されてきたのである。ところが、一九二〇年代の危機は、日本の蚕業・生糸産業全体が陥った危機であり、それに連動して金融恐慌が襲ってきた。

梁川の人々が長年培ってきた社会の基盤は大きく揺らいでいたのである。それは、日本経済全体さらには世界経済の構造から起きている大震動であり、もはや住民の努力によっては如何ともしがたい問題であることはうすうす感じられていた。多くの住民には、なぜこんなことになってきているのかという大きな疑問が大きくのしかかっていたのである。その答えを探そうとする手探りが、『資本論』などの読書を促すことになったと考えられる。

しかし、そうした読書は、必ずしも梁川の町の社会や家族制度などを批判的に見るということとは結びついていなかった。『資本論』や『改造』の読者が町の仕組みに対して批判的な態度をとった例はない。自らが育った環境、社会の仕組みに矛盾を感じ、実際運動に入った事例としてあるのが、梁川の隣村である粟野村出身の池田（渋谷）黎子である。池田（渋谷）黎子は伊達郡きっての資産家池田一族である六代目池田安右衛門の家の四女として一九〇九（明治四二）年に生まれた。阿部回春堂の文書からは読書傾向はわからないが、彼女は梁川実科高等女学校時代から『改造』『資本論』『婦人論』など多くの左翼文献を読んでいたという。一九二七年に福島で農民運動家渋谷定輔の講演を聴き感動し、自ら家を出て左翼運動・婦人運動に参加していった(28)。しかし、警察の激しい暴行によって受けた傷と過労のため一九三四年、二五歳の若さで死去した。

池田黎子は裕福な家に生まれたことが自責の意識を強め、左翼的な雑誌・書籍の読書に進み、そこからより批判的な思想を育て、それを実践することに文字通り命を捧げたのである。彼女にとっては家業や地域社会は重い桎梏で、外の世界に活動の自由を求めて出ていったのだが、無論外の世界も決して自由ではなかった。しかし、彼女のような女性が梁川の近隣から出てきたということも、この時期の梁川の雰囲気が示している。

五　小学校教員の読書

『資本論』を読んだ人々はそれぞれ個性的であり、この時期の梁川住民の一断面を示しているのだが、別の一面を知るために学校教師の読書がどのようなものであったのかを見てみることにする。

梁川には、梁川尋常高等小学校と梁川実科高等女学校の二つの学校があり、一九二八年の時点で勤めていた合わせて二三人の教師の氏名がわかる。(29) 一九三二（昭和七）年の「梁川町郷土誌」によれば梁川実科高等女学校校長は小学校長の兼任で、専任教諭一名、専任助教諭二名。他は小学校訓導および嘱託三名とある。一九二八年も同様の体制であったとすれば、二〇名が小学校教員、三名が実科女学校教員であったとことになるが、氏名では区別できないので一括して取り扱う。

二三人のうち、同年の「新聞配達元帳」「雑誌配達元帳」に氏名の記載があるのは一九人で、四人は記載がない。四人のうち一人が男性、三人が女性である。新聞雑誌を読んでいなかったのか、隣接町村に住んでいたのかは不明である。記載のある者のなかには大友文治は『資本論』の読者としてすでに紹介したが、ここでも員数に含めておくこととする。

一九名のうち新聞を購読しているのは、六名だけである。しかも、定期購読しているのは、校長の藤田誠寿と霜山音次がそれぞれ『国民新聞』と『東京朝日新聞』をとっているだけで、他の四名は『福島民報』を不定期に読んでいる。おそらく小学校、実科女学校で新聞を定期購読しているので、教員たちは自宅での新聞代を節約していたのであって、新聞を読んでいなかったわけではない。なお、小学校で定期購読していたのは『東京日日新聞』と『福島民報』、実科女学校では『東京朝日新聞』を定期購読していた。また梁川小学校クラブが『国民新聞』を不定期にとっていた。

新聞、雑誌、円本、書籍の四つのメディアすべてを購読している者は三人いて、三つのメディアを購読している者が六人、このうち四人は新聞をとっていないのだが、前述のように学校で読んでいるので、実質的には四つのメディアと接していた。二つのメディアを購読している者が四人。全体として、教員は町の最上層の名望家には及ばないものの、一般の住民より多くのメディアに接しているといえる。

読んでいる雑誌を見ると、多くが『キング』や『婦女界』『主婦之友』といった婦人雑誌、それと『コドモノクニ』といった子供向き雑誌を読んでいる。八人も子供向きの雑誌をとっているのだが、教材のヒントを得るためであったのではないだろうか。一方、総合雑誌を読んでいたのは、前述の大友文治が『改造』と『経済往来』、渡部ケイが『経済往来』の二人だけである。社会問題などへの関心はあまりうかがえない。

書籍の購読でも同様な傾向である。一六人が何らかの書籍を購入しているのだが、社会問題の書籍を読んでいたのは大友文治だけである。あとは校長の藤田誠寿が『西洋哲学物語』を購読しているぐらいだが、これも教材にするつもりだったのかもしれない。大友、藤田を含め全員の一六名が買っていたのは教材用の書籍である。教育に真面目に取り組んでいるといえるし、反面読書の範囲は狭いともいえる。

円本は九人がとっているのだが、三人が『小学生全集』というのをとっている。これも教材用だったのだろう。他は『現代日本文学全集』『世界文学全集』といった文学系の円本である。ここでも大友が『近代劇集』を買っているのが目につく。

やはり教員のなかでも大友文治は特異な読書傾向である。ほとんどの教員は、一方で教材用の書籍を買い、また教育に役立つ雑誌を買っていた。また一方で娯楽の雑誌や教養的円本を買っている。教育熱心さと娯楽・教養を両立させた読書なのである。ただ、時事的問題・社会問題に関心を向けることはなかった。これは、ある意味でまじめで、平凡な地方教師の姿であったのであろう。

六 ま と め

以上述べてきた通り雑誌や書籍を購読したのは、基本的には梁川の社会の上流階層であるのだが、そこではそれまで考えられなかった多種多様な読書が形成されてきている。梁川の上層の多くは蚕種製造販売に従事し、早くから東京の新聞を定期購読するなど地方市場・全国市場・海外市場の動向に大きな関心をもっていたが、主に経済的関係によって外の世界とつながっていたのである。そこに、婦人雑誌、子供雑誌さらに円本や書籍が読まれるようになり、外の文化との回路は多様化した。これらを読むようになった住民の世界は大きく広がっていったのである。

また、世帯単位購読の新聞と違って雑誌や書籍は多く個人単位で読まれた。個々の住民がある程度自分の興味や関心で読書を進め、個の意識を一層強めたのである。しかし、それは町の上層だけの現象であり、最も普及率の高い新聞さえも読まない下層は相変わらず自らの直接体験する日常世界に生きていた。

上流階層における芥川龍之介、「家なき児」から『資本論』にまで至る読書の拡大、しかも個々人が自分の関心で読書する個人化の傾向と新聞も読まない層との間には大きな分化が生じてきていたのである。前章で述べた縦軸での上下格差の拡大だけでなく、関心の広がりという横軸では関心の拡散が広がっていった。上層において外の世界への広い関心と知識、下層における狭い関心と知識ということからすれば、上辺の大きな逆ピラミッドのかたちである。一方での垂直的格差の拡大、他方での逆ピラミッド型の関心拡散が、一九三〇年代の梁川社会で進行していたのである。

注

（1）『キング』の読者についての優れた研究は、永嶺重敏『雑誌と読者の近代』（日本エディタースクール出版部、一九九七年）である。また、筒井清忠『日本型「教養」の運命』（岩波書店、一九九五年）、佐藤卓己『『キング』の時代』（二〇〇二年　岩波書店）も参照。

（2）雑誌の分類はなかなか難しい問題であるのでが、『出版年鑑』の分類などを参考にしながら分類を作成した。橋本求『日本出版販売史』（講談社、一九六四年）三八六頁。同書二六三頁は別な分類を示している。

（3）講談社社史編纂委員会『講談社の歩んだ五〇年（明治・大正編）』（講談社、一九五九年）六五〇頁。

（4）永嶺も『キング』の特色は「単なる一般庶民の読物としての大衆雑誌ではなく、あらゆる読者階層を網羅する国民的規模での大衆雑誌であった」という階層網羅性を指摘している。

（5）永嶺前掲書でも、『キング』が帝大生など「知的エリート」にも読まれていることの指摘があるし、筒井も同様の指摘を行っている。

（6）前掲永嶺重敏『雑誌と読者の近代』一八三頁。内務省警保局調査は、『新聞雑誌社特秘調査』（大正出版社、一九七九年）による。

（7）前掲永嶺重敏『雑誌と読者の近代』一八一頁。

（8）『福島民報』一九二八年三月二日朝刊。

（9）この時期のユニークな書籍である円本をどのように数えるのかは難しいが、ここでは一つの円本全集を一冊と数えた。一巻ずつのべ冊数を数えれば、もっと多くなる。

（10）円本ブームが円本広告ブームであり、それを陰で演出したのが、博報堂や電通といった広告代理業であったことは、拙著『近代日本の新聞広告と経営』四四二頁以下参照。

（11）各年度『新聞総攬』による。

（12）『福島民報百年史』一六四頁。

（13）『福島民報』三月九日、一一日。

（14）鈴木敏夫『新訂出版　好不況下興亡の一世紀』（出版ニュース社、一九七〇年）二〇三頁。
（15）R・シャルチエ（福井憲彦訳）『読書の文化史　テクスト・書物・読解』（新曜社、一九九二年）三頁。
（16）高畠素之訳のカール・カウツキー『資本論解説』（改造社）であろう。
（17）『梁川町史』第八巻六一三頁。
（18）「梁川町郷土史」『梁川町史資料集第二九集』（梁川町史編纂委員会、一九九〇年）一九一頁。
（19）伊達郡人像刊行会編『現代に生きる伊達郡人像　第一集梁川編』（伊達文化通信社、一九七〇年）一四八頁。
（20）渡部義通述／ヒアリング・グループ編『思想と学問の自伝』（平凡社、一九七四年）。
（21）前掲『現代に生きる　伊達郡人像』一四八頁。
（22）前掲『現代に生きる　伊達郡人像』一四八頁。
（23）大友文樹については、『梁川町史』第三巻三七六頁、四七〇頁。
（24）『梁川町史』第一〇巻五二〇頁。
（25）『梁川町史』第一〇巻五一八頁。
（26）前掲『現代に生きる　伊達郡人像』六八頁。
（27）前掲『現代に生きる伊達郡人像』一四頁。
（28）渋谷（池田）黎子については、菅野康男「渋谷黎子を支えたもの」『郷土やながわ』第一三号（伊達郡梁川町郷土史研究会、二〇〇四年）、渋谷黎子『この風の音を聞かないか　愛と闘いの記録』（家の光協会、一九七八年）、渋谷定輔『農民哀史　野の魂と行動の記録』（勁草書房、一九七〇年）。
（29）『伊達公論』一九二八年一月一日号（第三四号）に一二三人の氏名を並べた元旦挨拶の広告が掲載されている。

第三部　メディア変動と地域社会

第一章　メディアの遠心化と求心化

一　選挙権拡大と地域社会

第二部第二章、第三章で一九二〇年代における新聞・雑誌・書籍の購読について見てきた。そこで明らかにしたように新聞の横ばい、雑誌・書籍の増加が生じ、しかも雑誌・書籍を購読したのはもともとの新聞購読者であったから、情報は平準化したのではなく、逆に格差拡大を招いた。複数のメディアを享受するようになった上流階層では、成員それぞれが自分の読書と自分の世界をもつようになり、読書階層の関心は様々な領域にひろがっていったのである。それに火を付けたのが出版資本の販売促進活動である。

このような格差拡大、個人化、関心の拡大などは、梁川の社会にどのような変化を引き起こしたであろうか。一般的には、これらは梁川社会の共同性を弛緩させ、遠心化させる方向に働くと考えることができる。それを測定することは非常に難しいが、本章では地方・国政レベルでの選挙、一部青年よる雑誌発刊、第二回蚕業品評会を取り上げて考察することにしたい。

梁川の選挙人の増加は、同じく第二部第二章でも述べたので繰り返しとなるが、選挙の動向を考えるうえで必要なので略述する。一九一七（大正六）年の衆議院議員選挙人は九九人であった。(1) これが、一九一九（大正八）年五月の衆議院議員選挙法改正によって選挙人の納税資格は直接国税一〇円から三円以上に引き下げられ、選挙人数は大幅に増加した。一九二五（大正一四）年一月の選挙人は二四九人と、約二・五倍の増加である。また、一九二一（大正一〇）年の町村制改正によって選挙人資格から国税条件が撤廃され、二年以上町村税を納めていればよいことになった。梁川では有権者数が二四一人から八四二人に大幅増加した。さらに一九二五（大正一四）年に衆議院議員選挙法改正（普通選挙）が実施された。一九二七（昭和二）年二月に普通選挙法による最初の県議会選挙があったが、梁川の選挙人はその時点で一二四四人となった。六倍以上の増加である。

こうした選挙権拡大が新聞購読横ばい状態のなかで進んだのである。一九二五年時点の選挙人が二四九人ということは、一九二六（大正一五）年の新聞購読者は六〇四人、定期購読者は一八四人であるから、計算上選挙人の約七三％しか新聞を定期購読していなかったことになる。不定期をふくめた新聞購読者全体は選挙人数を上回っているので、これも計算上ではあるが、ほとんどの選挙人は何らかのかたちで新聞に接していたはずだが、それにしても国政レベルの選挙人でさえ新聞を定期的に読んでいない者が相当いたのである。

地方レベルになると、一九二一年の選挙人は八四二人だが、同年の新聞購読者は五一六人、定期購読者は一八二人であるから、選挙人の約三九％は新聞に接していないのである。

そして一九二七年における梁川の選挙人は一二四四人、一九二八（昭和三）年二月時点の新聞購読者は四九二人で選挙人の約三九・五％しか新聞を購読していなかったことになる。定期購読者は二二七人で、選挙人の約一八％にすぎない。

すでに述べたように明治末期に新聞普及が進んだ結果、新聞購読者数が有権者数を上回る事態となり、新聞を読んでいながら、政治的発言権をもたない階層が出現したのだが、一九二〇年代に選挙権が拡大するにつれ、今度は政治的平準化のほうが新聞普及に先行する結果となり、時事的ニュースを伝える新聞を読まない選挙人が大量に出現したのである。

こうした変動がこれまでの名望家層によって進められてきた梁川の政治を変える可能性をはらんでいたことはいうまでもない。また、ちょうど梁川の町の政治の担い手たちの世代交代の時期にもあたっていた。一九二一年一〇月三日、一八八九（明治二二）年七月から三二年間にわたって町長を務めてきた田口留兵衛が満期辞職し[5]、一〇月一八日に梁川小学校講堂において長年の功績を称える表彰式が開催された。同時に前町会議員の表彰も行われ、中木孝平（三二年）、脇屋彦太郎（二九年）、大竹権右衛門（二四年）、八巻味右衛門（二三年）、大竹安太郎（一二年）、大竹権太郎（四年）が表彰された[6]。

一九二二（大正一一）年四月四日、新たに第二代町長に就任したのは、富田三津義である。富田は一九一四（大正三）年に設立された福島原蚕種製造所の初代場長で、梁川の蚕種製造において指導的役割を果たしてきたが、梁川の出身ではなく、その点では異色の町長である。詳しい事情は不明だが、名望家層の間で適任者がいなかったか、意見が割れたための妥協の産物であったかもしれない。ただ結果的に富田は一九二九（昭和四）年まで町長を務めることになった。

こうした状況において実際の選挙がどのように行われたのであろうか。一九二四年の第一五回衆議院議員総選挙、普通選挙による一九二七年県会議員選挙、一九二八年の第一六回衆議院議員総選挙の三つの選挙をみることとする。最初に断る必要があるのは、梁川での選挙の実情は資料が乏しく、新聞報道に頼らざるをえないが、梁川はもともと政治より経済中心の町で、政党との関係も比較的薄かったため、梁川についての選挙報道は少なく、選挙戦の実情が分かりにくいのである。ただ、一九二〇年代半ば頃から梁川の選挙動向に関する報道が比較的増えている。それ自体が、選挙戦の変化を示していると推測できる。

一般的に梁川の名望家層は憲政会・民政党支持の傾向であったといわれる。一九二〇（大正九）年前半期の選挙での町村別投票を示す資料が見出せず、裏づけを十分とれないが、梁川町関係者はそのように説明し、また他の資料ともほぼ符合する。憲政会・民政党の有力者である鈴木周三郎が幹部を務める福島商業銀行などが梁川の蚕業と密接な関係にあったことが、名望家の憲政会支持の要因であったと推定される。

地元新聞の購読傾向を見ると、一九二一年の「新聞配達元帳」では政友会系の『福島民報』一九七人に対し憲政会系の『福島民友新聞』は二六人と七分の一以下である。『福島民友新聞』は通年購読者が一四人と割合が高いのだが、そのうち八人は法人で、立場上『福島民報』と『福島民友新聞』の両方を定期購読していただけで、実際の定期購読者は少ない。憲政会支持の名望家も新聞購読まで一貫させるほど強いものではなかったのである。選挙権拡大までの選挙では、町の経済・政治の中心にいる名望家が談合で選挙方針を決め、一〇〇名足らずの選挙人に工作することで大きな波風は立たずにすんでいたと見られる。

しかし、選挙人の増加は選挙の様相を変えることになった。一九二四年五月一〇日の第一五回総選挙は前述のように一九一九年の納税資格引き下げによって選挙人が大きく増加した選挙であり、また政友会、憲政会、革新倶楽部のいわゆる護憲三派が連合して清浦内閣と対峙した選挙でもある。政党間の対立は比較的穏やかであったはずだが、梁川ではかなり複雑な動きが生じた。政友会の活動が活発化し、党派的対抗が顕在化したのである。

一九二四年一月段階から憲政会系の『福島民友新聞』は、伊達郡の政友会分裂を報じている。富田勘之丞、堀切善兵衛、菅野善右衛門の三派が活動し候補者調整が困難であるというのである(7)。富田勘之丞は伏黒村の出身で福島県蚕種同業組合長など県内蚕業関係団体の要職を務めるなど梁川の蚕種家とも密接な関係をもっていた。堀切善兵衛は飯坂町の出身で前回総選挙で政友会から当選、菅野も県会議員でそれぞれ伊達郡に地盤をもつ政治家である。

その後『福島民友新聞』の報道によれば、伊達郡幹部の候補者銓衡会で堀切の反対を押し切って候補者を二名とする決定がなされたという(8)。定員二人の選挙区で憲政会から一名立候補が予想されているところに、政友会から堀切と菅野の二人の擁立となったのであるから、混乱が起きていることは明らかである。梁川もこれに巻き込まれたこと間違いない。

『福島民報』によれば、四月四日、政友会の梁川方部および七ヵ村による伊達郡北部有志による予選会が五〇余名を集めて梁川の料亭萬よしで開かれ、座長富田勘之丞のもと堀切善兵衛の推薦を決定した(9)。以後、堀切は藤田、桑折など伊達郡各地で政見発表会を開催し、その要旨が『福島民報』に掲載されている。梁川での政見発表会は、四月一一日に開催され、来場者千余名にのぼったという。最初に清水清助が開会の挨拶を述べ、福島民報社主筆大内一郎、前県議富田勘之丞の演説と続き、富田は「蚕糸業に理解なき特権階級内閣の存在は我々蚕糸業の発展を阻害」と蚕糸業者の利益擁護を主唱している。

その後も堀切善兵衛応援の活動は活発に展開された。梁川はじめ近在六ヵ村で青年たちが堀切後援会を組織する動きを見せ(10)、保原町でも蚕糸同業組合や少壮組有力者が後援会結成を進めた(11)。四月二八日には、梁川の新田屋で梁川青年同志堀切応援時局懇談会が開催され、五二名の青年が集会した。席上、宮本知が最初の挨拶をなしたのち、宍戸嘉平を座長に堀切応援、理想選挙を決議するなど活発な活動を行った(12)。

『福島民報』五月二日は、達北一帯の政友派は前県議富田勘之丞、県議日下金兵衛等を中心に梁川の広瀬座を拠点に猛烈に運動中で、梁川本部の選挙委員として「委員長大竹宗兵衛、副委員長岡崎嘉一郎、会計池田長治郎、事務主任三浦英太郎、委員浅野徳右衛門外五十余名」と報じている。この選挙委員会とは別に堀切応援青年会梁川支部も広瀬座内に置かれ、会則等も定めていた。

このようにこの時の選挙では、梁川の政友会支持者がこれまでになく活発に活動した。特に堀切善兵衛を応援したのだが、同じ政友会の菅野善兵衛らの巻き返しも激しく、梁川、掛田の青年が「大奮闘」との記事もあるので[13]、町内の政友派は堀切支持で一本化していたわけではなく、錯綜していたようである。

堀切派の中心は、大竹宗兵衛、浅野徳右衛門らの有力者と清水清助、宍戸嘉平、宮本知らの青年たちである。町の有力者のなかから政友会支持者が現れた背景はよくわからないが、ともかく憲政会支持の一枚岩ではなくなったのである。

選挙戦の実働部隊、演説会などの集会で弁士として活躍しているのが、青年たちである。梁川青年同志堀切応援時局懇談会という組織まで結成されている。ここに名前が出てくるのは、いずれもこの時期の梁川において様々な方面で活動が目立つ若者たちである。宮本知は先に述べた国勢調査員としても名前が出てくる人物で、一八八七（明治二〇）年生まれの当時三七歳。有力蚕種家で町会議員などを務めた宮本利七の三男で分家して蚕種業を営んでいた[14]。清水清助は、第二部第三章で述べた一九二〇年に下山要七、橘初吉、武石長太郎、川上忠吉らが結成した自由律俳句会公孫樹会のメンバーであった。一八九七（明治三〇）年生まれ、当時二七歳。ご子息の清水昌夫氏によれば、清水家は自作農であったが、清助氏は小作人のためにいろいろ活動していたという。

こうした政友会側の運動に対し、憲政会支持者も活発に活動していた。伊達郡北部政友派が梁川で予選会を開いた翌々日の四月六日、伊達郡憲政会も予選会を開き、紺野九右衛門の推薦を決めた[15]。信夫郡も紺野の推薦を決めたので憲政会は一本化していたことになる。四月一六日、梁川の紺野派数十名が料亭新豆楼に集会し運動方法などを協議した。次いで四月一九日憲政会梁川方部一町六ヵ村有志協議懇談会が新豆楼で開かれ、梁川町はじめ近隣の村から百数十名が出席した。出席した候補者紺野九右衛門の挨拶があったうえ、選挙事務長・各町村委員の選出が行われ、選挙事務長に加藤宗平、副選挙事務長に武田寅之助、梁川委員には田口彰、中木勝彌、渡辺幸太郎、今泉義男、鹿股金治、松浦吉次、中村佐五右衛門、齊田四郎、角田倉蔵、村井覚蔵、久保田太次兵衛、長谷川貞吉、須藤房吉、柴田謙次郎、加藤辰三郎、信夫廣太郎（おそらく廣三郎の誤植）の一六名が選ばれた(16)。

こちらも加藤宗平、中村佐五右衛門といった町の有力者が名を連ね、信夫廣太郎、齊田四郎といった若手が活動の第一線に出ている。憲政会選挙委員会も、演説会を開催するなどその後活発に活動していった(17)。

梁川が属する福島三区は三つ巴の錯綜した選挙戦となったのだが、梁川の町はもろにその影響を受け町内は憲政会紺野支持者、政友会堀切支持者、政友会菅野支持者に三分されたのである。特に紺野支持と堀切支持とによって町の指導的名望家層と青年層が二分された。

この対抗関係の契機がどこにあったのかはよくわからない。候補者の演説記事などではどちらの候補者も蚕業振興を唱えており、政策的対立があったようには見えない。また普選の是非はほとんど論議されていない(18)。ただ、憲政会側には前町長田口の女婿である加藤宗平はじめ中木、中村、田口など最有力者の縁戚者が多く名を連ね、副事務長には宗川酒店の武田寅之助が就くなど層の厚い構成である(19)。町の政治・経済の主流派と見てよいだろう。一方、政友会側には前述のように第百壱銀行頭取など町の要職を務めてきた大竹宗兵衛と有力蚕種家の浅野徳右衛門が選挙委員としているが、活発に動いているのは清水清助ら青年グループである。彼らは若い世代として町の既成秩序に飽きたらない意識をもっており、それが憲政会系の名望家への対抗となったが、彼らだけでは町の政治を動かせず、大竹宗兵衛などの有力者を押し立てたのではないだろうか。

いずれにせよ、町に党派的分化が生じたのは、納税資格の引き下げによる選挙人の増加によるところが大きい。選挙人が二・五倍も増えると、これまでの固定的枠におさまらない大きな未開拓地が生じた。この未開拓地の広がりが、既存の秩序に飽きたらない住民、特に若い世代に活動の余地を与えたのである。また、これまで劣勢であった政友会も積極的に働きかけ、町内の現状批判と結びつくことになった。政友会が現状批判派で憲政会が保守派というのは奇妙な構図であるが、政治底辺の拡大が新しい政治勢力の台頭というかたちをとらず、憲政会・政友会という既成政党の構図のなかに収束し、平穏だった梁川に党派的対抗関係を生じさせたのである。

両派の対抗にもかかわらず、選挙組織や活動の方法はかなり似ている。地区幹部の予選会で候補者を選考した後、地域別に選挙人の集会を開催し、さらに候補者や活動家の演説会が選挙区内の主要町村を巡回するかたちである。これまでの選挙でも演説会は開催されているが、少なくも新聞報道による限り、これまでになく活発化した。それら集会や演説会で弁士を務めるなど活躍しているのは、若手の活動家である。

五月一〇日の投票結果は、政友会の堀切善兵衛と憲政会の紺野九右衛門の二人が当選。政友会の菅野善右衛門は落選となった。残念ながら梁川町の投票結果はわからないが、伊達郡の投票は堀切二二六九、紺野二五七九、菅野二六二六で、落選した菅野がトップであった。菅野は信夫郡で四〇二票しかとれなかったために落選したのである[20]。憲政会系の『福島民友新聞』は、「最高点と予想され絶対的に安全候補とされて居た紺野氏が意外に得票の少かつた」と信達憲政会に反省を求め、伊達北部および川西方面で盛り返したので当選できたと分析している[21]。梁川では、選挙運動の経過から見て堀切派、紺野派が大勢をしめ、菅野派は一部に浸透したにとどまったのではなかろうか。

次の選挙は、一九二七年九月二二日の県議会議員選挙である。これは最初の普通選挙で、梁川の選挙人は一二四四人と大幅に増加した。それだけに、候補者選定をめぐって伊達郡の政友会、民政党とも紛糾した。ただ、長年憲政会・民政党系の新聞であった『福島民友新聞』が社内の内紛から政友会系に転向したので、民政党の動きはわかりにくい。

一九二七年八月一二日、伊達川西方部の予選会が藤田町で開かれた。しかし、菅野喜三郎が開会の辞を述べるや、元憲政会川西同志会長であった菅野喜三郎に何の相談もなく予選会を主催したことを桑折町からの出席者が批判したことから議事が混乱し、桑折町の出席者が退場するなど何も決められず終わった(22)。その後、『福島民報』『福島民友新聞』は選挙準備に入った伊達郡政友会幹部は予選会で三人擁立を決議する方針であるとか、霊山村の著名蚕種家で梁川の蚕種家とも密接な関係にある現職県議の日下金兵衛が立候補に難色を示しているとかの情報を伝えている(23)。

この間、政友会代議士の堀切善兵衛一行は伊達郡各地を巡回し演説会を開いた。梁川でも二九日に広瀬座で演説会を開催し、大変な盛況であったと報じられている(24)。堀切の行動は、無論県議選挙に向けての示威運動であろう。九月一日、保原で政友会伊達方部の予選会が開かれ、投票の結果、佐藤源吉、奥山忠蔵、斉藤善三郎の三名を県議候補者と決定し、日下金兵衛と富田勘之丞は落選してしまった(25)。この事情は詳しくはわからないが、梁川の蚕種家にとって桑折町長斉藤善三郎もなじみではあったが、日下や富田のほうが深い関係をもっていたので、不満の残る結果であったと考えられる(26)。

しかし、斉藤の演説会に富田勘之丞が登壇し、斉藤の推薦広告に日下金兵衛が名を連ねるなど政友会伊達方部は斉藤支援体制を整えたし、「斉藤善三郎氏も梁川方面には熱心なる応援者があるから民政派に乗ぜらるゝ様な事はあるまい」(27)との報道もあるなど梁川の政友会支持者は斉藤善三郎を応援した。九月一九日には梁川広瀬座で斉藤の政見演説会が開かれ、一五〇〇人の聴衆と称された(28)。

一方、民政党側では当初は断っていた松田甲次郎が結局立候補し、比較的まとまった選挙運動が展開されたようである(29)。九月二一日の投票結果は、政友会奥山忠蔵、佐藤源吉、民政党松田甲次郎、菅野喜三郎が伊達郡から当選した。梁川では投票総数一〇三八、菅野喜三郎七八、奥山忠蔵二〇九、斉藤善三郎三七九、松田甲次郎三五九、八巻實八、佐藤源吉二、合計一〇三一、無効七であった[30]。

この結果からわかる通り、ごく少数の候補者に投票が集中するきわめて組織的な選挙であった。新有権者は政治的には未開拓地であっても、地域社会のなかで生業・地域・姻戚関係など様々な関係の網目のなかに生活している。選挙運動では、これらの関係が総動員されたことは推測に難くない。新聞を読まない、中から下の層ほど、そうした関係に縛られる度合いが強かったであろう。

中から上の層では、第二部第三章でも述べたように読書の多様化が進み、個の意識が形成しつつあった。しかし、そうした個の意識も、政治問題で個の行動をとるまでの強度はもっていないのである。政治的個の成立が弱い状況では、メディアの影響力は限界がある。読書がもたらす想像の世界より、地域社会の実際の生活での人間関係のほうが大きな意味をもったのである。『資本論』を読んでいた加藤宗平、信夫廣三郎は憲政会の有力幹部として活動していた。ただ、生業や縁戚関係の網の目は、基本的には梁川の町の外には出ることはないから、梁川でトップとなった政友会の斉藤善三郎は、他町村で票を集められず落選した。

国政レベルでの最初の普通選挙（第一六回衆議院議員総選挙）は一九二八年二月二〇日に行われた。一般的に各政党・候補者とも大幅に増加した有権者に対してこれまでとは違った大衆受けする選挙戦術をとろうとしたことはよく知られている。政友会は田中義一首相登場の「発声映画」を制作し、福島でも二月一一日に福島座で公開した。「発声映画」そのものの珍しさがあって、「市内は勿論近郊近在からの観覧者は押すな押なの盛況」であったとされる[31]。また、各政党が全国に貼ったポスターは二五〇万枚、いずれも「政策を卑近な絵画と端的な標語を以て現し」たといわれる[32]。

最初の普通選挙だけに選挙民への啓蒙や選挙違反取締りなどの新聞記事は多いが、各地の選挙運動について記事は少なく、梁川の状況もよくわからないところがある。選挙結果を見れば、第一に顕著なのは、第一六回総選挙全体の傾向であったが高い投票率である。全国平均の投票率は八〇・三六％、福島県全体の投票率は約八七％で[33]、当時の福島県知事が「日本一」と自慢したように福島県の投票率は全国平均よりも高い。梁川もそれとほぼ同等の高さであったと推測される。

通常、新聞を読まず国政の知識が乏しければ、政治的無関心に傾斜し投票率は低くなると考えられる。だが、これだけの高投票率になったのは、有権者の自主的行動以上に周囲からの投票圧力が大きかったのである。最初の普選ということで、町役場や旧有権者（指導者層）による新有権者への棄権防止活動が行われ、梁川の社会的ネットワークが最大限利用されたことは想像に難くない。

第二に梁川の候補者別投票結果をみると、栗山博（民政党・前）九五、堀切善兵衛（政友会・前）一七二、菅野善右衛門（政友会・新）四九二、川淵洽馬（民政党・新）三二五、長澤倉吉（中立・新）一二四、合計一二〇八となっている。[34]梁川が属する第三区の当選者は得票順に民政党前職の栗山、政友会前職の堀切、政友会新人の菅野で、川淵、長澤は落選したのだが、梁川では政友会新人菅野と民政党の新人川淵に投票が集中しているのである。

この結果からは、この最初の普選総選挙が前年の県議選挙と同様にきわめて組織化されていたことが分かる。選挙区のなかでも各候補者の地域割りははっきりしていた。新有権者の票は個々バラバラに浮動したのではなく、生業・縁戚・地域などの諸関係が総動員されて特定候補者への投票に縛りつけられていたのである。個々人が政策や思想などによって自主的に候補者を選択することはきわめて少なかったろう。

ただ、前回の一九二四年の総選挙では、政友会支持者グループは堀切善兵衛を熱心に支援したのだが、今回は堀切にはあまり票が入らず、同じ政友会の菅野善右衛門に票が集まっている。これには、前回落選した菅野がその後地道な運動を行って梁川住民に食い込んだとか、同情票という事情が考えられる。

しかし、これには、政友会の巧妙な票分配があったという説がある。後述する川上忠吉の創刊した新聞『伊達新報』第二号（一九二八年三月五日付）は、「菅善氏の当選に依り堀切総務の人格に一段と光彩を放つ」を掲げている。この記事は「菅善氏を当選せしむべく今回堀切派のとつた策戦は実に立派なものであると菅善派の感謝に堪えざる処であつた」と堀切派が第三区から政友会二名を当選させるために、自派の票を菅原に回したことを暗に報じている。さらに同号の「政戦後感」は、政友会福島支部が衆議院解散直後の幹部会において各区二名の候補者を公認する方針を定めたが、梁川の属する第一区（実際には第三区）は「民政党の前身たる憲政会の絶対的地盤」で、前回までは民政党三名政友会一名であったところ今回作戦が功を奏し逆転したと記している。『伊達新報』は、政友会堀切派の活動家であった清水清助が関係していたので、堀切派の自画自賛の傾向がある記事だが、ある程度の票配分が行われたのであろう。とすれば、菅野に多くの票が入ったのは、新選挙人を含め選挙人への組織化はかなり強かった表れである。

『伊達新報』は第一区は「憲政会の絶対的地盤」と評しているが、新聞購読で見ると、民政党系の『福島毎日新聞』の梁川での購読者五〇人、定期購読者八人と政友会系の『福島民報』の半分以下である。『福島毎日新聞』のみを定期購読している者はおらず、政友会系の『福島民報』も含め他紙との併読者ばかりである。しかし、三年前に創刊された新聞が町内で五〇人もの人々が読んでいるというのは民政党との関係をうかがわせる。

おそらく、民政党・『福島毎日新聞』による販売拡張が行われたのである。それには間接的だったであろうが、行政関係機関も関与したと推察できる。実は、民政党の候補者の川淵洽馬は、前福島県知事であったのである。

川淵洽馬はもともと警察官僚で、警視庁警務部長から一九二六年に福島県知事に転じた人物である。川淵擁立は民政党中央の方針で、福島支部はやむなく従ったようで、前代議士たちは大いに不満で、前掲の『伊達新報』は「牢固たる民政党の地盤には大なる亀裂動揺が生ずるの止むなきに至つた」と評している。実際、民政党公認を得られなかった長澤倉吉は中立として立候補し、選挙戦中「輸入候補」として民政党と川淵治馬の非難を繰り返していたし、(35)「各候補者の応援隊は政党政派を超越して異口同音に県民の賊輸入候補川淵氏を葬れ」と絶叫したという。(36)「例の輸入候補に絶対不干渉主義を採た民政党梁川方部の重鎮某氏等々正に東北健児の精神を発揮したものだ」(37)と、梁川の民政党有力支持者が積極的な川淵応援活動をしなかったとの評もある。それでも川淵に一定の票が入っているのは、他地域では現職町長が川淵候補の応援演説に登壇し問題となった例もあるように、(38)梁川町住民のなかに蚕業の不振、特に前年の繭価の下落に直面し、県当局などから様々な援助を期待する向きもあったろう。ただ、先の県議会選挙より民政党候補の票は減っているので、輸入候補への不満があったことは間違いない。

しかし、輸入候補への不満はあっても、梁川の名望家層が集票活動を展開したからこそ川淵に多くの票が集まったのである。そこでものを言ったのは、やはり名望家層の人脈であった。前述のように新聞では民政党系の『福島毎日新聞』は、『福島民報』『福島民友新聞』二紙に比べはるかに劣勢で新聞の影響力は限られていた。『福島毎日新聞』に五〇人の読者がいたのは、新聞の影響力ではなく、逆に選挙戦のために新聞を拡販したと考えられる。

これまで述べてきたように選挙権の拡大過程において生じたのは、政友会と民政党の党派対立である。憲政会・民政党が優勢であった梁川の町に政友会が活動できる余地が生まれたのは、新しい選挙人が大幅に増加したからである。先の総選挙結果では、投票数では政友会が憲政会を上回っており、政友会のほうが活発な運動で新選挙人を吸収できている。一方、憲政会は三五〇票前後の手堅い集票であり、名望家層を核とする固い人脈をもっていたことをうかがわせる。

梁川の社会が生業・縁戚などによって堅く結ばれていた。それは、それまで政治に利用されることはあまりなかったが、有権者底辺の拡大によって大きな政治的意味をもつようになったのである。地域社会のなかの諸関係の網の目のなかで生活している新有権者層は名望家層の工作に組み込まれ、彼ら自身の利害を代表する声は、どこからもあがらなかった。

地域社会の網の目のなかに生きていた点では、社会の上流層も同じである。上流層では、新聞・雑誌・書籍など様々なメディアに接するようになり、個の意識の形成が見られたが、それは政治行動に直結することはなかった。左翼的な雑誌や書籍が読まれていても、無産政党などの運動はほとんどなかったのである。

ただ、選挙戦術として変わったのは、これまで梁川の町ではあまりなかった演説会や集会が開催されたことである。新聞を読んでいない新選挙人層への働きかけとして口頭のコミュニケーションの利用が活発化した。新選挙人は演説会等の聴衆（hearing public）として登場したのである。それらの場で演説弁士として活躍したのは、若い世代の活動家たちである。青年活動家たちは弁士としてだけでなく、人脈を通した個別的説得でも若い世代の第一線にたっていたのであろう。政治的底辺が拡大した状況においては、個別的説得にしろ、演説会にしろ弁の立つ若い世代の活動家の役割が重要になってきたのである。

選挙権の拡大によって梁川で起きた社会的コミュニケーションの変化は、これまでの名望家層だけの密室的談合から町の中下層にまで政治的情報が広まっていったことである。その回路となったのは、生業や縁戚、地縁といった在来からの人的関係である。そうした関係が、投票や演説会等への出席を促すために動員され、中下層の新選挙人はその網の目に縛られていたのである。

しかし、そこでのコミュニケーションの流れは、基本的に上から下へであって、下から上への流れはほとんどなかった。その点では、名望家層の主導権は、揺らぐことはなかったのである。ただ、名望家層のなかに党派的対抗が顕在化したことは、梁川のような小都市では悩ましい問題であった。

二　若い世代のメディア

有権者拡大過程における選挙運動において注目されるのは、若い世代の住民が積極的に活躍し、特に政友会・民政党両派の運動において名望家層と選挙人とを媒介する役割を果たしたことである。しかも、彼らは選挙運動においては党派のなかで活動したが、彼らの活動はそれだけでなく、独自に新聞や雑誌を発刊するなど梁川社会に一定の問題提起をしようとしていたのである。これらの新聞・雑誌は、梁川の住民が自らの意見や感情を自らのメディアで発言しようとした初めての試みであった。

一九二四年一月一日、齊田五朗（悟朗）が雑誌『伊達公論』を創刊した。創刊号は全一〇ページ、月二回発行、奥付では「広告料（十八字詰）一行参拾銭」「一部金拾銭」、「福島県伊達郡梁川町鶴ヶ丘二〇四番地　編輯兼発行人　齋田五朗、福島県伊達郡梁川町字右城町十七番地　印刷人　阪内忠兵衛」。以後現存が確認できるものは、第二九号（一九二七年六月二〇日）、第三四号（一九二八年一月一日）、第三六号（一九二八年四月二〇日）、第七三号（一九三三年一一月三日）、第九三号（一九三七年四月二九日）の五号だけである。それでも、約一三年間も続いたことになる。発刊者は一貫して齊田五朗である。

さらに、一九二七年二月二〇日三浦英太郎によって『太陽新聞』が創刊された。発行所は太陽新聞社、編輯兼発行印刷人三浦英太郎、毎月一回、定価一部一〇銭、広告料一行三〇銭となっている。これは、名前の通り、体裁は新聞のかたちをとっていて八ページである。「御挨拶」には「経営者、執筆、職工　三浦英太郎」とあるので、実際上彼一人で発行していたとみらるが、現存するのは創刊号のみである。川上忠吉も『太陽新聞』に記事を書いているので、関係していたのであろう。

また、三つ目の雑誌として発刊されたのが『伊達新論』である、これは、創刊号は見いだせず、現存するのは第二号（一九二八年三月五日）と第二五号（一九三〇年六月一〇日）の二号だけである。第二号記載の発行所は伊達新報社、印刷人発行人川上忠吉、編集人白石兼吉。毎月五日発行、一ヵ月五銭。四ページだけの小冊子である。第二五号の発行所は、梁川町北本町三番地の伊達新報社、印刷人発行人本社、編輯人清水清助に変更されている。

住民によるメディア発行としては、一九〇九（明治四二）年七月に伊達郡蚕種同業組合事務所が発刊した『福島県伊達郡蚕種同業組合時報』（月刊）があり、一九二〇年に下山要七、橘初吉、川上忠吉、清水清助らによって自由律俳句会「公孫樹会」が創設され、雑誌『波紋』が発行された例がある。前者は伊達郡全体の同業組合の機関誌であったし、後者は手書きの回覧雑誌であったのに比べ[39]、『伊達公論』などはいずれも住民の独自の活版印刷の雑誌・新聞であった。これら新聞・雑誌は、前述のように断片的にしか残っておらず、不明の部分も大きいが、これまで東京や福島の新聞・雑誌の読者であった住民のなかから自らの意見や感情を表明するメディアが出現したことは新しい事態である。

一般的に一九二〇年代、全国各地で住民による新聞・雑誌が数多く発刊された。表32に『帝国統計年鑑』による新聞雑誌発行数を掲げたが、そこからわかる通り、有保証金の新聞雑誌発行数全体が増加しているが、特に顕著に増加しているのは月三回以下即ち隔週刊か月刊かの小さな新聞雑誌である。全国的にもそうであるし、福島県も同様の傾向である。下からの小さなメディアの活動が活発化したことは、自らの生活世界で痛感することを発言したいという意欲が高まったことがあるだろう。梁川で発刊された二つの雑誌と一つの新聞も、こうしたうねりのなかの一つともいえる。

他の地域で生まれた新聞・雑誌は、町役場・青年団などの既存の組織をバックに発刊されたものが多かったよう

表32　新聞雑誌発刊数

	全国合計	有保証金				福島県合計	福島有保証金			
		計	日刊	月4回以上	月3回以下		計	日刊	月4回以上	月3回以下
1918年	3,123	2,142	493	207	1,442	29	15	6	4	5
1919年	3,423	2,639	682	206	1,751	45	29	6	5	18
1920年	3,532	2,704	623	217	1,864	47	25	8	4	13
1921年	3,980	3,056	652	232	2,172	64	32	10	3	19
1922年	4,562	3,403	690	263	2,450	—	—	—	—	—
1923年	4,592	3,603	762	264	2,577	—	—	—	—	—
1924年	5,854	4,184	793	310	3,081	105	62	13	2	47
1925年	6,899	4,739	826	313	3,600	132	64	13	6	45
1926年	7,600	5,089	861	344	3,884	123	68	12	4	52
1927年	8,350	5,488	916	380	4,142	159	87	15	3	69

＊『日本帝国統計年鑑』による．「合計」は有保証金と無保証金の合計

だが[40]、梁川の新聞雑誌はいずれも小規模であるが独立したビジネスとして発刊された。梁川でも一九一三年三月五日に梁川町青年会が創立され、活動していたが、初代会長は当時の町長、副会長は小学校校長と、上からの官製団体という性格が強く、青年達が自己の意見を主張・発表していく基盤にはならなかった。

これら新聞・雑誌を発刊した者たちのうち、齊田五朗、三浦英太郎については経歴などはわからない。川上忠吉、清水清助についてては、先にも触れたがいずれも町の出身で、川上家は貸座敷業を営み、清水清助は自作農であったという。

彼らの活動の源流は大正中期に生まれた自由俳句サークル公孫樹会にあった。公孫樹会については、すでに第四章で述べたが、一九二〇年四月、萩原井泉水門下の下山要七（一水）、橘初吉（雨睡子）、川上忠吉（芳里）、武石長太郎らによって設立された自由律俳句の同好会で、回覧雑誌『波紋』を発刊していた。町内の地域や生業などを異にする青年たちが自由律俳句を機縁に横断的な同輩者集団を作り出したのである。橘初吉（写真業）が一八九三（明治二六）年生まれ、下山要七（蚕種業）が一八九九年生まれであるので[41]、おそらく川上や清水と同年配で二〇代後半から三〇代前半の青年グループであ

る。社会階層的には、最上層の蚕種家層の出身ではなく、中層出身であったようだ。

この同世代の青年たちの小さなサークルにおける交流・意見交換は、文学以外の活動にも派生していった。第二部第一章で、武石長太郎らが蚕業取締所支所の敷地問題で意見書を提出したことはすでに述べた。そうした自己主張が、新聞・雑誌というメディアまで生み出すまでになったのである。

これまで町の公共性をになってきたのは、蚕種家を中心とする名望家層であった。彼らが、制度的には町議会、その背後ではインフォーマルな意見交換と合意によって蚕業試験所や電話や軽便鉄道の誘致、あるいは広瀬座の運営など町の社会基盤を形成してきたのである。そうした名望家的公共性は、この時期にも有効に機能していた。しかし、特権的で非公開の意見交換に基づく限定された名望家的公共性に飽きたらない思いが青年層のなかに醸成されてきた。公孫樹会という文芸サークルでの意見交換がそれを活性化させ、文芸的公共性が次第に政治的公共性に転化してきたのである。自由律という自由な文学表現の実践が、青年たちに自由な気分をもたせるところもあったかもしれない。

この担い手たちの読書状況はどうであったろうか。齊田五朗は、一九三二年の「新聞配達元帳」に初めて登場し、『東京朝日新聞』『東京日日新聞』『福島民報』を断続的に購読している。ただ、齊田姓の記載は数人あるので、そのどれかの家族の一員で一九三二年以前は家族名で新聞を購読していたのではないかと思われる。

一九二八年の「雑誌配達元帳」によれば、齋田は多くの雑誌・書籍を読んでいる。雑誌では、いずれも不定期だが『週刊朝日』『主婦之友』『婦人倶楽部』『婦人世界』といった女性雑誌、『農民運動』『労働者』などの社会運動の雑誌、また『現代大衆文学全集』『朝日常識講座』『講談全集』『世界文学全集』といった円本、『現代法学全集』といった書籍を不定期に購入している。

いくつかの婦人雑誌をとっているのは、家族のためかもしれないが、社会運動系の雑誌、『農民運動』は希望閣発刊の雑誌、『労働者』は労働者社出版、希望閣販売の雑誌と推定されるが、いずれも左翼的な雑誌である。『現代法学全集』は末広厳太郎編で一九二八年から一九三一年までかけて日本評論社から刊行され、最終的には全三九巻にもなる大規模な法律全集である。齋田は一部を購入しただけだが、法律の専門家でなければ読みこなせないような内容である。

三浦英太郎は、「新聞配達元帳」によれば、一九〇九年以降一九一二年、一九一四年と主に『萬朝報』を読んでおり、一九二六年以後は『東京朝日新聞』を定期購読している。早くから「新聞配達元帳」に記載があるということは比較的年齢が高かったと推定される。特に明治末期から大正初期の『萬朝報』を読んでいるが、この時期の同紙は茅原崋山などが筆をふるい、憲政擁護運動などで普選を唱えるなど急進的な論調であったので、そこに共鳴していたのかもしれない。

一九一八（大正七）年「雑誌配達元帳」では雑誌『ダイアモンド』を購読し、一九二八年の「雑誌配達元帳」では『文藝春秋』と『サンデー』の二雑誌、『現代大衆文学全集』『朝日常識講座』『大思想全集』といった円本を読んでいる。齊田五朗のような左翼的な雑誌は読んでいないが、円本のなかでも『大思想全集』を読んでいるところに社会的関心をうかがわせる。

『資本論』を読んでいた川上忠吉についてはすでに触れたので繰り返しだが、一九二六年に『東京日日新聞』、一九二八年に『東京朝日新聞』を不定期購読、一九三二年には『東京日日新聞』を定期購読している(42)。新聞購読が遅いのは年齢が若いためで、家業の貸座敷業のほうで新聞をとっていたと見られる。一九一八年「雑誌配達元帳」では、『文字の崩方』と『一坪薬草園』を買っているだけで、特徴のある読書ではない。ただ、川上イネが『講談雑誌』と『講談倶楽部』を購読しており、イネが忠吉の縁者とすれば彼も講談雑誌の世界に接していたであろう。

ところが、一九二八年「雑誌配達元帳」になると、雑誌では『婦人倶楽部』『少年倶楽部』『少女倶楽部』『実業之世界』『キング』『創作月刊』を断続的に読み、書籍では『日本随筆大成』『大菩薩峠』『日本図会全集』『一話一言』『資本論』『文芸大辞典』『二大漢籍国字解』、当時流行の円本では『世界文学全集』『現代大衆文学全集』『世界大衆文学全集』『講談全集』を購読するといったふうに読書の幅は一挙に広がり、実に多種多彩である。特に、『大菩薩峠』と『資本論』というそれぞれ社会矛盾に難解な手法で切り込んでいく書籍まで購入しているところがユニークである。これだけの購入となると、相当の金額を支出したであろう。川上忠吉はそれだけ意欲的に視野を広げていこうとしたのである。ちょうどこの時期が公孫樹会に参加し、『伊達新論』を発刊しだした時期にあたる。川上が同輩者と体験や意見を交換することよって関心を広げ、それが読書の拡大をもたらしていくという相乗的環境にあったことをうかがわせる。おそらく友人間で雑誌や書籍の貸し借りも行っていただろう。

また、清水清助は、一九二一年に『福島民報』を不定期に購読し、一九二六年からは『東京朝日新聞』を定期購読している。また一九二八年には『雄弁』『アサヒグラフ』を読み、『朝日常識講座』『我等斯く戦へり』を購読している。『雄弁』以外は朝日新聞社系の新聞雑誌書籍で、『我等斯く戦へり』というのも「普選の第一戦陣」と副題があり、普選の選挙戦に関する本だが、朝日民衆講座の一冊である。これだけ朝日新聞社系のものを多く購入しているのは、彼が朝日新聞社の通信員をしていたためだろうが、『雄弁』や普選選挙の本は、前述したように彼が政友会の活動家でもあったので、実際に必要性があったのであろう。

橘初吉の家業はそば屋であったが、写真に興味をもち、保原町の小野写真館や東京での講習会などで写真の腕をみがき、小田原市や横浜市で写真業を営んでいたところ、母の急病のため一九二三（大正一二）年に帰郷したという(43)。外の世界を体験し、新しい文化装置としての写真館を開業したのであるから、町の同世代の者に新風を吹き込んだであろう。彼は『福島民報』を定期購読し、『文藝春秋』を読み、『世界美術全集』『帝展号』といった美術関係の円本や図録を購読している。写真の参考にもしたのであろうが、絵画にも惹かれていたことがうかがえる。

　このように新聞雑誌発行者の読書範囲は、社会問題や文学、美術に及ぶかなり幅広いものであった。外部世界を実際に見てきた者もいたし、そうでない者も自分の関心によって能動的に読書を広げているのである。そこには、自らの生まれ育った梁川を相対化し、その現状を打開しようとする意識が存在していた。その問題意識は、これらの新聞雑誌の内容にある程度反映している。各新聞雑誌の主張には若干の違いはあるが、ほぼ共通しているのは次の諸点である。

　第一に梁川の経済、特に蚕業の先行きへの不安感である。『太陽新聞』創刊号は、「巻頭論壇・亡びんとする養蚕国の為めに」と題する論文を掲げている。「強敵人造絹糸の出現と昨秋来首を上げる暇もない糸価の惨落とは製糸業者を初めとして種屋も養蚕家も苦境を脱する」方途を見出せなかったが、ようやく「原則的企業の方法が唯一無二の救済方法である事を発見し」たという。ただ、「原則的企業の方法」の内容がはっきりせず、全体の論旨の解りにくくしている。梁川製糸の最新機器導入を称賛しながら、蚕種家にはこれまで国家や県から様々な助成が出されたにもかかわらず、打開策を見出せないといい、最後に「彼れに哲学を与い（ママ）よといふのだ、マルクスを教へよといふのだ、サンヂカリズムの真諦を説きギルドの妙用」を知らしむるべきだという。マルクスやサンヂカリズムはいかにも唐突だが、梁川の蚕種家たちに生産技術・生産方式の改良を訴えたいようである。

　さらに同紙創刊号第二面には福島県蚕業試験場長富田衛の「現下の糸況と養蚕」という論文が掲載され、世界繊維工業の大勢を説き、他の繊維類に対抗するためには適正な生産量を保ち、糸価を維持する必要を唱えている。こちらのほうが問題点の指摘は具体的だが、それではどうやって糸価の維持するのかなどの打開策となると、一般論にとどまっている。たった一号しか残っていないが、『太陽新聞』紙面には、糸価の下落、人絹の登場などによる蚕業の先行き不安が強く表明されている。しかし、有効な現実策を見出せないが故に、先の巻頭論文のように唐突にマルクスを持ち出したりしているのである。それは、難題に直面した住民が必死で難解な左翼的書籍などから解決策を引き出そうとしていた有り様と通底している。

『伊達新論』では第二号冒頭に当時の梁川町長富田三津義の「祝辞」が掲載されているが、富田は、「伊達新報は思想の善導や農村振興の先駆を目標として発刊」されたことを祝い、「農村振興に至大の関係を有する蚕糸業に就いて所懐の一端」として次のように述べている。「近時経済界の変動と人造絹糸の発達とは糸価の激落を来し斯業の経営をして頗る困難ならしめ従つて当業者をして窮厄の巷を彷徨せしむるに至りたるは甚だ遺憾」と蚕業界が陥った困難を述べ、それには生産組織の改善と技術の改善をはかり「良品廉売の策を講ずるの外途なき」という。しかるに「当地の現状を見るときは生産組織に於て更に改良されるものなく技術上又特に見るべきものなき為に本場の名声漸次希薄ならんとするの傾向を見るに至りたるは残念至極の至りで此侭にして推移せば地方の将来に於て甚だ寒心に堪えざるものあらん」と梁川蚕業の沈滞に警告を発している。

梁川の蚕業は、これまでも霜害、水害などの自然災害をたびたび経験してきた。しかし、今回はそれとはまったく異なる、経験したことのない大きく深い苦難に直面しているという認識がもたれている。しかし、住民にとってはその苦難が襲来したメカニズムはなかなかわからず、技術改良といった一般的な策が唱えられているが、果たしてそれが今回の苦境に打開策となり得るのか確信がもてず、苦慮しているのである。

第二の点は、梁川の経済が苦境にあるだけでなく、外部の有害な文化が流入し、深刻な悪影響を与えているという社会的文化的危機感である。齋田悟朗の『伊達公論』が創刊号表紙に掲げた宣言は次のようにいう。「一、地方の大衆の自由と幸福の獲得の為めに起つ。一、我々に光あらしむる為に一切の虚偽と浮薄なる言行とを徹底的に排撃し真実一路に猛進せんことにつとむ。一、利己心になる冷たき毒流を掃蕩して愛の漲る町村の実現に専念す」とある。抽象的な文言のならぶ宣言だが、あえて「地方の大衆」を前面に打ち出しているところに大きな意味があるのである。

それは、第一号に掲げられた「大正十二年十二月二十五日　伊達公論主幹齋田悟朗」と署名のある「発刊の趣旨」ではやや具体的に述べられている。それは「物質万能と黄金崇拝の熱」の風潮を慨嘆し、それらが「平和なる郷土を衰滅させんとする毒流勃興に非ずして何んぞや。それのみならず、我に取つて恐るべき都市中心主義、中央集権制度の隆盛は益々地方の烏孫を疲弊させつゝあるを見ざるや。更に或は悪政党は我々の無智を利用して町村の自治体を紊乱し、我町村に愚劣なる争闘を生んで行くに非ずや。（中略）九月の関東一体の災禍は自然に背き、人類相愛の精神を無視したる誤れる都会文明、貧弱なる物質文化に対する『天』の巨手による破壊であると共に、我が農村に対して眞の文明、即ち我々悉くその利益と幸福に浴する、農村文明を興隆させる天の暗示ならずや」と主張する。

ここに表明されているのは、都会の文明への反感とその害毒が梁川に流入してきていることへの危機感である。関東大震災は「誤れる都会文明、貧弱なる物質文化に対する『天』」の処罰、「農村文明」興隆の「天の暗示」とまでいわれている。震災後、こうした天譴論は様々なところで唱えられたが[44]、梁川のような東北の町にも表明されていたのである。

また『伊達公論』に載った論文梁川渉の「普選巌頭に起つて」は急進的言葉が目立つ論文だが、「欺偽師はいふ、帝都の復興は全国民の利益であると、諸君は欺かるゝ勿れ、大都会の発達は農村の疲弊である、帝都の復興はやがて地方農村の衰頽である」と、「地方農村の衰頽」を見捨てた「帝都の復興」を最優先政策とすることに強い反感を唱えていた。

「平和なる郷土を衰滅させんとする毒流」「我町村に愚劣なる争闘を生んで行く」といった刺激的な言葉が具体的に何を指すのかは不明である。これまで梁川の町で深刻な住民の対立が表面化したことはなく、またこの時期に小作争議など大きな紛争が起きたこともない。前述したように、それまで平穏であった選挙において有権者増加とあいまって候補者対立が生じたが、決定的対立にまで至ったわけではない。

おそらく、これら論文は誇張した表現を用いているのである。「人類相愛の精神を無視したる誤れる都会文明」などといった定型句には、都会の雑誌・書籍の影響さえ感じられる。しかし、過敏に反応しているところがあるにせよ、やはり彼らの周囲には「都会文明」、特に都市的消費文化の流入が顕著となってきた。都会的な服装や生活用品、風俗などにそれまで違った華美を感じ取って反発しているのである。

華やかにみえる都市と自分たちの町との落差は、都市の情報と商品がある程度入ってきた段階で一層痛切に感じられる。しかも、都市的商品を購入し、雑誌・書籍で都市の文化・情報を楽しむことができたのは、経済的余裕のある上層だけで、ぎりぎりの生活をしている中以下の階層は、それを脇からながめるだけである。

いうまでもなく、都市文化は反発の対象であるだけではない。逆に強い憧憬の対象でもある。情報を多くもつ上層ばかりでなく、中下層でも都市文化への憧憬は抱かれていたであろう。反発と憧憬という二律背反の感情こそ、住民の都市文明への敏感さとなって「毒流」の都会的風俗への反感・嫌悪となったのである。そして、その底部には都会風俗を享受している梁川の上層への反発を伏在させていた。

反都会、反中央、反文明の意識は、梁川の社会に徐々に生じつつある変化や町を支える蚕業の将来などへの不安の反動的表れであった。これまで変化がほとんど起きないか、緩やかにしか起きてこなかった社会に変化が生じたと感じられる初動期には、変化への過敏な反応が起こりがちであった。しかも自分たちの生活の基盤が揺らいでいた。梁川の住民には、経済的先行き不安と社会的文化的乱れとが二重に重なりあって感受され、それが反都会、反中央といった態度になって表れたのであろう。

共通して見られる第三の主張は、反都会、反中央の裏返しで自力による「農村文明」の興隆である。しかし、その具体的方策はほとんど語られず、「利己心になる冷たき毒流を掃蕩して愛の漲る町村の実現に専念す」といった抽象的でやや懐旧的な論調である。

しのびよってくる蚕業衰頽の兆しのなかで、なんとか立ち直りを願っているのだが、そのための方策を見いだすことはできないのである。三誌のなかで具体的な方向を示しているのは、『伊達新論』に載った梁川町農会評議員清水清助の「日本のデンマークを視察して」という愛知県碧海郡安城町農会の視察記ぐらいである。安城農会は「農村自治」運動、帝国農会の指導者として広く知られていた山崎延吉が指導し、当時農村振興の「理想郷」とみなされていた(45)。清水はこれを視察して大きな感銘を受け、「共存共栄の精神が発達し、同時に諸種の共同的施設が完備して居る」という一語で足りると、産業組合によって「共存共栄」が実現されていることを紹介している。特に山崎延吉の熱烈な指導によって富豪や大地主が奮起し、犠牲的活躍をなしたことが小作人の自覚を促し、「組合の力」による「共同の精神」が安城町で実を結んだという。そして、「地方問題や農村問題に就いては政党政派を超越して団結し地方の福利増進に協力する事は我東北民の学ぶべき美点である」と結んでいる。

清水清助の産業組合への注目は、先の富田三津義の「生産組織の改善」の主張とつながり、梁川の問題を改善する具体的なモデルとして安城町農会を見出している。また、清水が安城町から見習うべき点として特に「富豪や大地主の犠牲的活躍が小作人の自覚を促した」ことや「政党政派を超越して団結」をあげているのは、小作人組合の指導者であった清水は梁川の大地主層の「犠牲的活躍」の乏しさや党派的対立を問題視していたのであろう。清水の意見がどの程度の影響力を持ちえたかは不明だが、自ら外の世界に見学に出かけ、その成果を雑誌に公表するという積極的なコミュニケーション活動には、何とか打開策を見出そうとする強い意欲がうかがえる。

このように三誌は共通して梁川における変化と危機を感じとり、それを雑誌発刊の強いバネとしていた。だが、彼らが梁川の名望家政治を否定していたかというと必ずしもそうではない。一定の批判はもっていたのだが、前述の選挙運動のように三浦英太郎が政友会の選挙委員に名前をつらね、清水清助が演説会などで活躍したように既成政党の枠内で活動していたのである。一九二七年の内務省警保局の「新聞雑誌通信社ニ関スル調」では『太陽新聞』は「政友派」と分類され、三浦英太郎は「政友」とされている。また『伊達公論』は「無所属」とされているが、齊田悟朗は「政友」とみなされている(46)。前述のように齊田については詳しいことはわからないが、彼個人は政友会系であったかもしれないが、『伊達公論』は党派色なく編集していたのであろう。むしろ、同誌創刊号には「本社賛助員」として二六名の名前が列記されている。おそらく何らかのかたちで資金援助を得たということであろうが、そのなかには中村佐平治、中木直右衛門、中村佐五右衛門、浅野徳右衛門、富田三津義など町の最上層の名望家がふくまれている。こうした人々の賛助によって発刊した雑誌が名望家的公共性に否定的立場をとることはなかった。

しかし、そのなかにあって、『伊達公論』創刊号に掲げられた、梁川渉という署名の「普選巌頭に起つて」という論文は当時表明されたなかで最も急進的な意見として注目される。「梁川渉」は明らかにペンネームで、おそらく本名公表をはばかったのである。

この論文は先に若干触れたが、「従来長く無産階級の政治的勢力を伸ばすべき機会が其選挙法に依つて禁じられてゐたが、普選の断行に依つてこの障壁は撤去せられ」と、普通選挙によって「無産階級」の発言権がようやく実現したと説く。「無産階級」などという言葉が梁川の住民から発せられること自体新しい現象である。そして普選における「問題は農村に於ける無産階級たる真の農民小作農諸君が是に対して如何なる態度をとるかである」という。既に述べたように、梁川は地主が広大な土地を所有し、小作率が高い地域であった。その小作人に対し「無産階級」としての自覚を求めているのであるから町の有力者層＝地主層にとっては脅威の発言である。

しかも、「権兵衛、新平、軍閥、政友会、憲政会、革新倶楽部の驢馬を悉くこの地上から一掃し得ることに依つての み普選は重大なる意義を有するのである。この見地より吾人は農民諸君、無産階級諸君の蹶起を促して止まぬのである」とほとんどすべての既成政治勢力の一掃を主張するのである。さらに「政府によつて政党によつて光明によつて地主によつて都会によつて宗教によつて機械によつて今日の諸君は十重二十重に征服され搾取されてゐる」と小作人を煽動する。

行間に噴出しているのは、現在の趨勢への強い苛立ち、憤懣である。それでは、小作農民が何を目指すべきかというと、「真正の農民党」の樹立である。「権勢の獲得と地主資本家の擁護以外眼中一物なき政友会に農民党とかいふ名で多年馬鹿げた程欺かれてきた。我々は偽りの農民党を打破して真正の農民党を樹立しなければならぬ。更に都会中心主義、中央集権主義、官僚主義、資本主義、軍閥主義と戦闘撃滅しなければならぬ」と、「農民党」を自称する政友会を強く排斥し、反都会、反中央、反官僚、反資本主義、反軍閥の「真正の農民党」の樹立を唱えている。

この小作農民の蹶起を訴える論文は、中央の社会運動の影響を受けていることは明らかである。梁川では、これまで格別の紛争なく平穏であり、そこに敢えて波乱を引き起こそうとするのであるから相当の覚悟が必要であったはずである。

しかし、住民の実感がまったく受け入れられない主張であったかというと、必ずしもそうではない。すでに述べた通り、都会や中央への強い反発は、三誌共通にうかがえるところであり、「普選巌頭に起つて」もそうした意識を表現しているのである。その点では、住民たちの意識からまったく浮き上がった主張とはいえないのである。むしろ、住民が漠然と感じていることを若い世代が急進的で生硬な言葉で表現しているのである。

しかし、「都会中心主義、中央集権主義」への反対ならともかく、「資本主義、軍閥主義と戦闘撃滅」などという言葉となると、やはり住民の生活語とはかけ離れてすぎてしまっていた。残っている雑誌が少なく、その後の動きについてはわからないところが多いが、「梁川渉」が続けて論文を発表したことはなく、また「真正の農民党」が具体化した様子はない。また、この問題提起的論文への反論など論議論争が起きたこともない。打ち上げ花火で終わったのであろう。

『伊達公論』は次第に「初夏の漫談・涼風湧く遊び数々」「夜の梁川散見漫評」「梁川商店案内記」（いずれも第二九号）といった町内の遊興や営業紹介、町内の経済動向記事、町内商店の広告などが増え、広告収入に依存するタウン誌的な性格をもつようになっていった。『伊達公論』に限らず『太陽新聞』『伊達新論』も営業的メディアとして刊行され、広告など営業活動によって町の秩序に組み込まれていったのである。

内務省警保局の昭和二年「新聞雑誌通信社ニ関スル調」によれば発行部数は、『伊達公論』五〇〇部、『太陽新聞』六〇〇部、いずれも頒布区域「伊達郡」となっている(47)。同年の新聞購読人数はのべ八四七人であるから、この数字通りだとすると、通常の新聞を購読していない人までこれら地域雑誌を読んでいたことになるのだが、いずれも発行者の申告部数で誇張した数字であろう。実際には有料部数はずっと少なく、多くが無料配布されていたのではないだろうか。

しかし、このように一九二〇年代後半期、新聞雑誌が発刊され、青年層などを中心にそれまで表明されることのなかった意見や不満が公然と唱えられたことは梁川の町のひとつの変化を示していた。それら新聞雑誌は、名望家的公共性を正面から否定したり、対抗したわけではない。しかし、蚕業不振など梁川の社会が陥った大きな危機を青年たちが敏感に感じ、名望家的公共性に飽きたらない意識を表明しようとしたのである。そこでは、消化不良気味ではあったが、読書で獲得した社会運動・左翼運動の言葉が用いられた。

新聞雑誌にみられる町の経済への将来不安・危機感、反都会・反中央意識、農村復興への期待感などは、一部青年だけのものではなく、名望家層をも含めた町全体に広く抱かれていたと見ることができる。青年たちは、それを言葉にしたのである。しかし、そこからの打開策を見出すことは容易ではなかった。

三　第二回品評会

梁川の社会は迫り来る蚕業の低落に手をこまねていたわけではない。むしろ、様々な方策をとろうとし、その点で強い凝集力が働いていた。まず『福島民報』が「欧州動乱のため生糸相場暴落、製糸家の被害甚大」と「生糸の前途」を報じた第一次世界大戦による打撃に対しては、ふだんはあまり政治的動きのない梁川でも、政友会立候補者堀切善兵衛が「蚕糸業救済案に藉りて大々的政談演説」を開催し、伊達郡蚕糸同業有志が梁川町に蚕糸同業組合総会を開き、堀切善兵衛の推薦を決めた。また、伊達郡内蚕業家製糸家が集会し、「蚕糸業奨励規程」につき協議するなど危機感が広がっていった。

さらに県下蚕種業者の技術的に立ち遅れを指摘し、蚕種業製糸業振興策を説く意見もしばしば登場し、福島民友新聞社は「蚕業界の廓清を図り斯業の改良発達を資せむるが為め」、蚕業興信部を社内に設立した。

一九二〇年四月、いわゆる戦後恐慌によって商品相場は暴落し、横浜生糸取引所は休業においこまれるなど大混乱が生じた。政府の特別融資による生糸買い取り団体設立、製糸業一定期間同盟休業などの対策案が浮上し、福島の蚕糸家たちも九月九日の蚕糸救済県民大会で同趣旨を決議し、政府や大日本蚕糸会などに働きかけていくことになった。梁川からは加藤慶作と大竹安太郎が実行委員に選出されている(52)。

これら運動によって、一九二〇年九月、政府の特別融資により生糸滞貨を買い取り、糸価を維持する目的で帝国蚕糸株式会社（第二次）が設立され、また全国の蚕糸業は一一月三〇日から七八日間も一斉に操業休止を実施し、危機の乗り切りがはかられた。

こうした危機への対応策も梁川だけでは到底できることなく、県や中央との連携あるいは助成が必要であった。梁川の指導者層は、今まで以上に外部世界の動向に強い関心をもたらざるをえなかったのである。

こうした蚕業衰退のなかで、梁川の指導者層は、なんとか町の活性化をはかろうとした。そこで計画されたのが、一九二三年一〇月二四日から五日間、蚕業試験所創立一〇周年として大日本蚕糸会福島支会主催の第二回蚕糸類品評会を梁川で開催することであった。一九一四年の第一回開催から足かけ一〇年経ったところで、蚕都梁川の名を広く発信し、蚕業回復の契機をつかもうとするイベントであった。

第二回蚕糸類品評会の計画は春頃から始まったと推定されるが、不運なことに九月一日に関東大震災が発生し、京浜地帯が未曾有の被害を受け、開催が危ぶまれる事態となった。しかし、品評会は予定通り開催されることに決し、『福島民報』一〇月二〇日は「蚕都梁川の賑ひ」と題し、品評会の準備が着々と進んでいることを伝えている。第二回品評会には閑院宮を迎えての式典をはじめ東北六県蚕種同業組合役員など各種の大会、展覧会の開催が予定されるなど、第一回にまさるほどの規模であった。開催の中心となったのは、町の有力者層である。表33の通り、協賛会会長は富田三津義町長、副会長は藤石武蔵、委員には大竹宗兵衛、中村佐平治、中木直右衛門、菅野五郎治など有力者のほとんどが名を連ねている。文字通り町の名望家層あげての事業推進であった。

一〇月二四日の開会式には、福島県知事、大日本蚕糸会福島支会幹部などが出席して華やかに挙行された。二七日には閑院宮出席のもとで、大日本蚕糸会福島支会主催蚕糸類品評会褒賞授与式が梁川小学校を会場に行われ、梁川の町は大変な人出となった。一万人の参集者があったという。『福島民報』は品評会特集号（一〇月二六日）を発行し、梁川の物産、著名蚕種家などの記事が連日大々的に紙面を飾った。また、品評会に合わせて、県下町長会、県下養蚕組合長会議、伊達郡教育部会総会など様々な集会が梁川で開催されたのである。

第二回品評会は、規模などでは第一回を上回るものであった。地方の品評会に皇族まで出席しているのは、福島県や梁川町の働きかけがあったのであろうが、中央政財界でも蚕業へのてこ入れを地方蚕業者に示し激励するという狙いがあったろう。その背景には前述のように蚕業への危機感があったことが間違いない。

このイベントの効果を測定することは難しい。十分な経済データが残っているわけではないが、梁川の蚕業を起死回生させることはできず、梁川の経済は次第に低落傾向をたどっていった。例えば、梁川の代表的企業である梁川製糸株式会社は、いったん福島の共同生糸荷造所に身請けされたが、一九二〇年再び梁川の人々の経営にもどったもの

表33　蚕糸類品評会・梁川町協賛会（1923年10月24日）

役職	氏名
会長	富田三津義
副会長	藤石武蔵
委員	大竹宗兵衛
	菅野五郎治
	椎名善兵衛
	阿部長兵衛
	菅野安次郎
	中村元治
	斉藤宇三郎
	浅野徳右衛門
	金原貫三
	角田倉蔵
	久保田太次郎
	鹿股金次
	加藤慶作
	佐藤甚右衛門
	熊倉末吉
	八巻味右衛門
	竹安太郎
	阿部常藏
	宮本利七
	中村佐平治
	中木孝平
	脇屋隆吉
	田口辰造
	斉藤菊蔵
	藤田誠濤
	渡辺数馬
	太田直
	横山鉄之丞
	朝永勝治
	菊池良輔
	小松啓吾
嘱託	加藤宗平
	三浦英太郎
	今泉義男
	中村和市
	齊田五郎
	清水清助

＊『福島民報』大正12年10月20日

の経営は苦しかった。一九二三年かろうじて二万二八六一円の純益金を計上したが、約三五万円の借入金をかかえていた。[53]一九一八年に設立された梁川紡績株式会社も、多額の純損金を計上し、経営困難に陥り、一九二四年に操業中止に追い込まれた。また隣村の五十沢製糸合資会社も大正末年には工場閉鎖に立ち至っている。[54]

なかには倉庫業、乾燥業、商品の委託販売などを業務とする梁川倉庫株式会社のように純益金を計上していた企業もあったが、全般として大正末年から昭和初期にかけて梁川の経済は下降線をたどっていった。第二回品評会は、梁川町としては多大の経費と労力をかけ、大きな期待をかけたにもかかわらず、浮揚策にはならなかったといわざるをえない。

四 まとめ

蚕業の不振は、全国市場・世界市場という梁川からすれば遠くで起きている地殻変動を震源地としている大地震であり、梁川の町ではいかんともしがたいものであったのである。

しかし、経済的効果はさることながら、梁川の社会にとって重要であったのは、品評会において名望家的公共性が発揮されたことである。そして多くの町民もそれに参加し、「蚕都梁川」という町のアイデンティティーが改めて確認された。生活の共有にもとづく共同性が再確認されたといってもよいだろう。

この間、他方では、情報の社会的格差は拡大し、上流階層においては関心の拡散も進んでいった。それは住民意識を遠心化させる力であった。また、選挙においては政党間の対立も生じ、青年達のあいだには名望家秩序に飽きたらない意識も台頭してきていた。

しかし、選挙での党派対立も決定的な町政の分裂までに至らなかったし、青年たちも町のなかに生きていく以上、名望家層とのつながりのなかで活動していたのである。そして第二回品評会は、一つの象徴的な事例であるが、大きな危機に直面した梁川の社会は危機にあるが故に、名望家秩序と住民の共同意識が機能していったのである。そこに生活に根ざした共同意識の強靱さがあったと考えられる。

結局、この時期の梁川の社会では、住民たちの意識を遠心化させる力が働き、それまでの枠におさまらない自己主張の動きが一部に表れてきた。しかし、地域共同体を維持しようとする求心力も強く働き、結局は地域社会は深刻な分裂にみまわれたことはなかったのである。しかしながら、低落していく蚕業への有効な打開策は見出せないまま、否応なく危機は深刻化していったのである。

注

(1)『伊達郡統計書』による。
(2)『福島民友新聞』一九二五年一月一二日による。梁川町の選挙人数についての一貫した資料は管見の限り見あたらない。『福島県統計書』は郡別の選挙人数しかなく、『伊達郡統計書』は保存が少ない。したがって、新聞記事から拾うしかない。
(3)『福島民友新聞』一九二七年二月一一日。
(4)『福島民報』一九二七年二月一一日。
(5)『梁川町史』第一〇巻七一六頁。『梁川町史資料集第二九集』五三頁。
(6)『福島民報』一〇月二五日。カッコ内は勤続年数と推定される。
(7)『福島民友新聞』一月二九日。
(8)『福島民友新聞』一九二四年三月一六日。
(9)『福島民報』一九二四年四月七日。九日、一一日、一二日に各地の政見発表会の様子と堀切の演説要旨が掲載されている。
(10)『福島民報』一九二四年四月二一日。

(11)『福島民報』一九二四年四月二四日。
(12)『福島民報』一九二四年五月二日。
(13)『福島民報』一九二四年五月九日。
(14)伊達郡人像刊行会編『現代に生きる伊達郡人像第一集梁川篇』(伊達文化通信社、一九六九年)一〇五頁。
(15)『福島民友新聞』四月一八日。
(16)『福島民友新聞』一九二四年四月二〇日夕刊。
(17)『福島民友新聞』五月三日など。
(18)一九二四年二月三日開催の福島護憲記者連盟大会、二月一一日の憲政擁護県民大会では普選が論題になっているが(『福島民友新聞』二月三日、四日、一二日)、梁川の演説会などでは論題になっていない。
(19)武田寅之助は二代目であろう。前掲『現代に生きる伊達郡人像第一集梁川篇』には第三代目武田寅之助の紹介が出ている。
(20)『福島民友新聞』五月一七日。なお、同記事は、一九二〇年の総選挙との比較を行っているが、一九二〇年総選挙は無競争で、投票結果は、堀切(政友会)一九五八、鈴木二七〇九(憲政会)であった。
(21)『福島民友新聞』五月一四日。
(22)『福島民報』八月一四日夕刊。
(23)『福島民報』八月二一日、二九日。
(24)『福島民報』八月三一日。
(25)『福島民友新聞』九月二日。
(26)富田はちょうどこの頃繭糸価暴落の対策で帝国蚕糸委員として活躍していたし、政友会の一部による日下擁立運動も伝えられている(『福島民友新聞』九月一四日)。
(27)『福島民報』九月四日。
(28)『福島民報』夕刊一九二七年九月二一日。
(29)『福島民友新聞』八月二九日は松田が断ると報じている。予選会は九月九日に保原で開かれ、松田の推薦を決定している。
(30)『福島民報』一〇月二日。

(31)『福島民報』二月一二日朝刊。無論、政友会系の新聞であるので、その「盛況」振りには誇張があるだろう。
(32)『福島民報』一九二八年二月一一日。
(33)『福島民報』一九二八年二月二三日。
(34)『福島民報』一九三〇年一月二八日。
(35)『福島民報』二月一二日。
(36)『伊達新論』第二号。
(37)『伊達新論』第二号「ポスト」欄。
(38)『福島民報』二月二〇日。
(39)『梁川町史』第一〇巻五〇〇頁。
(40)鹿野正直『大正デモクラシーの底流』で紹介されている長野県上田地方の『時報』はほとんど青年団の雑誌であった。
(41)前掲『現代に生きる伊達郡人像』による。
(42)「新聞配達元帳」には、川上イネの名前はなく、川上タミが一九二八年に『東京朝日新聞』、一九三二年に『東京日日新聞』を購読している。川上タミと忠吉の関係は不明。
(43)前掲『現代に生きる伊達郡人像第一集梁川篇』八五頁。
(44)後藤嘉宏「関東大震災後の天譴論の二側面」『メディア史研究』第四号（一九九六年）など参照。
(45)山崎延吉については、綱沢満昭『農の思想と日本の近代』(風媒社、二〇〇四年)を参照した。
(46)内務省警保局「昭和二年・新聞雑誌通信社ニ関スル調」『新聞雑誌社特秘調査』（一九七九年　大正出版）。
(47)前掲内務省警保局「昭和二年「新聞雑誌通信社ニ関スル調」『新聞雑誌社特秘調査』。
(48)『福島民報』一九一四年九月五日。『福島民報』一〇月二一日社説「生糸の暴落　本県の影響如何」、一〇月二七日「生糸暴落の影響」。
(49)『福島民報』一九一五年二月一九日、二五日。
(50)『福島民報』一九一五年一二月九日社説「蚕種製糸業者の要求」。
(51)『福島民友新聞』一九一八年七月二六日社告。

(52)『福島民報』一九二〇年九月一〇日。
(53)『梁川町史』第三巻三二五頁。
(54)『梁川町史』第三巻三二六頁。

第二章　ラジオ放送の登場

一　ラジオ放送の開始

一九二五（大正一四）年三月二二日、東京市芝区新芝町（現港区芝浦）の府立東京高等工芸学校図書室に設けられた社団法人東京放送局の仮放送所から発せられた第一声によって、日本のラジオ放送が始まった。そして四ヵ月後の同年七月一二日、新築された愛宕山の放送局から本放送が開始され、ラジオ放送という、印刷メディアとはまったく異なる特性と制度をもつ新しいメディアが登場したのである。(1)梁川の人々は、この新しいメディアをどのように受け入れたのであろうか。(2)

しかしながら、梁川の住民たちのラジオ放送聴取についての資料はほとんどない。梁川の町に資料がないということ自体、ラジオ放送というメディアの特性と制度をよく示している。東京、のちには仙台から発せられたラジオの電波は直接住民の受信機に届く。そこには新聞販売店のような仲介機構はまったく介在しないから、梁川に資料が残るはずがない。ラジオは送り手と受け手が直結し、電波を一方的に発信する中央の側が圧倒的な権限をもつメディアであったのである。(3)

当時のラジオ聴取は許可制であったから、聴取者（法的には「聴取無線電話施設者」）に許可を与えていた東京もしくは仙台の逓信局側に、梁川に限らず全聴取者についての資料が残るはずだが、管見の限りでは、聴取者名簿などの資料は残っていない。梁川の聴取者についての確かな資料は、一定年度からの聴取者数などの統計だけである。聴取者は基本的に量的存在としてしか把握できないのである。

したがって、梁川住民のラジオ聴取については、新聞記事など傍証的資料に多くを頼らざるをえない。だが、当然のことながら梁川のような小さな町のラジオ聴取が新聞に報じられることはめったになく、梁川のラジオ聴取者を具体的に知りうるのは、ごくわずかな断片的資料である。あらかじめ正直に言ってしまえば、梁川の聴取者で名前が特定できるのは、たった二人だけである。梁川のラジオ聴取は、住民の置かれた放送制度的コンテクスト、社会的コンテクストから推測するという迂回した方法をとらざるをえないのである。(4)

まず放送制度的コンテクストから考えてみれば、最初に政府側がラジオ放送の機能を政策的にどのように位置づけていたのかを見ておく必要がある。一九二五年三月二二日、仮放送開始にあたって後藤新平東京放送局総裁は「放送事業の職能」についての演説を放送した。著名なものだが引用すれば、彼は四つの「職能」をあげている。

「第一は文化の機会均等」。「従来各種の報道機関や娯楽慰安の設備」は、都会と地方、一家の主人とそれ以外の者、各階級の違いなどによって便益を受けられる者と受けられない者との差が生じていた。「然るに我がラヂオは、都鄙と老若男女と各階級相互との障壁区別を撤して、恰も空気と光線との如く、あらゆる物に向つて其の電波の恩を均等に且つ普遍的に提供するものであります。」

「第二は家庭生活の革新」。これまでの家庭生活は寝るところと食事するところであったが、「今や電波の放送に依りて家庭を無上の楽園となし、ラヂオの機会を囲むで所謂一家団欒家庭生活の真趣味を味はへる事が出来る」。

「第三は教育の社会化」。ラジオ放送は「眼よりせずして耳より日々各種の学術智識を注入し国民の常識を培養発達せしむる事は、従来の教育機関に一大進歩を与ふる所」であるという。

「第四は経済機能の敏活」。「海外経済事情は勿論、株式、生糸、米穀、其他の重要商品取引市況が、最大速力を以て関係者に報道せらるゝ事に依つて、一般取引の状態が益々活発に運動する事」になる。

これら四つの職能は、放送による聴取者の啓蒙、煎じつめれば社会の同質化である。「無線電話」という「現代に於ける科学文明の一大光輝」が、「都鄙と老若男女と各階級」、家庭内の成員などに存在するる様々な格差・不均等を解消し、文化・教育・経済情報がすべてにあまねく行き渡る社会を実現するというのである。(5) もとより、これはラジオの宣伝であって、後藤もこれがそのままただちに実現されると考えていたわけではないだろう。しかし、放送政策が、こうした方向に進もうとしていたことは間違いない。その後も、ラジオ電波が地理的距離、階層を越えて社会全体に行きわたるイメージは繰り返し語られた。

ラジオ放送が促進する社会・文化の同質化は、いうまでもなく「都鄙と老若男女と各階級」それぞれがこれまで独自に培ってきた文化を平均化するのではない。都会の先進的文化、中央の「学術智識」を一方的に隅々まで広めるのである。そこにラジオの中央集権性があり、ラジオを聴く者はひたすら聴き、受け入れる存在となる。(6) 無論、梁川の住民は、後藤新平のいう「鄙」の側であって、「電波の恩」を浴すべき存在、啓蒙あるいは同質化の対象と位置づけられたのである。

しかしながら、後藤新平のこの意気軒昂たる演説放送を聴いた梁川の住民は一人もいない。この時点で、梁川にはラジオ受信機は一台もなかったのである。梁川町だけではなく、福島県にも東京の放送を受信可能なラジオ受信機はなかったと推定される。

ラジオを聴くためには当然電化されていなければならないが、一九二六（大正一五）年一月での梁川町の電灯数は四

一八四、一九二五年国勢調査による世帯数は一一七六であるからほぼ全世帯に電気は行き渡っていたと見てよいだろう。[7]やや後だが、一九二八年（昭和三）四月の『福島民報』は梁川の九割で電灯普及と報じている。[8]安定した電力供給があったのかまではともかくとして、梁川のほとんどの世帯は電化され、ラジオを聞く最低限の条件はあったことになる。

また、すでに述べてきたように梁川の住民の約半数は東京か福島の新聞を購読していたから、「現代に於ける科学文明の一大光輝」である「無線電話」というものが始まったことは知り得た。しかし、その「電波の恩」に実際に浴することはできなかったのである。

梁川におけるラジオ聴取の最初として確認できるのは、仮放送開始から四ヵ月ほどして一九二五年七月二四日に開場した阿部製糸場がラジオを据えつけた例である。[9]阿部製糸場は栄町にあった紡績会社が営業不振で休場解散していたのを阿部常蔵が「或外人のパトロンを得て」開場したとされる。阿部は、町の政治経済の中心ではなかったようで略歴等はわからない。ただ外国人から資金を得て製糸場経営の乗り出すほどであるから進取な人物で、新奇な装置であるラジオに関心をもったのかもしれない。

また「梁川町郷土誌」は一九二五年「九月ヨリ当町内にも「ラヂオ」ノ開設ヲ見ルニ至リ」と記しているが、[10]誰が開設したのかなどの記述はなく、詳細は不明である。ただ、放送行政は逓信省の管轄であり、五月には仙台逓信局長から各郵便局に無線電話出願手続きについて通達が出るなど郵便局長はラジオ放送でも逓信局の管轄下にあったから、梁川で最初にラジオ受信機を据えたのは郵便局長である中木直右衛門であった可能性が高い。中木については、これまでも触れているが、町有数の資産家であり、かつ多くの新聞雑誌図書を読む文化人でもあった。その彼がラジオ受信機も設置したとすれば、町のなかで図抜けて中央の文化を享受していることになるが、何のエピソードも伝えられていないことからすれば、郵便局長という立場上設置しただけでさほど積極的ではなかったかもしれない。

梁川の隣村の粟野村では、池田善兵衛宅で一九二六年一〇月にラジオを設置したとの記録がある。[11] 池田善兵衛は粟野村どころか伊達郡有数の資産家として知られており、ラジオ受信機を購入できる経済的余裕はあったはずである。このように梁川の町やその近在でラジオ受信機を設置したのはごくわずかの資産家だけであった。

梁川のラジオ聴取が低調であったのは、そもそも梁川町をふくむ福島県、さらに福島県以北の東北六県は、社団法人東京放送局の「放送区域」の外であったからである。一九二四年一一月二九日、逓信大臣犬養毅が社団法人東京放送局に出した「放送無線電話私設許可命令書」では、「電力一・五キロワット」、「放送区域」の北限は「栃木県全部」までであった。福島県など東北六県は「放送区域」外であって、そこの住民は放送を聴くことを想定されていなかったのである。ラジオという新しいメディアが一挙に全国に行き渡らず大都市から始まるのは、やむをえないことであったかもしれないが、ラジオ放送は「放送区域」と「放送区域」外という新たな格差を作り出した。

「放送区域」外だといっても、電波がまったく届かないということではない。しかし、「東京放送局聴取圏内鉱石受信機感度地図」[12] によれば、鉱石受信機の場合、約七五キロの茨城県真壁で「簡単な放送言語を了解し得る程度」で、それより遠い福島県は調査対象にさえなっていない。福島県以北では、安価な鉱石受信機では到底聴くことはできず、ラジオ放送を聴こうとすれば、高性能の受信機、高いアンテナなどの投資が必要であった。

東京放送局の放送開始以前の一九二五年一月、新聞や雑誌で「無線電話」が話題になった頃、商機に敏感な無線電話器販売人が仙台市内で売り込みの活動を行いだしたという報道がある。[13] これに対し仙台逓信当局は、放送区域外でも許可を受ければ「受話」は差し支えがないが、福島は場所にもよるが「普通の鉱石検波器では聴取困難で矢張り真空管式のものを擁する」、いずれにしても「受話機」は放送局の承諾と逓信省の型式試験と認可が必要だし、「器械が完全ならば東京の放送は仙台でも聞く事ができる」と一応前向きに返答しているが、要するに高性能機でなければ聴取は無理だと注意喚起しているのである。福島以北の人々にとって「現代に於ける科学文明の光輝」はなかなか手が届かなかった。

福島市でラジオを聴いた最初と記録されているのは、仮放送開始から一ヵ月近くたった四月一六日に福島民友新聞社が行ったラジオ聴取実験である。四月一五日の『福島民友新聞』は、同社ではかねてから受信機設置を申請中であったが、いよいよ同日長島利吉技師が機械器具一切を編集局に据えつけ、聴取試験を行うことになったこと、毎日午後七時からのニュース放送を聴取し今後は一般にも公開することなどを発表している。

しかし、一五日には機器の準備が間に合わず、試験は失敗してしまった。一七日同紙記事は初期のラジオ聴取がいかに大変であったのかを具体的に伝えていて興味深いので引用すれば、「十六日早朝より同技師は人夫数名を指揮し、器械据付けの為め大車輪で工事に着手したが、何しろ六十尺の電柱電線の張り渡し等に手間取るため午後三時の放送試験には間に合ず七時愈試験する事」になったという。新聞発行時点では成否がわからなかったためか、「試験の結果優秀なる場合」はその結果を発表し、以後読者に午前九時から午後七時までの「東京放送局より放送し来るすべてのニュースを時々公開する」と告げている。

一八日付夕刊（一七日発行）は、「予期以上の成功」と誇り、「音響は東京に於て聴くよりもむしろ大きく」、「当夜は福島市最初の試みとて市内より物めづらしげに集ひ来る老若男女は勿論小児まで社の内外を取囲み頗る混雑を極め」たという。記事によれば、ニュースだけではなく、講演や謡曲番組も聞かせたようで、一七日の番組も予告している。「物めづらしげに集ひ来る老若男女」は奇妙な拡声器から聞こえる「音響」に驚き面白がったのだろう。新聞社としては娯楽と同時に「東京を離る七十里外の当地に於いて、新聞ニュースはもちろん商品株式の相場を一分と経たぬ間に手に取る如く聴取することになればその便利と智識の上に於いて市民は異様なる恩恵に浴するものと言はねばならぬ」という有用性を宣伝している。

この公開聴取実験によって福島の人々は、初めて新しいメディアを実際に見聞できた。しかし、これは、娯楽として楽しむにせよ、相場速報を入手するにしろ、ラジオの機能を発揮させるには受信機設置などの費用・労力があまりに多大であることの実験でもあったのである。『福島民友新聞』は四月二九日に放送局と逓信省の認可を得たので正式に公開する旨社告を出しているが、これもラジオの普及というより、話題作りのイベントである。

さらに五月二日の『福島民友新聞』には「天空の妙音ラジオの領域、福島県一帯は山間僻地を問はず御申込次第即日架設」をうたう東京のシンカイラジオ商会の全ページ広告が掲載されている。この広告には『福島民友新聞』の公開聴取実験の写真が中央に置かれ、先の長島技師が福島県出張技術主任という肩書きで特筆されるなど、『福島民友新聞』の公開聴取実験が実はシンカイラジオ商会の販売促進イベントでもあったことを示している。

広告のコピーには、「一日後るれば一日、文明に後る、商機の敏活を望まる会社銀行商店――家庭の生きたる娯楽として旅館、料理店カフエーの文化的設備として今直ぐ――御申込下さい」とある。ラジオは新しい「文明」「文化」の象徴であり、「商機の敏活」即ち相場速報、家庭の娯楽、旅館・料理店・カフエーなどの客寄せを具体的効用として売り込もうとしたのである。ただ、この広告で面白いのは、「最高級受信機三号」の販売・設置と申し込み手続き代行をうたいながら、価格がまったく記載がないことである。おそらく、かなりの高額で、個別的交渉に委ねられるところが大きかったのである。この広告は、はからずもラジオ受信機を設置できる階層は、きわめて限られていたことを示している。

このほか、福島市内でのラジオ聴取事例としては、福島ラヂオ協会というのがある。これは「ラヂオ民衆化」を掲げて福島電気試験所長酒井を会長に設立されたもので、事務所は受信機の販売を営む商店である日野屋に置かれた。[14]日野屋は、「民衆化」という大義名分の下には受信機の販売促進をはかり、五月七日からフタバ・ホールで「東京から技師を招聘し全部舶来の機械を販売」し、中旬から機械を据えつける予定であるとも報じられている。以後、「ラジオ日野屋」は「毎日フタバホールで公開しております。どなたでも御来聴下さい」という広告を載せており、[15]受信機販売促進のための公開聴取の実演を行っていた。この場合でも東京から専門の技師を招き、輸入品の機器というのであるから、相当の費用がかかっている。

仮放送開始から四ヵ月ほど経った、七月一二日の東京放送局本放送開始直前時点での東北六県の「ラジオ認可数」は、福島県五一、宮城県三六であった。これを報じた『福島民友新聞』は福島が最多であることをもって「福島は東北で一番文化の程度が高い」と見出しをつけ、[16]福島の「文化の程度」を誇っている。福島県が最多になっているのは、他の五県より東京からの距離が近く、相対的に聴取条件がよかったためだが、他県よりわずかに多いだけで「文化」を自負している意識には、「放送区域」外におかれている劣等感と強い中央志向が透けて見える。

福島県五一の内訳は、福島市一三、若松市一四、郡山市二、郡部二二である。[17]無理を承知でラジオを聴こうとした人々は、絶対的数としては少ないが、県内かなり広く散在していた。『福島民友新聞』記事は、「ラヂオ施設中の多くは娯楽的であつて営業上からの施設せるものが殆どない」と述べているが、この場合の「営業上」というのは相場速報などを得るためにラジオに加入するという意味で、先の『福島民友新聞』の聴取実験では、相場速報の有用さが強調されていたのだが、実際には受信が不安定なため音読される数字を正確に聴き取るのは難しく実用にはならなかったようで、「営業上」の動機で受信機を施設する者は少なかった。

ラジオによる速報が有効であったのは、一九二五年一二月六日の皇孫誕生ニュースのような場合である。『福島民友新聞』によれば、同紙では皇孫誕生に備えて三週間前から電話・電信・ラジオの通信設備を準備して待っていたところ、一二月六日午後八時一〇分、東京放送局の放送があったので、八時一五分に号外を発行したという。(18)前述のように当時福島市には一三人のラジオ受信機設置者がいたから東京放送局の臨時ニュースを直接聴いた人はいたかもしれないが、ニュースに備えて待機していた新聞社が聴き、あらかじめ印刷していた号外を発行したのである。この場合はニュースの詳細な説明は必要なく、雑音が混じっていても聴き手は理解できたのである。(19)通常の相場ニュースでは、こうはいかなかっただろう。

多いとされている「娯楽的」聴取は、新聞記事から拾える聴取事例から推察すれば、家庭での「娯楽」ということではなく、「娯楽」を提供する営業に利用されたということである。それも放送番組内容を楽しむというより、雑音まじりの遠くからの音を聴く行為自体を面白がらせるという「娯楽」の提供、あるいは新奇な機械装置に接したいという好奇心に応える客寄せである。家庭のお茶の間の娯楽というより、ラジオは話題を作り、客寄せをする装置として営業者に利用されたのである。電気的な雑音を聴くことが、新しい文化的娯楽であった。

双葉郡浪江町では、住民有志がラジオ研究倶楽部の創立を意図したところ「入会者続出近ラヂオ機の据付け組立其他を研究し機関雑誌の発刊をなす由」であるという。その旨意書は、「国の文明は国民の科学思想発達程度如何」による。「最近無線電話が発達し其新しい利用として無線放送が行はれ欧米に於ては一般家庭に於ける科学的娯楽として非常な流行を来し国民教育の機関となつた」。日本においても無線放送が始まったが、「比較的文化の浸潤の緩慢な当地方に於て吾人は率先して此ラヂオを研究し地方文化の一助となし以てラヂオ界の木鐸たらん」とうたっている。(20)「文化の浸潤の緩慢な」地方だからこそ最先端の文化に何とか浴したいという願望が強いのである。しかし、これが、実際に受信機の据えつけまでに至ったかは不明である。

岩瀬郡須賀川町では、常設活動写真館須賀川座が五月二九日からラジオを据えつけたので、観客は活動写真とラジオの両方を楽しむことができた。「地方民は珍しく毎夜の大入満員の盛況である」という。これに目をつけた地元の新聞販売店遠藤新聞店が開業一〇周年と銘打って入場券半額サービスを行ったので、新聞購読申し込み者も急増し、須賀川座・遠藤新聞店の両方が大忙しと報道されている。[21] ラジオと活動写真館とさらに新聞販売という三者の相乗効果の客寄せイベントである。

また、『福島民報』記事に、奥羽線峠駅からさらに山間に入った滑川温泉（現山形県米沢市大沢字滑川）の「福島旅館では避暑客の無聊を慰安する為に今回精巧なるラヂオ機を館内に据付数回の試験を行つたが極めて明瞭に聞こへるので浴客は幽谷の仙境にゐながらにて東京の出来ことを聞かれるので非常に喜んでゐるが仙台逓信局管内に於てもかくの如き山間の温泉地に於ての据付は同館だけである[22]」とある。同館の新聞広告にはラジオ設置とともに「峠駅ヨリ三十四丁私設電話、電灯、山籠アリ」との添え書きがあり[23]、ラジオや電話と山籠が並列されているところが面白いが、山を越えた山形県の山間でも音質はともかく東京のラジオ放送が聴こえたようだが、これも温泉旅館の話題作りにラジオが利用されたのである。

こうした事例では、映画館や旅館が一定の投資を負担しているのであるが、そうでなければよほどの富裕者の家庭か富裕者の援助がなければ受信機据えつけは無理であった。一九二六年二月の事例だが、福島県河沼郡柳津村では、村の有志と共に岡本坊主人笹川九十馬が一〇〇〇円を供出してラジオ機を据えつけたという。これは高性能機だったらしく、東京、名古屋、大阪の放送が「完全に聴取」することができ、冬期は雪に閉ざされ娯楽のない地に「中央文化の一脈を通ず得るとて村民に喜ばれてゐる」という[24]。

内閣統計局「自大正十五年九月至昭和二年八月家計調査報告」によれば、給料生活者の平均実収入は一三七円一七

表34　聴取者一人あたりの世帯数

府県	世帯数
東京	7
神奈川	27
千葉	47
埼玉	63
茨城	211
群馬	305
宮城	788
福島	1,312

＊『ラジオの日本』1926年6月1日「放送時報」より抜粋

銭であるから、(25)一〇〇〇円は給料生活者月収の約八倍にもあたる。当時の受信機の価格は、一般的に真空管ラジオは国産品の安いもので一台六〇円前後、国産品のスーパーヘテロダインの高いものは九〇〇円、外国製は一二〇〇円であったというから、(26)柳津村の一〇〇〇円というのは決して誇張ではない。この村では、有力者が多額の金額を提供し、ラジオを聴けるようになったのである。

ラジオに関心はあっても、これだけの経済的負担をできない者は、ラジオ受信機の自作に向かうことになる。東京放送局開局一ヵ月後の動向だが、毎日約二〇〇の申し込みがあり、その八割は自作機の持ち込みだという。(27)福島の新聞にもただの五、六円で「誰でも出来る無線電話機の作り方」といった広告が載っている。(28)五円というのは、鉱石受信機で、実際には福島での聴取は困難だったし、また組み立てを受け負う商店もあったように、ラジオ知識の不十分な者が受信機を自作するのはなかなか難しかった。自分で組み立てができても聴取できるとは限らなかったであろう。『河北新報』には、仙台市の例として「東京なり大阪なりの放送を完全に聞いてゐる人は極めて少ない」、「千円前後のスーパー、ヘテロダイン程度の最高級品でも昼間の聴取は全く無理であり夜間でも拡声器で聴かなければならないといふものでそれ以下の安い内地品や組立品では一層聴取困難で夜間の慰安程度を超して相場受信其他実用的に利用することはまだまだ六ケしい」状況で、拡声器をつけて二五〇円位で相場が聞き取れる性能の受信機を組み立てる電気工作者がニュースとして紹介されているほどである。(29)

ラジオは、東京の放送を聴ける地域と聴けない地域とのあいだに格差を生じさせた。梁川や福島は「放送区域」外に置かれ、「科学文明の一大光輝」の恩沢から取り残されたのである。表34に「聴取者一人当りの世帯数」を掲げたが、これによれば東京府では七世帯一台であるのに福島県は一三一二世帯一台と約一八七分の一の普及率である。

それだからこそ福島市のような都市部では雑音まじりの音を聞く新奇な見世物娯楽として楽しまれたのである。梁川のような郡部の町では、ごく一部の資産家が試しに設置してみる程度で、東京との地域格差はあまりにも大きい。中央との地理的格差だけでなく、「放送区域」外では高価な高性能機が必要になり、それを負担できるのは資産家に限られていた。ラジオは地域格差を作り出しただけでなく、地域のなかに大きな階層格差も作り出したのである。

仙台逓信局管内即ち東北六県全体のデータであるが、一九二六年三月一日現在の逓信省電務局事業課「ラヂオに関する調査[30]」の「職業別聴取無線電話数」(表35)によれば、東京に比べ仙台管内は「銀行会社及商店員」の割合が少なく「商業」「工業」「農業」の割合が高い。これは主として都市と地方の社会構成の違いであろう。地方では俸給生活者の層は薄い。

さらに「聴取無線電話機の種別」(表36)を見ると、仙台管内では七三%が四球以上であり、鉱石式は一人もいない。六五%が鉱石式で占める東京と対照的である。東北では鉱石式による聴取は不可能で、高額高性能の四球以上の受信機がなければならなかったのである。受信機を設置したのは「商業」「工業」「農業」のなかでも富裕層であることは明らかである。

表35　職業別聴取無線電話数（1926年3月1日現在）

	仙　台	東　京	合　計
官公吏	36(8.8)	1,678(11.2)	2,605(10.0)
銀行会社及商店員	71(17.4)	3,771(25.2)	6,913(26.5)
商業	124(30.3)	3,743(25.0)	6,824(26.2)
工業	31(7.6)	589(3.9)	1,151(4.4)
農業	31(7.6)	522(3.5)	1,305(5.0)
芸術技芸	2(0.5)	202(1.3)	255(1.0)
弁護士弁理士	1(0.2)	53(0.4)	66(0.3)
宗教	1(0.2)	154(1.0)	266(1.2)
学生	19(4.6)	1,159(7.7)	1,708(6.6)
職人	0(0.0)	647(4.3)	748(2.9)
土木建築	1(0.2)	181(1.2)	255(1.0)
医師産婆看護婦	26(6.4)	660(4.4)	1,143(4.4)
料理店，旅館，貸座敷等	17(4.2)	378(2.5)	597(2.3)
新聞通信交通	6(1.5)	88(0.6)	153(0.6)
官公署学校	15(3.7)	94(0.6)	230(0.9)
銀行会社等	14(3.4)	44(0.3)	146(0.5)
無職	6(1.5)	742(4.9)	1,152(4.4)
其他	8(2.0)	287(1.9)	467(1.8)
合　　計	409	14,992	25,984

＊　カッコ内は構成比（%）

このようにラジオ放送によって、先の後藤新平の言とは逆に「都鄙」の格差は大きくなり、さらに「鄙」のなかでも階層格差は大きくなった。ラジオ受信機をもてない層からすれば地域と階層の二重の格差である。ラジオの登場は、文化の均等化ではなく、著しい文化格差を生じさせたのである。

無論、これはラジオの普及初期の一時的な状況であって、ラジオが地域的にも階層的にも普及すれば、自ずから緩和されるともいえる。確かに、格差の緩和は政府・逓信省にとって重要な政策であった。逓信省は一九二五年一一月に全国どこでも安い鉱石式受信機で聴けるようにする〝全国鉱石化計画〟をまとめていた(31)。また東京放送局も「東京放送局ノ区域外ニ於ケル聴取者ハ何レモ数百円ノ受信器ヲ使用シ、毎月多額ノ維持費ヲ投ズル必要アルヲ以テ一部ノ階級ニ局限セラレ、多数民衆ハ此ノ文化ニ均霑スルヲ得ザルハ頗ル遺憾」として大電力放送所建設案を逓信省に申請していた(32)。

表36　聴取無線電話機の種別（1926年3月1日現在）

	仙　台	東　京
鉱石式	0(0)	9,759(65)
一球式	25(6)	772(5)
二球式	14(3)	842(6)
三球式	72(18)	2,011(13)
四球以上	298(73)	1,580(11)
合　計	409	14,964

＊　カッコ内は構成比（％）

同時に、「現代に於ける科学文明の一大光輝」の恩典に浴しえない仙台や福島の住民の側からも、格差を埋めたいという願望が生じてきた。それまでも政治・経済・文化などで中央との格差を感ぜざるをえないことは多々あったであろうが、ラジオが作り出した新たな格差はかえって求心性への願望、東北にもラジオ放送局設立の願望を作り出していったのである。

しかし当たり前のことだが放送局開設は梁川町では到底無理なことだし、県都福島でも困難であった。放送局を設立するだけの経済資本・社会資本・文化資本が乏しかったのである。独自の放送局設立の動きが生じたのは仙台市であった。仙台に放送局ができれば梁川の住民の聴取条件が改善されることになる。地方での放送局設立については従来ほとんど研究がないので、遠回りだが触れておくことにする。

二　仙台放送局設立の動向

仙台におけるラジオ放送局設立の動きは、一九二五年三月に東京放送局の仮放送が始まったのとほぼ同時期に東京の動きに刺激されながらも、それとは無関係な仙台独自の計画として起きていた。この年の二月、東北帝大工学部助教授千葉茂太郎がラジオ送信機器を整え実験放送を準備しながら資金難のため行き悩んでいたのに対して、仙台の若手実業家の団体である若紳クラブが資金を提供し具体化したのである。若紳クラブというのは、一力次郎（河北新報社副社長）、福島禎蔵（福島金融副社長）など、当時二五、六歳の地元の有力企業の「御曹司」たちのクラブで、ふだんから音楽会、講演会、テニス会開催の援助していたが、その一環としてラジオ放送を「今後の社会発展に貢献することの大きい文明の利器」と認め、資金二〇〇〇円を提供したという(33)。

二月一二日に実験放送を行ったが、この日は失敗し、二、三週間後に成功したとされる。仙台には地元若手実業家と東北帝大の研究者の結びつきという社会関係資本が存在し、「文明の利器」であるラジオ電波を地方から発信する意気込みで実験まではいったのである。ただ、この実験放送は、逓信省の正式許可は得られず、これ以上具体化することはなかった(34)。しかし、「放送区域」外と位置づけられていた仙台で独自の放送局を計画し、実験まで行ったのは注目してよい。この実験の関係者の一部は、その後もラジオへの関心をもち続け、仙台での放送局設立を模索していったのである。

一九二五年七月二一日の『河北新報』の報道では、東北管内に無線電話の放送局を設立しようとする出願は、仙台七件をはじめ新潟、青森、福島、郡山、長岡、高田等約二〇件に達しているという。(35) しかし、新潟、長岡、高田の外はいずれも「営利的なもの」であるのでそのまま認可されそうもなく、最も有利とみられる仙台では「公益法人組織の有力な放送局の設立申請が出さうな模様であり」、「逓信当局は近く各出願者の合同を斡旋して自ら其産婆役を務める意向らしい」とある。

さらに仙台逓信局幹部の談話として、仙台にできた場合、加入者数の心配はなく、放送の材料も新聞材料を利用すれば不足はなく、「余興その他」は東京放送局のそれを「実線」か「無線」で取って放送すればよいと報じている。

この時期の逓信省は、東京、大阪、名古屋と同様の公益法人組織を仙台でも認可する方針で、七つの出願を一本化しようとしたのである。その場合の仙台放送局は独自の番組を発信するのではなく、東京放送局の中継局という位置づけであった。

仙台逓信局は一本化工作を裏面で行い、出願者たちも調整をした模様で、一九二六年一月二九日付『福島民報』は、仙台ラヂオ放送局の出願は目下合計九件もあるが、逓信省が営利目的のものは認可しない方針であるので、「市の有力者」福島禎蔵、藤崎三郎、鹿又武三郎、中村梅三、大塚民三郎、谷井文蔵ら三四名から出願中のものが認可となる見込み、福島らはしばしば上京して逓信当局に運動中で、工費は一三万円、七月一日頃開局と詳細に報道している。約一ヵ月後の二月二一日には、『福島民報』は、福島以下二六名を発起人とする財団法人ラジオ放送局は「既に諸般の準備も整頓しその筋よりの認可を待つのみとなつてゐる」とさらに具体的に報道している。

福島禎蔵は前述した「若紳クラブ」のメンバーであり、彼の放送への関わりは続いていた。おそらく、仙台が遅れをとっていることに地元の若手実業家として我慢ができなかったのであろう。しかし、先の実験放送では面白半分にせよ、地元独自の放送局設立という意気があったが、この段階では逓信省の行政指導に従い、ビジネスとして安全な東京からの中継放送局設立の計画に変質している。

先の『河北新報』記事には福島、郡山でも出願があったと記されているが、地元の新聞には記事がなく、福島の計画は具体化しなかったと推測される。リスクの大きな事業に投資する経済資本・社会資本がなかったのであろう。福島の新聞の関心は、専ら仙台の放送局設立動向にあった。

先に逓信局幹部は仙台放送局について楽観的意見を述べているが、十分な見通しがあったわけではなかった。特に開局しても聴取者を果たして獲得できるのかは不分明であった。「放送区域」外の時期での聴取者の状況について興味深い観察をしているのは、実験放送に携わった東北帝国大学教授千葉茂太郎である(36)。まず仙台での聴取の現状は、「夜間ならば何処のもよく聞える。昼間にも聴きたいの、もつと雑音を少くし度いのといふのがなかつたならば、現在のまゝで沢山である」という。裏返せば、昼間は聞こえず、夜間でもかなり雑音があったのである。千葉は後述するようにラジオの専門家で、かなり高性能受信機をもっていたはずだが、それでもこの程度だったのである。これは、先の自作機についての『河北新報』記事と符合する。

そのうえで千葉は聴取者を三種類に分けている。「第一が鉱石検波器を使はうといふ連中、これは未だ当地に居ない事勿論である」、「第二は簡単ながら真空管式装置を使用する連中、第三は高級受信機を購ひ得る余裕のある人々、この最後のクラスに属する人々は、近所に強力な放送局が設立されても、遠いラジオを聴く事は余り障げられない」というのである。

要するに仙台に放送局ができた場合、恩恵を受けるのは鉱石ラジオを購入するような階層で、現在夜間の雑音まじりの放送を聴いて満足している高級受信機層はどちらでもよい。中間の「真空管一個組には、最早各地の遠い放送局を漁る楽しみが許されなくなる。そしてこの階級に一番ラジオに熱心な人々が多い様であるので、さうなつた暁には

〈引用注：仙台に放送局が開設した時には〉それらの人々に聊か気の毒な気がする」。やや皮肉をまじえた観察だが、聴取者の分類としてはあたっていよう。

恐らく福島は東京により近いので若干受信状態はよかっただろうが、基本的には似た状況である。高級受信機層で東京の放送を聞く富裕層、簡単な真空管式受信機を自作したり購入したりする中間層層、これらのなかにはマニアックなラジオ・ファンがいて遠くの放送を苦心して聞くことに喜びを感じている。[37]その下に鉱石受信機しか購入できない層がいるのだが、当時はこの階層はいない。しかし、仙台に放送局ができた場合、便益を得るのはこの階層のはずなのである。

この聴取者分類は先の「ラヂオに関する調査」の結果とも一致するが、千葉はさらに設立される放送局の性格についても付言して、「地方としては放送局が設立するならば大体として中央都市のラジオを中継放送するより他に方法は無い。地方放送局の経営上からも、毎日の放送材料の準備からも、また地方民衆の多くが中央都市にある娯楽を待つてゐる点からも、中継放送を採用しなければならないのは判りきつた問題」と断言している。

千葉茂太郎の論文は、前述した東京と東北との地域格差、後進地域故の階層格差拡大という二重格差を指摘しているのだが、それを緩和する地方放送局は経営的にも、「地方民衆」のニーズからも中央からの中継局とならざるをえないという意見である。福島といい、千葉といい、実験放送を行ったメンバーは地方独自の発信をあきらめ、中央の文化の中継に地方放送局の進路を見いだそうとしているのである。仙台には、独自の実験放送を行うだけの社会資本はあったが、定常的な番組制作を行う文化資本は乏しいことを実験放送で痛感したのであろう。ラジオは結局「地方民衆」の中央志向を顕在化させ、促進する方向に働いていく。

しかし、政府・逓信省の中央集権化は、地方が考えている以上に強引に進められた。突然伝えられたのが、逓信省の東京、大阪、名古屋三局の合同方針である。四月一三日『福島民報』は「仙台放送局設置不許可」の見出しをつけ、逓信当局が東京、大阪、名古屋の既設三局を合同させ、「中央に大放送局を設け今後地方には独立せる放送局を設置せぬ方針をたて従つて仙台も当然東京放送局内に入れらるるに至るであらうとの事である。東京局では近く電力を増加して二十キロにし東北及北海道方面にも放送するやうにするから仙台の新設放送局は勿論不必要になる」と報じた。同記事は、半径百マイル内に二万人の加入者が見込めるから、逓信省は別途仙台に放送局を設置する方針である旨も合わせて記載している。それは、東京に生まれる「大放送局」の支局という位置づけであって、それまで福島らが目指していた独立放送局構想とは異なる。

三局を合同させるという強引な政策の大義名分として逓信省が掲げたのは、「津々浦々迄聞ける仕組」を作ることである。五月一日『福島民報』は、逓信省の方針として、広島、熊本、仙台、札幌の放送局を認可し、それらを既設三局と「総合合同」させ「公共法人日本放送協会」を設立し、「東京より放送する各種プログラムは前記各種放送局を経て全国津々浦々まで達」する計画であることを明らかにしている。まさに東京一極から地方中継点を経て全国に伝播するメディアの計画である。

ところが、七月になって逓信省の三局合同案が具体化してくると、福島の新聞の論調はにわかに逓信省に批判的になり、特に東京放送局の解散については「逓信省の横暴沙汰」「傍若無人に放送局を圧迫」などと刺激的な見出しが紙面を飾った。これらはすべて東京の通信社からの配信記事とみられるが、それをそのまま掲載していったのは、福島の側にも逓信省の一方的政策によって振り回される地方の不満があったのであろう。

こうした逓信省の放送制度政策、仙台の財界人を中心とする放送局設立の動きなどは、梁川の住民は新聞報道で知っていただろうが、基本的にははるかに高いところでの出来事であった。前述のように一、二軒しかラジオ受信機を有していない状況にあって、梁川から見れば、梁川の上空に福島があり、福島の高層に仙台があり、仙台のさらに超高層に東京の逓信省がある。

しかし、一九二六年八月六日、社団法人日本放送協会が設立されたことは梁川の人々のラジオ聴取に大きな影響を与えることになった。逓信大臣から日本放送協会に出された「許可書」には一四ヵ条の「命令書」が添えられ、その第一条には「社団法人日本放送協会ハ設立許可ノ日ヨリ遅クモ五年以内ニ大体内地孰レノ地ニ於テモ鉱石受信機ヲ以テ無線電話放送ヲ聴取シ得ヘキ放送設備並各地方ニ対シ優秀ナル放送事項ヲ供給スルニ適当ナル中継装置ヲ各放送設備間ニ行フヘシ」と定められた[38]。五年以内に全国どこでも鉱石受信機によって受信できるようにせよというのである。先の千葉の分類によれば、鉱石受信機設置者という聴取者の底辺層を拡大させる政策である。

もともと、これは一九二六年二月二六日逓信省議決定された「放送無線電話許可方針ニ関スル件」の「施設計画」[39]に「大正十七年度迄に全国を大体鉱石化せんとする」とあるのに基づく計画である。「命令書」には、「遅クモ五年以内」とあるが、重要な目途となったのは一九二八（昭和三）年の昭和天皇即位式を全国中継放送することにあった。日本放送協会は急ぎ「全国放送網五カ年計画」を策定し、熊本、広島、仙台、札幌、長野に各一〇キロワットの放送局を設けることとした。そして、その膨大な資金をまかなうため各支部で一〇〇〇〇口、総額二〇万円（一口二〇〇円）の出資金を集めることにしたのである。中央集権的なメディアを地方負担で実現しようとする上からの政策である。出資一口につき受信機二台まで聴取料免除の条件ではあったが、この募集は容易ではなかった[40]。

福島県でも仙台支部設立に協力することになり、福島商業会議所の責任数は約一七〇口、三四〇〇〇円であったという[41]。しかし難航し、仙台逓信局管内では、五月末の時点で一〇〇〇〇口のうち七四六口しか応募がなかったと報道されている[42]。募集難は仙台だけでなく、どこの地方支部でも同様であった。わずかな応募しか得られなかった広島逓信局では、県内郵便局長に協力を求め、ようやく支部発足にこぎつけたという。[43] 仙台逓信局でも、商業会議所などに働きかけただけでなく、おそらく各地郵便局長にも協力を要請したであろう。

梁川の資産家たちにも働きかけがあったことは推測に難くない。しかし、梁川で応じたのは、郵便局長中木直右衛門だけであった。一九二七（昭和二）年時点での応募者名簿は見出せないが、社団法人日本放送協会『第六回事業報告』（昭和七年度）では、会員数七〇七名、七四六口と口数は一九二七年報道記事と同数で、巻末の会員名簿によれば伊達郡は一六人、一六口。梁川町は中木直右衛門の一人一口だけである。

これまで述べたように梁川町の名望家は、電信電話の誘致など町の社会基盤や自己の営業基盤の拡充に私財を投じて力を尽くしてきた。しかし、地方放送局設立には協力的でなかったのである。それまでラジオ放送を実際に聴く機会はほとんどなかったし、仙台に放送局をつくるために自己の資金を供出する気になれなかった。ラジオ放送は天降りのメディアであったのである。

一九二七年六月九日に日本放送協会東北支部設立総会が開催され、放送開始への準備が本格化した。翌一九二八年六月一六日、一〇キロワットで放送が開始されたのだが、主たる関心は、同年一一月の昭和天皇即位式の中継放送の実現にあった。その間の地元単独の放送は、東京からの中継放送実現までのつなぎという意識であったようだ。福島の新聞が報じる東北支部の意向でも「単独放送を出来るだけ早く切りあげて鉱石化の一番槍として中継放送をする事になるので其方の工事を急がねばならず[44]」と、地方独自の番組放送への意欲は乏しい。また、放送局の番組制作者は、中継放送実現まで「演芸放送で思案投首の態」であるとも伝えられていた。[45]

仙台逓信局、日本放送協会が急いだのは聴取者の量的拡大であった。仙台放送局の基盤を安定させるためには何より一定数の聴取者を確保しなければならなかった。また、当面の課題である天皇の即位式を「赤子」にあまねく聴かせるという国策的要請からも受信機の普及は急がれた。仙台放送局は聴取者一万五〇〇〇人募集を計画し[46]、映画を利用して聴取加入を図り、四月六日から石巻町、古川町などで巡回映画会を開催するなど活発に普及促進を行った[47]。こうした動向を商機と見たラジオ商の販売活動も活発化し、三月五日には、東北ラジオ組合の創立総会が、仙台で開かれている[48]。しかし、福島のラジオ商は、この組合に参加せず、足並みはそろわなかったようだ。

普及運動や販売活動にもかかわらず、なかなか聴取者は伸びなかった。六月上旬で、目標の三分の一の「四八〇〇突破」と伝えられている[49]。ラジオに関心があっても、実際にどの程度の受信機で聴けるか分からず、仙台の新聞は、「五円を投ずれば立派に聞ける」[50]と書きたてるが、福島の新聞は「鉱石では矢張り聞き取れぬ福島、あす本放送を前にして失望するファン」[51]と報じている状況では、生活必需品とはいえない受信機購入には二の足を踏む傾向であったのである。

逓信当局、東北支部が問題視したのが、無許可聴取者である。すでに述べたように「放送区域」外の東北はかなりの高性能機が必要であったから、無許可聴取者の数はそう多くはなかったはずである。しかし、仙台で放送が開始されれば、鉱石受信機でも聴取可能になるので、先手をうって無免許聴取者の取締に乗り出したと考えられる。普及と統制は表裏の政策であった。

仙台逓信局と東北支部は放送開始に備えて「盗聴者」を取り締まる方針を立て、「管内各部落に至るまで嘱託を配置し盗聴者を発見した場合は直に申込せしむる様取計事に決定」したという[52]。さらに放送開始直前の六月には、仙台市内を二〇余区に分けて個別的に検査する「盗聴取者狩り」が行われた。まさにしらみつぶしのローラー作戦である。それというのも、「聴取施設者が非常に多く少なくも二万に近い見込みであるが正式に認可を得てゐるものはまだ五千に充たない模様」であるからだという[53]。聴取施設者が「二万に近い見込み」というのはかなり誇張された数字のように思える。正式許可者五〇〇〇人以下という停滞にあせって、「盗聴者」の幻影が大きくなって、犯罪捜査なみの大規模な「盗聴取者狩り」によって聴取者増加をは図ろうとしたのであろう。

一九二八年六月一六日、日本放送協会仙台放送局が放送を開始した。当日の『福島民報』は、「呼びかくる文化の声」という見出しで「たとへ鉱石では聴き取れなからうが、放送プログラムが貧弱だらうが、これを所有したと云ふ事丈でもわれ等の誇りと云はねばならぬ」と書き、翌日は「東北六県の片田舎まで文化の流が訪れる」と報じている。仙台放送局開局によっても福島県では依然として雑音まじりの難聴取であった。それでも、雑音ばかりだろうが、貧弱な番組だろうが、ともかくラジオを聴けるようになって、中央の文化にようやく追いついたのである。

『福島民友新聞』は放送開始当日からラジオ欄を掲載し、『福島民報』は二五日の開局式に合わせて「JOHK祝放送開始」の広告特集を組むなど、福島の新聞はラジオの人気を盛りあげようと務めていた。しかし、福島の聴取者はなかなか増加していかなかった。

仙台放送局開始時点での管内聴取者は合計五六六〇名。(54) その集計を表37に掲げたが、「移管分」というのは、それまで東京放送局の聴取者であったのが、仙台放送局開局にともない移管されたという意味で、それまでは鉱石式受信機では受信できなかったので、すべて真空管式受信機である。聴取者の移管分と新規増加分は四七対五三で、移管分が意外に多いというか、新規の増加が伸び悩んでいることがうかがえる。

県別では、宮城県が聴取者全体の約五一%と最多で、福島県は第二位だが約一七%

表37　受信機種別聴取者数　1928年

	鉱　石	真空管	移管分	合　計
宮城県	1,137	1,134	632	2,893
福島県	103	223	643	969
岩手県	0	135	409	544
山形県	4	89	374	503
秋田県	1	85	362	448
青森県	0	72	247	319
合　計	1,245	1,748	2,667	5,660

＊『福島民報』1928年6月19日

とずっと少ない。しかも、福島県の聴取者九六九人のうち六四三人（六六％）は移管分で、新規の聴取者は三四％にすぎない。仙台放送局開局によって福島県の聴取者は増加したものの、緩慢であったのである。

表38　職業別聴取者数

職　種	人　数
商業	790(26)
銀行会社商店員	291(9)
無職	226(7)
職人	15(0)
官公吏	602(20)
旅館飲食店貸座敷	112(4)
病院看護婦産婆	174(6)
農業	187(6)
学生	128(4)
教育家	109(4)
漁業	9(0)
工業	120(4)
土木建築業	37(1)
芸術技芸	11(0)
宗教	14(0)
交通	19(1)
弁護士	17(1)
官公署学校	22(1)
新聞通信業	22(1)
銀行会社	19(1)
組合及倶楽部	0(0)
其他	157(5)
合　計	3,081

＊『福島民報』1928年6月19日
＊ カッコ内は構成比（%）
＊ 聴取者合計5,660名とあるが，上記合計数と合わないため補正

受信機の種別では、鉱石式は全体で約二三％で、逓信省が期待したほど鉱石式受信機は普及していない。仙台放送局の地元の宮城県では、鉱石式が三九％と割合が高いが、福島県では約一一％しかない。他の県では山形県がやや多い外は皆無に近い。『福島民報』も「仙台放送局の使命たる鉱石化の実現遠く将来は案じられてゐる」「ラヂオの実用化はこれでは徹底せぬものと見られて居る」と、「鉱石化」によるラジオの普及計画の前途に危惧を表明しているほどである。

安価な鉱石式受信を普及させることによって聴取者の増加を図るという逓信省・日本放送協会の計画は思うようにいかなかった。特に宮城県以外の県で、鉱石式受信機は伸びなかった。やはり鉱石式では受信できるかどうか不明であって、鉱石式の五円は真空管式に比較すれば安価であっても、真空管式受信機を購入できない層にとっては、聞こえるかどうかわからない受信機に五円も投資し、しかも受信料毎月一円というのは高額の出費すぎたのである。聴取者増加は、高価な受信機を購入できる階層ではある程度進んだが、底辺での拡大は低調であった。

『福島民報』記事は職業別集計（表38）も掲載している。それによれば「商業」が最多で二六％、「官公吏」が二〇％、

両者で四六％にもなっている。三位の「銀行会社商店員」九％を加えれば五五％となり、聴取者の多くが都市的職業従事者であることは明らかである。逆に「農業」は六％しかない。先の仙台開局前の一九二六年逓信省電務局調査では、「商業」「工業」「農業」の割合が高かったにもかかわらず、「農業」の割合が相対的に低下したのは、仙台放送局が開拓した聴取者は主に仙台市およびその近郊に居住する商業者、官公吏であったことを示している。「都鄙」の「機会均等」ということで開局した地方局は、確かに「鄙」へのラジオ普及をある程度進めたが、その内実は「鄙」のなかでの「都」の部分に普及したのであって、「鄙」のなかで「都鄙」格差を生じさせたのである。

この時期の梁川での聴取者数は資料がなく不明である。日本放送協会『業務統計要覧』では、一九二八年で伊達郡全体で二五一人となっている。前述のように一九二五年には福島県の郡部全体で二二人であったことからすれば、随分増加しているが、普及率として見れば依然として低い状態であった。

一例だが、伊達郡伊達駅前の東北肥料農具株式会社が「仙台放送局開始記念大売出」と銘打って新聞に広告を出したラジオ受信機販売では「クロスレー会社製品一球ヨリ五球マデ各種其他和製ラヂオ各種卸割引」とある。肥料農機具会社がラジオ販売を手がけているのが面白いが、販売の中心は真空管式にあり手軽な鉱石式は重きを置かれていない。郡部では鉱石式は普及せず、真空管式を買える層が受信機を設置する状況がうかがえる。

三　即位礼中継放送

初期のラジオ放送にとって大きな画期は、一九二八年一一月一〇日の新天皇即位礼の全国中継放送であったことはよく知られている。一一月五日に札幌、仙台、東京、名古屋、大阪、広島、熊本の七基幹局を結ぶ中継線が完成し、翌六日に天皇の皇居出門から東京駅発車までの模様が全国中継され、一〇日の京都での即位礼をピークに一二月一三日の東京市大礼奉祝会の中継まで様々な行事が電波にのって全国に放送された(55)。政府・逓信省・日本放送協会が一体となって、即位礼をメディア・イベントとして演出し、広範な国民に聴かせようとしたのである(56)。

これに合わせて開局した仙台放送局にとってはどれだけ多くの聴取者を開拓できるかが死活問題であった。聴く者が少なければ、急ぎ完成させた全国中継も意味がなくなってしまう。映画会と連動するラジオ宣伝隊を重点地域に巡回させるなど種々趣向をこらした宣伝活動を展開する一方、無届け者の取締り強化を図った。実際に実行されたかはわからないが、「ラジオ盗聴」には罰金二〇円を課したとの報道さえある(57)。

「放送番組が貧弱であるとの非難」には、演芸方面、特に和楽に力を入れた番組編成に改めたり(58)、漢文連続講座・御大典講座・宗教講座に加えて軍事講演など講座種目を増加させるなど試行錯誤で番組充実を図った。またラジオへの親近感を高めるために宮城県や福島県の郷土芸能家や学校生徒を放送に登場させる番組を増やし、梁川小学校生徒一八名も大友文樹の演出指揮で唱歌劇と合唱を放送する機会をえた(59)。おそらく梁川では大きな話題となったであろう。さらに八月一〇日からは各地の繭相場を放送するなど地元の情報ニーズにも応えようとした。

普及の先兵として大きな期待をかけていたのはやはり鉱石式受信機の普及であった。しかし、実際には前述のように鉱石式はなかなか普及しなかった。宮城県以外の諸県は鉱石式の「特典に浴せず高価のラヂオ機を使用して居る具合で仙台放送局設立使命たるラヂオの鉱石化にも反する」ので、仙台放送局では福島県などに技師を派遣して感度調査を実施するなどの措置をとらざるをえなかった(60)。

八月一三日付『福島民友新聞』は、「声ばかりで夢と消たラヂオの鉱石化、使用に堪える地元ばかり、はかない十キロ放送」という見出しで、「七月末現在ＨＫ（引用語：仙台放送局）加入者数は一万二千四百十九人で、その中鉱石使用者は僅に五千九百五十三人で、然もこの鉱石使用者は地元の宮城県九分を占めてゐるといふ有様で今や当局としても鉱石化が一条の夢であつたことに気づいてゐる」と鉱石化戦略の失敗を報じている。同記事の福島県の加入者数は一二七四人、鉱石使用者は七五人（約六％）にすぎない。市別では福島市一七三人、若松市七二人、郡山市七九、郡部九五一人、そのうち鉱石使用者は福島市一三人、若松市一人、郡部の六一人である。

結局、聴取者の底辺を拡大しようとする逓信省・日本放送協会の政策は成功をみぬまま、即位礼を迎えることになった。

前述のように全国中継線開通の翌日の六日、天皇の東京出発から連日中継放送が行われた。通常の番組は中断され、特別な放送によって特別な時間が作りだされたのである。仙台放送局は、「御大典放送」開始にあたって、「聴取者側も誠意と徳義心とを以て受信機に向はるゝ様にしたいし旁たこの際早くラヂオ加入の手続きを望む」と語っている。(61)「誠意と徳義心とを以て」というのは抽象的で実行性の乏しい指示ともいえるが、緊張したアナウンサーの声を謹聴させることで日常性を切断し、特別な聴取体験を作り出そうとしたのである。まして聴取料を払わず隠れて聴くなどは、論外というわけである。

福島市における奉祝行事は一一月一日に発表されたが、それによれば一一月一〇日当日は、午前九時から市役所において市会議員吏員の拝賀式、引き続いて八〇歳以上の高齢者等への表彰式。午後二時五〇分に市役所で一般市民のために第一の花火をあげる。市民は全部この合図によって屋外に出て南方に向かう。午後三時第二の花火が上げられ、市民は一斉に「天皇陛下万歳、万歳、万歳」を唱え、各工場は一斉に汽笛を鳴らし、各寺院は祝鐘を打つこととした。夜は、市連合青年会の提灯行列が午後六時に中央公園に集会し、市中を練り歩き、市会議員吏員等は市公会堂にて祝宴をはることになっていた。(62)

各町村や学校での奉祝行事もほぼこれにならうもので午後三時に花火をあげ、それを合図に「天皇陛下万歳」を唱え、その後青年団や学校生徒の行進という式次第であった。これから分かるようにラジオ放送は、公的な行事のなかに組み込まれていない。万歳三唱は午後三時と決められており、ラジオの中継放送を聴き、それに合わせるわけではなかった。

ラジオの中継放送がどのように聴かれたのかについては残念ながら資料がない。福島市などでは集団的に聴いた可能性はあるが、新聞は東京、京都、福島での諸行事そのものの報道ばかりでラジオ中継聴取に関する記事はまったくないのである。

即位礼奉祝のイベントは大規模に行われたが、専ら行政機関による市民・学生の動員、新聞などによる盛りあげによるところが大きく、ラジオ普及率の低さと合わせて推測すれば、急ぎ実現させた中継放送が大きな反響を引き起こしたことはなかったと推測される。

梁川の町の奉祝行事の記録はないが、おそらく他の町と同様に三時に万歳を唱え、旗行列などが行われたのであろう。[63] 梁川独自の奉祝行事としては、一一月一四日に梁川ハーモニカ・ソサイエティーが梁川実科女学校講堂で「御大典奉祝音楽会」を開催したのが目立つ程度である。[64] ラジオ中継も含めて即位礼行事は町に強い印象を与えた形跡はない。「御大典」に合わせて様々な書籍や画報が販売されたが、梁川では小学校の教員が『大礼要話』を一冊買ったのと『御大礼画報』を一冊買った住民がいるだけで、「御大典」祝賀本はほとんど売れなかったのである。

確かに福島などではラジオの中継放送は聴けるかたちにはなった。しかし、ラジオ受信機の普及も期待通りには伸びず、即位礼は放送メディア・イベントとしては大きな社会的広がりはもちえなかった。確かに公的行事は全国一律に大々的に行われたが、ものをいったのは行政機関の動員力であった。東京など大都市では、放送メディア・イベントとしてインパクトがあったかもしれないが、地域によってかなりの差があったと考えられる。

四　一九三〇年代の普及拡大

一九三〇年代以降になると、日本放送協会による地域別「加入者数」統計が存在している（表39）[65]。これによれば、一九三〇（昭和五）年時点で梁川の加入者は二八人である。一九三〇年の「国勢調査」世帯数は一二五四であるから、世帯当たり二・二％にすぎない。それ以前に比べれば増加したことは間違いないが、新聞、雑誌、電話といった他のメディアに比べればはるかに低い普及率である。

一九三〇年の加入者は全国で七七万八九四八人、普及率六・一％。東京は二九・五％[66]。福島全県の加入者は三七四五人、普及率一・四％。東京と地方では、これだけ普及率に差があった。福島県内でも、福島市は五・五％と県の平均よりだいぶ高く、梁川町は福島市と県内平均の中間である。

それ以降、梁川の加入者は大きく伸びている。一九三五（昭和一〇）年には一一六で、四倍以上の伸びである。前述のように放送開始以後数年間は伸び悩み、仙台放送局開局・即位礼中継に合わせて普及活動を展開したにもかかわらず、その時には伸びず、それから三、四年経ったところで、加速度的に普及が拡大したのである。一九三四（昭和九）年の加入者が一〇二人、一九三五年は一一六人であるが、第三部第三章で述べるように一九三四年の新聞定期購読者が一二五人であるから、ラジオ加入者数と新聞定期購読者数とがほぼ同数となったのである。

一般的には、この時期梁川の経済は悪化していったから、新しいメディアの普及にとって好環境であったわけではない。そのなかで、ラジオ普及を牽引したのは、満州事変であったと考えられる。一九三一（昭和九）年九月一八日、

1933年	1934年	1935年	1936年	1937年	1938年	1939年
77	99	121	157	185	215	259
2	3	5	6	6	7	12
79	102	126	163	191	222	271
—	—	—	1,275	1,275	1,275	1,275
—	—	—	12.8	14.9	17.4	22.2
103	114	130	181	205	228	255
2	2	2	2	6	17	22
105	116	132	183	211	245	277
—	—	—	1,196	1,196	1,196	1,196
—	—	—	9.3	17.6	12.5	23.3
81	89	102	144	165	185	213
3	3	4	4	7	12	17
84	92	106	148	172	197	230
—	—	—	756	756	756	756
—	—	—	19.6	22.8	26.1	30.5
27	38	48	78	91	97	104
5	5	9	9	11	14	14
32	—	57	87	102	111	118
—	—	—	694	694	694	694
—	—	—	12.5	14.6	16.0	16.9
784	891	1,111	1,747	2,434	2,776	3,183
3.5	4.0	4.9	7.8	10.8	12.2	14.0
—	—	—	2,538	2,907	3,060	3,364
—	—	—	83	160	206	251
1,433	1,740	2,133	2,621	3,067	3,266	3,615
8,314	8,314	8,842	8,842	8,842	9,160	9,160
17.2	20.9	24.1	30.0	34.7	35.5	39.3
—	—	—	20,294	27,805	33,697	40,443
—	—	—	858	1,629	2,515	3,443
9,613	11,242	14,987	21,152	29,434	36,212	43,886
263,939	263,939	272,571	272,571	272,572	280,530	280,530
3.6	4.3	5.5	7.8	10.8	12.8	15.6
—	—	—	—	—	—	980,616
—	—	—	—	—	—	27,421
472,384	544,308	647,292	732,085	828,587	926,923	1,008,037
1,044,802	1,044,802	1,191,939	1,195,674	1,195,674	1,311,450	1,311,450
45.2	52.1	54.3	61.2	69.3	69.9	76.9
—	—	—	—	—	—	4,584,262
—	—	—	—	—	—	277,875
1,714,223	1,979,096	2,422,111	2,904,823	3,584,462	4,165,729	4,862,137
12,765,773	12,765,773	13,565,025	13,565,025	13,565,025	14,151,608	14,151,608
13.4	15.5	17.9	21.4	26.4	29.4	34.4

表39　ラジオ加入者数と普及率（『業務統計要覧』より作成）

		1928年	1929年	1930年	1931年	1932年
梁川町	有料	—	—	—	—	69
	無料	—	—	—	—	2
	加入者合計	—	なし	28	46	71
	世帯数	—	—	—	—	—
	百世帯当	—	—	—	—	—
保原町	有料	—	—	—	—	86
	無料	—	—	—	—	2
	加入者合計	—	49	45	52	88
	世帯数	—	—	—	—	—
	百世帯当	—	—	—	—	—
桑折町	有料	—	—	—	—	68
	無料	—	—	—	—	3
	加入者合計	—	28	33	60	71
	世帯数	—	—	—	—	—
	百世帯当	—	—	—	—	—
藤田町	有料	—	—	—	—	25
	無料	—	—	—	—	3
	加入者合計	—	12	12	23	28
	世帯数	—	—	—	—	—
	百世帯当	—	—	—	—	—
伊達郡	加入者合計	251	328	317	433	698
	百世帯当	—	—	1.4	2	3
福島市	有料	—	—	—	—	—
	無料	—	—	—	—	—
	加入者合計	285	368	459	771	1,308
	世帯数	—	—	8,314	8,314	8,314
	百世帯当	—	—	5.4	9.3	15.8
福島県	有料	—	—	—	—	—
	無料	—	—	—	—	—
	加入者合計	2,513	3,348	3,745	5,245	8,175
	世帯数	—	—	263,939	163,939	263,939
	百世帯当	—	—	1.4	2	3.1
東京市	有料	—	—	—	—	—
	無料	—	—	—	—	—
	加入者合計	101,922	107,584	122,167	149,194	404,650
	世帯数	—	—	414,630	414,630	1,044,802
	百世帯当	—	—	29.5	36	38.6
全国	有料	—	—	—	—	—
	無料	—	—	—	—	—
	加入者合計	564,558	650,511	778,948	1,055,778	1,419,722
	世帯数	—	—	12,705,896	12,705,896	12,765,773
	百世帯当	—	—	6.1	18.3	11.1

周到な準備のもとに日本軍は南満州鉄道爆破事件を理由に中国東北部を占領する作戦にでた。この戦闘に動員されたのは、福島の青年たちが徴募されている第二師団であった。満州事変には梁川町から一三名の青年が従軍した。(67)梁川町民、福島県民にとって満州での戦争はきわめて身近な問題であったのである。

一〇月七日の『福島民報』は早くも福島県出身の三名の戦死者を伝え、遺骨が一一日に福島に到着することを伝えている。新聞紙面には福島県出身兵士の動向を伝える記事が連日掲載され、また一方では「息子の出征を苦にして父親縊死」といった報道もある。(68)

このような昂揚し緊張した意識を煽ったのがメディアであるが、ラジオはそれまで一日四回だったニュースの時間を六回にふやし、その間臨時ニュースによっても戦況を伝え、九月中の臨時ニュースは一七回、放送時間は一時間五分に及んだ。ニュース以外にも「大臣、政府当局者、現役軍人の講演を放送して〝国策〟の報道に努めた」(69)のである。一九三二（昭和一〇）年元旦から東京放送局と奉天放送局を結ぶ「日満交換放送」が実施され、本庄繁関東軍司令官、荒木貞夫陸軍大臣の放送が行われた。これは以後毎週火、木、土曜日に一時間半放送され、奉天放送局からは日本軍の錦州攻撃に従軍したアメリカ人記者の「外国記者従軍感想談」まで放送した。

ラジオ放送の優位は、その速報性と直接性が実感されることにあった。臨時ニュースは新聞より速く戦況を伝え、満州からの軍人の声を直接聞くことは戦地と地域社会との心理的距離を縮めた。

戦争放送によって一九二八年の即位礼中継放送以上の特別な時間が出現し、ラヂオへの関心は高まった。『福島民報』は「事変が煽るラヂオ熱」という見出しで、郡山市では満州事変の勃発と同時に加入者が急激に増加し、以来七ヵ月で一六〇人増えたと報じている。(70)

戦争の例ではないが、一九三〇年一月二一日から始まったロンドン海軍軍縮会議劈頭でのイギリス国王ジョージ五世の演説が放送されることが大きな話題となった。無論、もともとは演説の内容に関心があったのだが、福島の新聞は「本県でも拝聴できるジョージ陛下の御放送、非常に難事だが御声には接しられやう」[71]と、イギリス国王の声が聞こえるかどうかへの関心を高めた。さらに「一般聴取機では難しい」[72]などとも報じたので、ますます放送への関心は高まった。一月二一日当日、梁川の近隣伊達崎村の蚕種家石幡吉四郎は、親戚の石幡義夫からロンドン軍縮会議の英国皇帝の勅語をラジオ放送で聴きに来るよう連絡を受け、わざわざ聴きに行っている。[73]演説の内容もさることながら、はるかに遠いイギリスからの声を生で直接聴く、しかも受信状態の悪いところで苦心して聴くことが感動を引き起こしたのである。

いったん普及し始めたラジオは戦況報道以外にも様々に利用された。福島での聴取者の嗜好調査はないが、ラジオの宣伝にあたった福島電灯会社の調査として報道された例では、「物価若くは相場を主眼とする株式米穀砂糖蚕物商」「主婦の教養、児童教育資料聴取」「科学研究其他学説聴取」「常識の涵養、成人教育」「夏期休暇中の消夏手段」「運動競技に理解と興味」「料理店、旅館、飲食店、氷水店其他一般商店にて客に対する『サービス』用とする者、店頭に客を蝟集せんとする者」があげられている。[74]

これらはタテマエ的回答の感がするにしても、放送聴取が日常化し多様化してきていることがうかがえる。雑音まじりだろうが、ともかく受信機から発せられる音を聴くこと自体が面白く、文化的だという段階から、番組を聴くという段階になった。昭和六年『ラヂオ年鑑』は、「ラヂオに対する民衆の態度は、往年の如く熾烈と驚異性は失はれたけれども其効果即ち、報導、教養、慰安等に必要歟くべからず実用性を確認するに至つた」と述べている。[75]先の調査の回答には、後藤新平が仮放送開始にあたって唱えた四つの「放送事業の職能」、即ち「文化の機会均等」「家庭生活の革新」「教育の社会化」「経済機能の敏活」がほぼ出そろっており、福島でもラジオ放送が啓蒙、同質化機能を発揮しえるかのような状況となってきたのである。

加入者増加をもたらしたのは、無論放送局の宣伝活動もあった。例えば、一九三二年一一月には福島の中央公園に「街頭ラヂオ」を設置し、「大衆」に直にラジオを聴く機会を提供しようとした(76)。他方で、「盗聴者徹底的取締」も強調され、「千円以下の罰金か一年以上の懲役」ということさえいわれた(77)。こうした報道が出るだけでも十分威嚇的である。

加入者がある程度増えてくれば、受信機価格も低下してくる。一九三三（昭和八）年の「認定ラヂオ機器型録」によれば、エリミネータ受信機で高いもので三〇円台、安いもので二〇円台になっている(78)。一九二六年には国産三球式でも七八円していたから、だいぶ安くなったのである。しかし、一九三一年の内閣統計局「家計調査」によれば、給料生活者の平均月収は九二円二三銭とされているから、それでも高価であったことは間違いない。加入者は、給料生活者でも上層であったと推定できる。

放送局を福島にも誘致しようとする動きも出てきた。福島市への対抗心があったのか郡山市が熱心で、郡山市での加入者増加を誇り、「放送支所はこつちのもの」といった記事が地元新聞に多く掲載されている(79)。逆に福島市の不活発が批判的に報じられているのだが、福島市の地元が実現に期待をかけると、結局実現しないという有様で、中央の放送行政に地方が翻弄される状況は続いていた(80)。

このように一九三〇年代に入ってから、ラジオ放送はようやく普及の軌道に乗り始めた。この頃になると、専業ではないにしても、梁川にもラジオ受信機の販売商も登場し、一九三三年一一月三日『伊達公論』には、「時計眼鏡・自転車・蓄音機・ラヂオ　氏家商店」の広告が掲載されている。これら商品が当時の最先端の文化的商品であったのである。しかし、その段階でも梁川の場合、世帯当たり普及率は約六％である。全国平均が一三・四％であるからそれより低く、東京市の普及率四五・二％には到底及ばない。著しい格差があったのである。

梁川、福島などで聴取者が増加した一九三〇年代は、実は東京など都市部でも増加した時期であり、むしろ都市部での増加率のほうがはるかに高かった。梁川の増加率は相対的に低く、梁川での増加にもかかわらず、東京との格差は拡大したのである。

ただ、地域社会内部では、ラジオ加入者数は新聞定期購読者数とほぼ匹敵するところまで普及した。残念ながら、ラジオ加入者の氏名が不明であるので、新聞定期購読者との重複を調べることはできないが、新聞にしろラジオにしろ、社会の上層から普及していっているのであるから、購読者と加入者の数がほぼ同じということは、階層的にもほぼ重なっていたと見て大きな間違いはないだろう。

前述のように梁川では新聞購読が社会的階層と重なったピラミッド構造をなしていたが、新聞定期購読者層とラジオ聴取者層が重なっていたとすれば、階層的格差は一層拡大したことになる。ピラミッド構造の上層部は、新聞を定期購読し雑誌書籍を読み、さらにラジオ放送を聴くことになった。新聞さえ読まない層とのメディア格差、文化格差はこれまで以上に広がったのである。

表39の通り、ラジオ加入者は一九三〇年代半ば以降も増加し続けていく。しかし、一九三四年以降の「新聞配達元帳」がないので、ラジオ加入者と新聞購読者との関係を知ることができない。ただ、次章で述べるように新聞購読者数の伸びが鈍化していることからすれば、ラジオ加入者は新聞定期購読者層を越えて、不定期購読者層にまで及んでいったと推測できる。しかし、ラジオ普及率の全国平均が五〇％に達するのが一九四四（昭和一九）年で、梁川のそれはそれを下回っていたであろうから、ラジオ普及は不定期新聞購読者層の上層までで、不定期新聞購読者層の底辺や新聞非購読者層にまで広がることはなかったであろう。

五　まとめ

これまで述べてきたように、ラジオ放送という新しいメディアによって後藤新平が喧伝したような文化の均等化、同質化が直ちに実現したのではない。ラジオ放送を聴ければ、メディアの特性としてそうした機能は発揮されたかもしれないが、実際にはラジオを聴けず、聴けるようになっても大きな負担を余儀なくされた。同質化とは逆に地理的条件、階層的条件によって新しいメディア格差、文化格差が生じたのである。

無論、逓信省・日本放送協会の側からも、地方の政財界の側からも、その格差は埋めようとする施策がとられた。しかし、梁川のような地域社会はそのような施策にも受け身でしかない。その点では、ラジオの登場は、「都」に対する「鄙」であることを改めて意識させることになったといえる。

一九二〇年代、三〇年代の社会の特徴を都市を中心とする「モダン」な生活文化の台頭として描かれることもあるように、ラジオ放送は「モダン」な生活のなかの華やかな文化装置であった。しかし、東北の一小都市はそうした「モダン」文化と無縁ではないにしても、相当遠い存在であった。

ようやくラジオの普及が始まった一九三〇年代、東北は深刻な不況に襲われていた。梁川でも電灯料の値下げの運動も出現した。値下げ要求を唱えた人物は新聞不定期購読者で、こうした層では生活費を必死に切り詰めなければならない状況であったことを示している(81)。他のいくつかの村では電灯料を節約するために、電灯を廃止し、ランプ生活に戻った例さえあった(82)。ラジオを聴いて楽しむどころではない生活苦に陥っていたのである。

しかし、ここで、たんに「モダン」文化は都市だけの現象でしかなかったことだけを言いたいわけではない。確かに一九二〇年代、三〇年代の社会をもっぱら都市の「モダン」文化を参照して論ずるのは、平板で一面的である。だが、それとは異なる地方社会を提示するだけなのもやはり平板で一面的である。むしろ、一九二〇年代、三〇年代の社会は、社会全体を同質化する大きな力が作用しながら、それが同時に都市と地方の格差、地域社会内部の格差を作りだしたことが重要である。そこに意識的無意識的な緊張関係が生じ、順逆流が渦巻きをつくりながら変化していったはずで、その動態的関係にこそこの時代の社会を理解する鍵があるはずである。

注

（1）「無線電話」と称されたように、電波に声をのせる技術は双方向的に発展する可能性もあったわけで、ラジオ放送というメディアのかたちが最初から決まっていたわけではない。揺籃期のメディアのありかたは興味深い問題であるが、ここでは立ち入らない。Carolyn Marvin, *When Old Technologies were New : Thinking About Communication in the Late Nineteenth Ceтury*. 1988 xford University Press参照。

（2）ラジオ聴取者についての研究としては、竹山昭子「昭和初期　ラジオ普及過程の聴取者〔I〕聴取者数の変遷」『立正大学短期大学部紀要』第一四号（一九八四年三月）、同『ラジオの時代』（世界思想社、二〇〇二年）、山口誠「「聴く習慣」、その条件——街頭ラジオとオーディエンスのふるまい」『マス・コミュニケーション研究』第六三号。

（3）ここでは、放送制度については、必要な限り触れるにとどめ、深くは立ち入らないが、送り放しにするメディアの特性に加えて、政府・逓信省は、ラジオ放送技術が生まれる以前の一九一五年公布の「無線電信法」を準用してラジオ放送を「政府之ヲ管掌」することとし（第一条）、「無線電信又ハ無線電話ハ命令ノ定ムル所ニ依リ主務大臣ノ許可ヲ受ケ之ヲ私設」（第二条）することにしたために、政府の放送に対する権限は絶対的なものになった。それにもとづく一九二三年一二月二〇日の「放送用私設無線電話規則」（逓信省令第九八号）では、「放送ヲ目的トスル私設無線電話ヲ施設セントスル者」に対し詳細な規則を定めると同時に「放送事項ノ聴取ヲ目的トスル私設無線電話ヲ施設セントスル者」と受信機の型式等につき逓信省の許可を要することを明記した。送信者側・送信側双方が政府・逓信省によって厳密に統制される放送制度が、双方方向性を意味する「電話」の名称のもとに実現したのである。

（4）無名の人々の歴史を研究するうえでの「コンテクスト」という視角については、「それが歴史的に特定されたもろもろの可能性の場として解されるならば、ある個人の人生にかんしての多くの場合ばらばらの断片のみからなる証拠を補完する可能性を歴史家に提供してくれるのである」（カルロ・ギンズブルグ『歴史を逆なでに読む』（みすず書房、二〇〇三年）九四頁）と述べられている。

（5）ＮＨＫ放送文化研究所編『二〇世紀放送史・資料編』（ＮＨＫ放送文化研究所、二〇〇三年）八六頁。

（6）ラジオ放送のこうした機能への注目は、その出現の時期にも既に登場している。室伏高信は「ラヂオ文明」を「ここに少数の語り手がある。少数のもの、そして同時にはただ一人のものが語り、そして彼以外の万人が耳を傾けるのである」と述べ、少数の発信者の声に大衆が耳をかたむけるところにラジオの特性を見いだしていた（室伏高信「ラヂオ文明の原理」『改造』一九二五年七月号）。また長谷川如是閑も「ラヂオの発達は確かにこの統制時代を作り上げる動力であつた」、統制主義は「意識の統一を必要とするものであるが、ラヂオは意識の統一の道具としては印刷物の到底もち得ざる有利な条件を持つてゐる」とラヂオが「意識の統制の道具」として「統制」に利用される危険を論じていた（長谷川如是閑「ラヂオと統制時代」『中央公論』一九三五年九月一日号、『長谷川如是閑集』第六巻（岩波書店、一九九〇年））。

こうした見解はその後の研究にも引き継がれ、ラジオ放送は、地理的に広く散在する人々を電波に乗せた音声によって同時に惹きつけ、強力な一体感を作り出すという、印刷メディアでは到底実現できない統合機能に注目されてきた。例えば、藤竹暁は、「ラジオを媒介とすることによって、社会的統合は一段と進行した」とし、「若干大げさな言い方をすれば、時々刻々、ラジオは日本の民衆を受話器の前に引きつけることができたのであった」といい、その具体的事例として大正天皇逝去の報道をあげている（藤竹暁「大衆文化」『今日の社会心理学』（培風館、一九六三年））。このようなラジオ機能への注目は、この時期の社会変動を大衆化ととらえる見方とつながっていることはいうまでもない。ラジオ放送という新しいメディアは大衆化を加速させる装置と理解されたのである。

なお、初期のラジオ論については、津金澤聰廣『現代日本メディア史の研究』（ミネルヴァ書房、一九九八年）一一三頁以下、吉見俊哉『「声」の資本主義　電話・ラジオ・蓄音機の社会史』（講談社、一九九五年）参照。

（7）『福島民報』一九二六年一月一九日。光度の単位である一〇燭光換算にして点灯数四一八四と記している。

（8）『福島民報』一九二八年四月二七日。

（9）『福島民報』一九二五年七月三一日。

（10）『梁川町史資料集』第二九集、一八四頁。

(11)『深川町史』別巻（深川町、二〇〇二年）。
(12)前掲『放送五十年史・資料編』四二三頁。
(13)『福島民報』一九二五年一月一五日。
(14)『福島民報』一九二五年五月七日。
(15)『福島民友新聞』七月二二日。
(16)『福島民友新聞』七月六日。
(17)前掲『福島民友新聞』七月六日。記事では郡部は一三とあるが、誤植で二一と推測できる。同記事を引用した『福島民友新聞社史』もそのように書いている（二六七頁）。
(18)『福島民友新聞』一九二五年一二月八日。
(19)『ラジオの日本』一九二六年二月一日号〈放送局時報〉ＪＯＡＫ欄に、この時の放送経緯が載っている。それによれば、ＪＯＡＫは映画物語「受難のテス」を放送中であったが、宮内省式部職からの直通電話により、皇孫誕生を知らされ、ただちに番組を中断し、臨時ニュースを放送したという。この記事では、八時二五分としており、『福島民友新聞』記事とは時刻が合わない。「告示放送」に先がけ「軍楽隊によつて気を付けのラッパが吹奏」されたとされるが、新聞記者は気をつけしなかったようである。
(20)『福島民友新聞』一九二五年五月二七日。
(21)『福島民報』一九二五年五月三一日。
(22)『福島民報』一九二五年七月三〇日。
(23)『福島民報』八月五日。
(24)『福島民報』一九二六年二月七日。
(25)この時期の一般的なメディア受容と家計については、拙稿「一九二〇、三〇年代のメディア普及―給料生活者、労働者を中心に」『出版研究』第一五号（一九八四年）。
(26)「ラジオ標準価格表」日本放送協会『放送五十年史・資料編』四二二頁。『ラジオの日本』にはメーカーごとの詳しい価格が紹介されている。
(27)『福島民報』一九二五年四月一九日。

(28)『福島民報』一九二五年四月二五日新文館ラジオ部広告。
(29)『河北新報』一九二五年七月二四日。
(30)竹山昭子氏より提供を受けた。
(31)日本放送協会編『放送五十年史』(日本放送出版協会、一九七七年)四一頁。
(32)前掲『放送五十年史』四二頁。
(33)NHK仙台放送局『回想あの日あの時　NHK仙台放送局開局七十周年』(NHK仙台放送局、一九九八年)一七頁。
(34)「放送事業主要出願者一覧(大正十三年五月現在)」によれば、若紳クラブとは別に「仙台無線電話株式会社」からも出願があった。しかし、この会社の内容は不明である。
(35)同様の記事が『福島民報』『福島民友新聞』にも載っているので、仙台逓信局の発表記事であろう。
(36)千葉茂太郎「時事問題二つ」『ラジオの日本』一九二六年一月一日号。
(37)アメリカの初期のラジオ放送では、こうしたマニアックなラジオ・ファンの存在がかなりいて、一定の影響力さえもっていたようである。Susan J. Douglas, *Investing American Broadcasting : 1899-1928*(1987 The Johns Hopkins University Press)p.307.
(38)前掲『放送五十年史・資料編』一七一頁。
(39)前掲『放送五十年史・資料編』五七頁。
(40)前掲『放送五十年史』四九頁。
(41)『福島民友新聞』一九二七年四月三日。
(42)『福島民友新聞』一九二七年五月三〇日。
(43)前掲『放送五十年史』四九頁。
(44)『福島民友新聞』一九二八年一月二七日。
(45)『福島民報』一九二八年二月二五日。
(46)『福島民報』一九二八年二月一五日。仙台放送局放送開始の重要な目標は一一月の天皇即位式の中継であったが、そのために四月一五日の東北産業博覧会に合わせて放送を開始しておこうとしたが、間に合わず、結局六月一六日開始となった。その後、中継放送が実現するまでは、独自に番組を制作せざるをえないことになったのである。

(47)『NHK仙台放送局六十年の歩み』(NHK仙台放送局、一九八八年)一頁。
(48)『福島民友新聞』一九二八年三月二日。
(49)『河北新報』一九二八年六月六日。
(50)『河北新報』一九二八年六月六日。
(51)『福島民報』一九二八年六月一五日。
(52)『福島民報』一九二八年二月二九日。
(53)『河北新報』一九二八年六月七日。
(54)『福島民報』一九二八年六月一九日。
(55)詳しくは『放送五十年史・資料編』二八〇頁以下、前掲竹山昭子『ラジオの時代』参照。
(56)即位礼放送の制作については、竹山前掲書参照。
(57)『福島民報』一九二八年一〇月二五日。
(58)『福島民報』一九二八年七月一五日。
(59)『福島民報』一九二八年一〇月二六日。
(60)『福島民報』一九二八年七月一四日。
(61)『福島民報』一九二八年一一月六日。
(62)『福島民報』一九二八年一一月二日。
(63)隣町の保原町では、午後二時五〇分に一同戸外に出て南面し、午後三時花火を合図に「天皇陛下万歳」を斉唱。工場は汽笛を鳴らし、寺は鐘をついた。その後、各戸一名宛小学校の拝賀式に参集、終了後小学校生徒とともに旗行列を行った(『福島民報』一一月一〇日)。福島市の行事とまったく同じである。
(64)『梁川町史』第三巻、三八〇頁。
(65)日本放送協会『業務統計要覧』による。
(66)日本放送協会東北支部『家庭の受信機常識集』(一九三三年)。また前掲『放送五十年・資料編』。
(67)『梁川町史』資料編年表、九七頁。

(68)『福島民報』一九三一年一〇月一二日。
(69)前掲『放送五十年史』七三頁。
(70)『福島民報』一九三二年四月二〇日。
(71)『福島民報』一九三〇年一月一四日。
(72)『福島民報』一九三〇年一月一七日。
(73)栗原るみ『一九二〇年代金融恐慌』(日本経済評論社、二〇〇〇年)一六六頁引用の石幡吉四郎日記による。
(74)『福島民報』一九三一年七月二四日。
(75)日本放送協会『ラジオ年鑑』昭和六年、三三一頁。
(76)『福島民報』一九三二年一二月一日。
(77)『福島民報』一九三二年六月二八日夕刊。
(78)前掲『放送五十年史・資料編』六三九頁。
(79)『福島民報』一九三一年七月一〇日、二二日など。
(80)福島放送局設立をめぐる動きは、詳しく触れることはできないが、『福島民報』一九三二年五月一〇日、一一日の記事は福島市で放送局開局に熱意が乏しいことを報じている。さらに一九三四年一月二六日、二月二五日記事。
(81)『福島民報』一九二九年一二月一九日によれば、梁川町の須藤房吉ほか数名の者が、需用者大会を開き、委員を挙げ福電に電灯料値下げ運動を起こすことになったとある。須藤房吉は、「新聞配達元帳」では一九二八年に『中外商業新報』と『朝日』を不定期に読み、一九三二年には『朝日』を不定期に購読している。
(82)『福島民報』一九三二年二月四日「廃灯四千を突破」。七月三日「電灯は不経済だとランプ使用者続出」、八月二六日「灯火も灯せぬ郡山の貧困者」。

第三章　満州事変期の危機

——一九二九年～一九三四年——

一　新聞購読率の低下

一九三〇年代前半、梁川の人々の新聞購読に大きな影響を与えたのは、満州事変・上海事変であったと考えられる。東京や地元の新聞は、六月中村大尉事件、七月の万宝山事件の時期からセンセーショナルな報道で読者を煽っていたところに九月一八日の柳条湖事件勃発となり、報道はますますエスカレートしていった。

満州事変における報道の過熱振りについては、これまで研究があり、報道分析はここでの本旨ではないので立ち入らないが、朝日新聞社や毎日新聞社は多くの特派員を現地に送り、速報を競い、またかつてないほど戦場の生々しい写真を多用するなど煽動的な紙面を作っていった。福島の新聞は、通信社からの配信を利用したが、速報戦での不利は否めず、地元の利をいかすため県内出身兵士の動向、兵士からの便りなどを詳しく報じている。

満州事変に出動したのは福島県の青年たちが応召している第二師団であった。梁川や福島の人々にとってきわめて身近な戦争であったのである。梁川からは、一三名の青年が従軍している(1)。

戦争がニュース需要を一挙に高め、新聞購読を促す要因となったことは十分予想できることである。息子や兄弟、親戚、知人を戦場に送った梁川の人々は戦況を一刻も早く知りたかっただろうし、兵士たちの安否が分かるニュースはどんな断片でも待ち望んでいたであろう。前章で述べたように、ラジオは、この時期に増加を示していた。

それでは、梁川での新聞購読率は伸びたであろうか。一九二〇年代末から一九三〇年代についての阿部回春堂文書は、前述したように一九二八（昭和三）年が「新聞配達元帳」と「雑誌配達元帳」がそろっていて充実しているが、その後は一九二九年から一九三四年（昭和四年から九年）まで五冊の「新聞配達元帳」が現存している。ただし、一九三一（昭和六）年を欠いている。一九三一年は満州事変が起きた年であるので、この年の「新聞配達元帳」がないのは残念だが、その前後があるので趨勢を知ることはできる。また、「雑誌配達元帳」は一冊もないので、雑誌や書籍の購読について知ることはできない。

阿部回春堂「新聞配達元帳」から算出した新聞の購読率を表40に掲げたが、新聞購読率は、一九二八年をピークに低減し、一九三三（昭和八）年、三四年は戸数当たり購読率では四〇％を割ってしまっている。定期購読率も低下し、一九三四年には一〇％にまで下がっている。これは、一九一一（明治四四）年頃の水準まで戻ったということである。

さらに有権者数との関係を見れば、一九二九年の梁川の衆議院議員有権者数は一三七〇人で、この年の新聞購読者は六〇〇人であるから、(2)有権者の新聞購読者率は約四四％である。計算上では、有権者の五六％は新聞を購読していないことになる。定期購読者率は、さらに低く約一一％にすぎない。

一九三二（昭和七）年については『梁川町会議員選挙有権者名簿（昭和七年九月十五日現在）』が現存するのでより詳しく購読者との比較を行うことができる。(3)これによれば、一九三二年九月現在の町議会議員有権者数は一三九五名である。この名簿を同年の「新聞配達元帳」と照合すると、有権者三二二名の記載があり、有権者の二三％だけが新聞を購読していたことになる。有権者で定期購読が確認できるのは一〇一名で、有権者の七・二％にすぎない。ただし、

「新聞配達元帳」には店の屋号での記載、姓だけの記載、機関名の購読などが合わせて一一二名あり、それらのなかには有権者がいたはずなので、実際の有権者の購読者率はこれよりも高かったと考えられる。

　また、有権者名簿には同一姓の者が続けて二名ないし三名列記されている事例が多くあり、戸主と選挙権を有する息子などが並べて記されていると推測できる。新聞を購読している有権者六五名についてそのような事例があり、その推測が正しいとすれば戸主の名前で購読していた新聞を家族の有権者も読んでいたはずで、その分、新聞を読んでいた有権者は多かったことになる。

　それにしても、有権者全体のなかで新聞を読んでいた者は到底四〇％に達しない。これは、ある意味でまったく予想外である。要するに、普通選挙が実現し、満州事変という対外戦争が起きていたにもかかわらず、新聞購読者は増加するどころか、減少しているのである。一般的に時代が経つに従って新聞購読は右肩上がりに年々上がっていくと思われており、まして前述のように新聞が大々的な戦争報道を繰り広げたわけだから、新聞発行部数は増加したと考えておかしくない。

　実際、部数が公表されている朝日新聞社の場合、

表40　新聞購読部数・購読率（３）

	戸数	新聞購読戸数・購読率	定期購読戸数・購読率	複数定期購読戸数・購読率
1903年	987	205(21)	51(5)	0(0)
1907年	975	262(27)	70(7)	4(4)
1909年	970	351(36)	92(9)	4(4)
1911年	970	357(37)	81(8)	10(10)
1912年	975	413(43)	108(11)	23(2)
1914年	990	504(52)	146(15)	19(2)
1915年	990	436(44)	123(12)	15(2)
1916年	990	—(—)	—(—)	—(—)
1921年	1,020	516(51)	182(18)	13(1)
1925年	1,176	—(—)	—(—)	—(—)
1926年	1,080	604(56)	184(17)	30(3)
1927年	1,151	613(57)	207(19)	34(3)
1928年	1,180	648(60)	191(18)	28(2)
1929年	1,170	600(51)	144(15)	21(2)
1930年	1,254	553(44)	140(14)	14(1)
1932年	1,271	545(43)	142(11)	16(1)
1933年	1,298	490(38)	146(11)	17(1)
1934年	1,283	506(39)	125(10)	13(1)

＊　「戸数」は1903年から1926年までは『梁川町史』第８巻 p.5から９，それ以降は『資料集』第29集 p.63による．

＊　カッコ内は購読率（％）

一九三一年に一時的に減少しているほかは、『大阪朝日新聞』『東京朝日新聞』とも一貫して増加している。特に『大阪朝日新聞』は一九三二年に初めて一〇〇万部を突破している(4)。朝日新聞社とライバルであった毎日新聞社も部数は増加していたと推測できる。

これは個々の新聞社の例であるので、新聞の総発行部数を知りたいのだが、この時期、官庁や業界団体が集計した統計データはない。内川芳美が新聞用紙の年間総消費量から一定の方式で推定した数字が頼りになるくらいである(5)。内川は一九二四（大正一三）年と一九三四年の総発行部数を推定しているが、それによれば一九二四年は六二五万部、一部あたり人口九・二八人、一九三四年は一〇八〇万部、一部あたり六・一六人である。内川は部数増の契機を満州事変と特定しているわけではないが、総発行部数は大きく増加したことになる。これは、梁川の購読状況とはかなり食い違っている。ちなみに一九三四年の一部当たり人口は七・七人であり、内川の推定より低いことになる(6)。

全国的には新聞の総発行部数が増加しているとすれば、梁川町における購読部数の低下は、梁川町の特殊な事情が作用した例外的事例ということになる。また新聞一部当たり人口の低さと考え合わせれば、後進地域における事例ともいえる。それにしても、地元の青年が戦地に赴き、その安否が心配される状況にあって、新聞購読が増加しなかったという事実、さらに普通選挙実現以来数度の選挙を経験し、政治的関心が高まってもおかしくない段階でも有権者の三八％程度しか新聞を購読していない事実については、慎重に検討する必要があろう。

まず、最初に考えられるのは、資料的な問題である。すでに述べたように阿部回春堂は、明治期以来梁川の町で唯一の新聞販売店であった。したがって、若干の郵送新聞があるにせよ、阿部回春堂の取り扱った新聞部数を梁川住民の購読部数のすべてと見なすことができた。

しかし、一九二〇年代の後半に、梁川の町にもう一つの新聞販売店である椎名新聞販売店が営業を開始したのである。このため阿部回春堂の購読者の一部がそちらに流れ、阿部回春堂「新聞配達元帳」記載の新聞購読者が減ってしまったということは想定できる。また椎名新聞販売店は新規購読者を開拓したであろうから、阿部回春堂文書だけで梁川町の全新聞購読者を知ることはできなくなったのである。

阿部回春堂から椎名新聞販売店にどの程度の読者が流れたのか、また椎名新聞販売店がどの程度新規読者を開拓したのかについての資料はまったくない。しかも、椎名新聞販売店の営業開始時期もはっきりしない。

管見の限りでの椎名新聞販売店の初出は、一九二八年四月二〇日付『伊達公論』第三六号掲載の広告に「時事新報、福毎新聞取次販売所　梁川本町椎名農蚕具店」とあることである。さらに一九三三年一一月三日付『伊達公論』第七三号に「読売新聞、時事新報、報知新聞取次販売　梁川中町椎名源吉」という広告が掲載されている。また『新聞販売総攬・昭和八年版』に「椎名源吉君、新聞店主、(所)梁川本町、(経)個人、(扱)諸紙」とある。(7) この間、一九二四(大正一三)年の電話帳『電話早わかり』あるいはそれ以後の電話帳には椎名源吉の記載はない。

椎名源吉という人物は、これ以前の「新聞配達元帳」には登場しないし、経歴等はよくわからない。『梁川町史』第一〇巻に一九〇八(明治四一)年に「梁川本町椎名源吉主宰の清友会が『梁川月報』を発刊、論説や文芸などに、青年達の純粋で真摯な姿勢がうかがわれる」とある。(8) 明治末期に青年であったから、一九三〇年代には壮年であったであろう。

一九二九年六月、町議会議員選挙があったが、その予想記事に椎名源吉は目下話題の新顔の一人として紹介され、実際に町会議員として当選している。(9) その後、椎名は政友会の活動家として活躍し、一九三一年九月の県議会議員選挙では、政友会梁川支部代表という肩書きで名が出ている。(10)

このように椎名源吉は、もともと農蚕具商であったのが、新聞販売に乗り出し、ほぼ同時期に町会議員に当選するなど梁川の町の有力者になっていった。ただ、椎名はどちらかといえば新興の立場であったと考えられる。町の有力者層が民政党系であったのに、政友会系として活動していることも新興勢力であったことを示している。

椎名が最初に取り扱った新聞が『時事新報』であるのは、彼が新聞販売に乗り出したきっかけが関東大震災後の朝日新聞社・毎日新聞社の販売攻勢から派生したものであったためである。朝日新聞社と毎日新聞社の二社連合は定価売即行を掲げて関東・東北一帯の新聞販売店を系列化し、他新聞が定価売を実行しないことを大義名分に系列新聞販売店で非売するという戦術に出た。その結果、第二部第二章で述べたように定価売即行会に加入した阿部回春堂は、長年町の有力者が購読してきた『時事新報』を一切販売しない措置をとった。『時事新報』はやむなく独自の新聞販売店を各地で設立しなければならない危機になったのだが、梁川でそれを引き受けたのが、椎名農蚕具店であった。先の広告によれば、椎名新聞販売店は、その時に『福島毎日新聞』も扱い、後には『報知新聞』『読売新聞』を扱うことになった。

『福島毎日新聞』は一九二五（大正一四）年一一月二八日に福島憲政会支部有力者援助の下に創刊された新聞で[11]、自他ともに憲政会（民政党）系と認める新聞である。一九二七（昭和二）年一一月末現在内務省警保局「新聞雑誌通信社ニ関スル調」によれば、発行部数七四八〇。『福島民報』が一万五〇〇〇部であるから約半分である。地元紙のなかでも紙齢は短く、部数も劣勢であ

年	1933年			1934年		
割合(%)	総部数	通年	割合(%)	総部数	通年	割合(%)
8	36	7	19	81	7	9
15	245	39	16	256	43	17
0	0	0	0	0	0	0
25	0	0	0	0	0	0
0	0	0	0	0	0	0
30	29	10	34	21	4	19
24	200	60	30	185	55	30
32	18	8	44	15	6	40
0	0	0	0	0	0	0
0	1	0	0	1	0	0
19	529	124	23	559	115	21
48	69	29	42	87	26	30
50	29	8	28	18	8	44
100	2	2	100	2	2	100
4	11	4	36	6	3	5
0	0	0	0	0	0	0
0	0	0	0	0	0	0
40	111	43	39	113	39	35
22	640	167	26	672	154	23

表41　購読新聞一覧（4）

新聞名	1927年 総部数	1927年 通年	1927年 割合(%)	1928年 総部数	1928年 通年	1928年 割合(%)	1929年 総部数	1929年 通年	1929年 割合(%)	1930年 総部数	1930年 通年	1930年 割合(%)	1932 総部数	1932 通年
報知	40	19	48	58	11	19	48	9	19	37	7	19	75	6
東京朝日	277	36	13	307	41	13	266	38	14	247	37	15	260	39
時事新報	0	0	0	0	0	0	0	0	0	0	0	0	0	0
国民	27	13	48	40	13	33	27	6	22	9	4	44	4	1
読売	8	0	0	0	0	0	0	0	0	0	0	0	0	0
中外商業	48	28	58	44	23	52	48	16	33	36	8	22	23	7
東京日日	228	75	33	272	50	18	294	41	14	232	46	20	235	57
都	14	5	36	15	3	20	22	4	18	22	7	32	19	6
毎夕	1	0	0	35	0	0	0	0	0	0	0	0	0	0
英文	0	0	0	0	0	0	0	0	0	0	0	0	0	0
東京紙小計	643	176	27	771	141	18	705	114	16	583	109	19	616	116
福島民報	138	58	42	160	47	29	143	42	29	116	35	30	81	39
福島民友	14	4	29	16	3	19	17	4	24	10	2	20	12	6
福島	10	1	10	8	1	13	4	1	25	0	0	0	2	2
河北新報	8	6	75	9	5	56	11	5	45	7	3	43	25	1
福島日日	0	0	0	0	0	0	0	0	0	0	0	0	0	0
福島毎日	34	6	18	50	8	16	33	8	24	38	6	16	0	0
地元紙小計	204	75	37	243	64	26	208	60	29	171	46	27	120	48
のべ合計	847	251	30	1014	205	20	913	174	19	754	155	21	736	164

り、一九三一年に『福島民友新聞』と合併してしまうように不安定さを抱えていた。政友会に関係していた椎名が憲政会系の新聞の販売店になるのは変だが、どちらも新規参入であったため結びついたのであろう。

また『時事新報』『報知新聞』は元来は伝統のある新聞であるが、朝日新聞社・毎日新聞社の販売攻勢に圧倒され衰退に向かいつつあった。一方、『読売新聞』も古い新聞だが、経営難に苦しんでいたところ、一九二四年に正力松太郎によって買収され、以来正力の経営によって拡大しつつあった。しかし、まだこの時期にはその勢力圏は東京とその周辺部に限られ、東北への進出は弱かった。

このように椎名新聞販売店が扱った新聞は、衰弱しつつある新聞か、成長過程にはあったが、まだ力の弱い新聞であったのである。表41に阿部回春堂の新聞別販売部数を掲げたが、一九二八年以降、『報知新聞』と『福島毎日新聞』は一定部数販売しているが、『時事新報』と『読売新聞』は皆無となっている。『報知新聞』と『福島毎日新聞』は両販売店とも取扱い、『時事新報』と『読売新聞』は椎名新聞販売店だけが扱ったのであろう。

これらからすると椎名新聞販売店が、梁川の住民に販売した新聞銘柄は限定的であり、しかもそれらの新聞は多くの読者をもつものではなかったので、全体として椎名新聞販売店の販売部数はそう多くはなかったと推定できる。

この間、阿部回春堂の勢力が弱体化した兆候はない。明治期以来新聞販売・書籍販売で安定した営業を続け、東京と地元の有力新聞社と深い関係をもってきた阿部回春堂の阿部長兵衛は、助役や町会議員などの要職を歴任し、また町内のテニス大会や野球大会を主催するなど文化・娯楽事業にも力を尽くすなど[12]、町の有力者として大きな役割を果たしてきた。

そうであれば、大勢としては表40の新聞購読戸数に若干を加算したものが梁川の住民の購読部数と推定して間違いなかろう。漸減の曲線は、緩やかであっただろうが、基本的には梁川町の購読部部数が減少傾向にあったのである。椎名新聞販売店の扱った部数を多めに見積もっても、横ばいといったところであろう。

同時期の他地方でのデータは乏しいが、一九三八（昭和一三）年七月の大阪府布施市の調査では、新聞購読率は七七・九％である[13]。当時の布施市は中小工場が多く、労働者住民の割合が高い大阪市の近郊都市だが、それでこれだけの購読率であるから、俸給生活者住民の割合が高い地域ではもっと購読率は高かったと推測できる。いずれにせよ、梁川の四〇％程度の購読率よりずっと高い。

これは都市と地方では大きなメディア普及格差が存在していたことを示している。梁川の社会は、その内部に大きな格差を抱えていたのであるが、他方では、梁川社会は都市とのあいだにも大きな格差をつけられていたのである。

前述したように一九一〇年代では、梁川は全国平均と大きな違いはなかったから、一九三〇年代になって大都市と梁川の格差は拡大したと推測できる。地域社会の内部、地域社会と大都市という二重の格差拡大が存在していたのである。一九三〇（昭和五）年の社会を考えるうえで、この二重の格差の存在は重要だが、さらにデータを集積する必要があろう。

二　経済的苦境

となると、なぜ一九三〇年代において新聞購読は伸びず、漸減したのであろうか。一つ考えられるのは、新聞の多様性の喪失である。明治期までは、住民はそれぞれの関心に応じて多様な新聞をとっていた。新聞はそれぞれ個性的であり、新聞購読がひとつの自己表現ということもあって、新聞全体への関心を高めていたのである。

しかし、表41の通り、一九二〇年代末から、『東京朝日新聞』『東京日日新聞』が圧倒的市場占有率を誇り、一九三〇年の例では二紙だけで東京紙の八二％を占めるまでになっている。これは、もっぱら二紙の販売拡張での成果である。『時事新報』『国民新聞』『萬朝報』といったそれぞれユニークな新聞は市場から駆逐され、住民の選択肢はずっと狭くなってしまった。それらの新聞を読んでいた読者が新聞購読の意欲を失い、結果的に新聞読者が収縮するということはありえることである。

確かに『萬朝報』などの不定期読者のなかには、『萬朝報』が衰退すると新聞そのものを読まなくなっている者もいる。しかし、多くの読者の購読を追跡すると、他の新聞の購読に転じているので、選択肢が狭まることで新聞読者が減ったという部分はごく小さかったであろう。

やはり、新聞読者収縮の大きな要因は、当時の深刻な経済不況であると考えられる。一九三〇年代の経済不況は梁川の町にとって二つの点で深刻であった。一つは金融恐慌の影響で第百壱銀行が倒産したことであり、もう一つは蚕業の不振である。無論、両者は構造的に深く結びついていた。栗原るみは「基盤となる産業が崩壊していくとき、そこに資金を提供していた銀行が立ち直るはずはない。養蚕業、製糸業、織物業が大部分衰退していくとき、それらの産業への貸出を基盤として活動していた銀行にとって、仮に貸出先を分散していたとしても、リスク分散たりえなかった。金融恐慌後、福島県内の銀行の崩壊過程が始まった」として[14]、福島県の有力銀行であった第百七銀行、福島商業銀行などを分析しているが、これは第百壱銀行にもあてはまる。

梁川の経済の中心であった第百壱銀行は、第一次大戦頃から預金高、貸出高共に急速に増大したが、特に貸出高の伸びが大きく、「極端なオーバーローン状態」となっていた[15]。しかも、貸付先は「人的にも地縁的にも関係の深い地元企業・個人への貸し付けであった」とされる。ところが梁川地方の会社・農家・商店の経営が悪化していったため、同行は多額の固定貸しを余儀なくされ、資金繰りが苦しくなっていったのである。

それに、追い打ちをかけたのが福島商業銀行の経営破綻である。福島商業銀行は草野半が頭取、大島要蔵、鈴木周三郎ら民政党の有力者が重役に名をつらねていたが、製糸資金を中心にした固定貸しの累積のために経営が行き詰まったという[16]。結局、一九二七年六月一二日に経営破綻が表面化し、頭取が投身自殺する事件まで起き、一三日に休業に追い込まれた。

これに伴い、同行と密接な関係をもつ第百壱銀行も激しい取りつけにあい、一年も経たないうちに預金額は半分以下にまで減少した。七月二三日には頭取が大竹宗兵衛から菅野五郎治に交替している。

第百壱銀行は資金繰りの悪化を乗りきるために日本銀行から特別融資を受けようとしたが、特別融資は不動産を担保とすることができないため、重役達が田畑宅地・株券時価七〇万円を担保に第百壱銀行から借りたように装い、この債権を担保に特別融資を得た。これが後に問題化するが、それはともかく、この時私有財産を差し出した重役と銀行からの貸出額は、大竹宗兵衛一八万円、大竹宗次郎（宗兵衛の息子）一三万五〇〇〇円、菅野五郎治一五万円、中木直右衛門九万円、田口留兵衛一万二〇〇〇円、佐藤甚右衛門一万円、都合五七万七〇〇〇円であった。町の最有力者たちが必死で銀行を支えようとしたのである。

こうした努力にもかかわらず、第百壱銀行の再建はできず、一九三一年に破産してしまう。しかし、その後も第百壱銀行は特別融資を返済し続け、一九四七（昭和二二）年にようやく完済した(17)。特別融資を受けた県内一五行のうち、完済したのはわずか五行とされる。

さらに一九三〇年には山八銀行が、茨城の常磐銀行によって吸収合併され、梁川に店をおく福島の銀行はなくなった。

第百壱銀行の破綻に象徴される金融の混乱は、梁川の経済、特に蚕業にとって大きな打撃であった。しかし、反面注目すべきなのは、私有財産まで担保として差し出した重役たちから没落した者が出なかったことである。彼らにとって銀行破綻は大きな経済的損失であったことは間違いないが、かねてから投資を分散させるなど予防措置をとっていたことと損失を持ちこたえるだけの家産をもっていたのである。すでに述べてきた通り、彼らは長年梁川社会の最上部を構成してきたが、大きな動揺を受けながらもその経済的地位を維持し、町の政治・経済・文化への指導力をもち続けていったのである。

例えば、一九三〇年代の梁川の町の大きなイベントは、一九三二年四月七日、梁川出身で曹洞宗大本山総持寺貫首を務めた新井石禅師の銅像を興国寺境内に建立し、その除幕式を行ったことであった(18)。もともとこの銅像建立は、銅像建立会（会長佐藤沢福島市長、副会長田口留兵衛梁川町長、鈴木友輔保原町長）の募金活動になるもので、五〇〇〇余名からの募金があったという。地元梁川からは阿部長兵衛、角田倉蔵、菅野五郎治ら町の有力者が役員に就任し、募金活動に奔走した(19)。

除幕式にあたっては募金者を招待したほか、本山参禅会、報恩婦人会など多数の参拝者が予想されたことから、町をあげての応接体制がとられた。応接担当者として報じられているのは、田口留兵衛町長以下、大塚孝順、村上賢明、＊阿部長兵衛、丹野善十郎、引地直吉、佐藤甚右衛門、＊宮本利七、大竹安太郎、渡辺伝次郎、佐藤恒四郎、＊石井佳平、横江和助、斎藤平重郎、加藤宗平、橋本寿作、中木直右衛門、＊菅野五郎治、熊倉末吉、中木孝平、＊大竹宗兵衛、＊阿部長兵衛、＊松浦吉次、中村佐平治、中木周作、石井貞吉、＊加藤慶作、武田寅之助、＊久保田太治郎、八巻善兵衛、佐藤嘉兵衛、＊角田倉蔵、石井市佐衛門、＊清水清助、村田彌六、＊菅野安次郎、中木源助、八巻味右衛門、横山要右衛門、大竹権太郎、丹野金六、＊今泉義男、＊中村元治、＊三浦英太郎、＊鹿俣金次、＊椎名源吉の四六名である(20)。

これらメンバーの中心は、中木、中村、大竹、菅野、八巻など明治期以来の町の政治・経済の中心となってきた伝統的名望家であり、ここに名前が出ている人々が当時の町の指導者と見てよい。多くは蚕種業者である。＊印は町会議員で、一六名の町会議員全員が何らかの役職を果たし、町議一六名のうち一四名が「新聞配達元帳」に登場するが、残りの二名は阿部長兵衛自身と対抗する新聞販売店経営者である椎名源吉である。一四名のうち一一名が新聞定期購読者であり、他の三名も一紙を通年で読まなかっただけで、複数の新聞を交換して読んでおり、実質的には常時新聞を購読している。

役員を務めた四六名のうち三四名が「新聞配達元帳」に記載され、二六名が新聞定期購読者である。「新聞配達元帳」に名のない一二名も、多くは会社や商店の名で新聞を購読していると推定できる。

銀行の破綻などの深い痛手を受けながら、町の上層部はほとんど存続していた。彼らは、新聞購読では安定した定期購読者層であり、新聞購読と社会階層が重なったピラミッド構造は揺るがなかったのである。

金融の混乱は、蚕業の衰弱というより深刻な問題に起因していた。梁川の経済の中心が蚕種製造販売を中心とする蚕業にあることは再三述べてきたが、表42に一九二九年の梁川町の農産を掲げた。(21) 梁川町では米作より桑園のほうが広く、収穫高でも桑のほうがはるかに多い。桑作、繭生産、蚕種生産の蚕業関係の「価格」を合わせれば、四一万五六七一円にものぼる。この他に、表には掲げなかったが、「工業」として蚕糸類の「価格」が一四八万五〇二三円あり、梁川の経済で蚕業は圧倒的に大きな割合をしめていたのである。

蚕業の衰弱について「梁川町郷土誌」（一九三二年）は次のように述べている。(22)

当町ノ盛衰ヲ左右スル養蚕業ハ蚕種ヲ始メ生糸ノ海外輸出増進ト共ニ非常ナル勢力ノモトニ養蚕、製糸進歩発達シ蚕都梁川ノ称ハ天下ニ知レ渡リ飛ブ鳥モ落サンバカリノ好景気続キ、取リ分ケ欧州大戦当時頃迄ハ蚕糸業以外ハ何ニモノヲモ振リ向カズ豊カナル蚕業地トシテ社会ノ羨望ノ郷土タリシガ戦後漸次人造絹糸ノ発達世界経済界ノ不況等ト相俟ツテ本町金融機関ノ中心タル第百一銀行ノ破綻ト云フ憂目ニ際会シタル結果昔ノ極楽郷土ハ何処ヘヤラ去リ今日ニ於テハ年々打チ続ク蚕糸業ノ不況ノ為実ニ言語ニ絶スル惨状ニアリ

表42　梁川町の農産　1929年

種　別	作付反別	収穫高	価　格
米	120.3段	3,100石	75,675円
麦	248段	742石	5,936円
桑	167.5段	251,250石	108,750円
繭・春	1,400枚	9,674貫	69,866円
繭・秋	1,788枚	7,330貫	41,746円
蚕種・夏	28戸	76,490枚	95,780円
蚕種・夏秋	28戸	79,686枚	99,529円
馬鈴薯	3.7段	9,990石	2,198円
大豆	26.7段	160石	3,840円
小豆	80段	49石	1,323円
以下略	―	―	―

＊『梁川町勢一覧』より作成

日下単純ナル養蚕業中心ノ経済ヨリ弾力アル多角的経営組織ニ改革セネバ更正ノ道ヲ求ムル事出来ザル現況ナリ

主要農産物生産高を表43に掲げた。これによれば米・麦は減産、春繭は半減。夏秋繭は横ばい、原蚕種は不安定、普通蚕種は半減となっている。短期間に蚕業がこれだけ衰弱していったのであるから、「実ニ言語ニ絶スル惨状」というのも無理はない。

表43　主要農産物生産高　(単位不明)

	米	麦	春繭	夏秋繭	原蚕種	普通蚕種
1929年	74,813	6,371	69,881	31,771	13,821	181,488
1930年	75,675	6,371	69,866	41,746	14,635	131,602
1931年	47,690	5,843	29,887	22,703	7,399	84,965
1932年	60,006	5,226	29,887	33,423	49,050	81,524

＊「梁川町郷土誌」『梁川町史資料集第29集』p.147

この時期の蚕業の衰退を経済史的に論ずるのは手にあまるが、基本的には需要が停滞したにもかかわらず、生産が相対的に過剰で、価格が暴落したのである。伊達郡の指導的蚕種家富田勘之丞は、糸価悪化の原因は「世界的需給均衡上の関係による市場の不安即ち供給過多の圧迫と支那生糸安」が主な原因で、その結果、横浜や神戸の市場に大量の滞貨が生じ、その処理がさらに糸価暴落の引き金になるという悪循環であると論じている。(23)その対策は、「結局生糸の需要増進を図る事と、生糸の需要供給を調節する為め適当に生産を手控ふる外他に途がない」(24)。

特に一九三二年には、四月に滞貨糸一〇万俵が大量処分されるという動向が表面化したことから繭価崩落の恐れが生じ、大問題となった。伊達方面の蚕種は三割減と報じられている。(25)この春、蚕児桑葉の生育は良好であったにもかかわらず、「春繭未曾有の安価」、桑は「底なし相場」となってしまい、養蚕家は立ち往生となった。(26)結局、滞貨を政府が買い上げ、蚕業家は生産を大幅に削減するしかなかった。

五月二八日に急遽開催された全国蚕糸業大会に福島県からは蚕種業者代表として富田勘之丞、製糸業者代表として堀江清輔、藤巻栄作が上京出席したが、その主張は「初秋蚕を全部放棄すべし」、政府は初秋蚕製造者に賠償金を交付し、その蚕種を焼却すべし。それに伴い桑は必要なくなるので、政府がその桑を相当な価格を以て買収すべしということにあった(27)。五月三一日の福島県蚕種連盟会も「夏秋蚕を全廃し賠償金を交付せよ」と決議している(28)。伊達郡には繭安につけこんで「某大製糸工場」が繭を買いあさるなど「生血を搾る」状況まで出現し、蚕業関係者にとっては踏んだり蹴ったりであった。

この時は、政府が滞貨糸を買い上げ、当面の危機は回避されたが、そうなると一時的な投機で桑葉価格、蚕種価格が上昇し、蚕業家は混乱するばかりであった。ともかく、伊達郡、梁川町の基幹産業である蚕業はきわめて不安定な状態に陥った。福島県当局は、県知事が伊達郡などの養蚕家の激励に回り、養蚕応急資金を交付するなどの対策をとり(29)、また、『福島民報』は各地の窮状や「県下農民の生活実情を語る」連載報道し、特に伊達郡茂庭村については、「飢餓にうめく茂庭村」というキャンペーンを行っている(30)。

伊達郡農会が六月に発表した調査によれば、伊達郡四四町村の常住世帯数二万一六八〇のうち二万五七九世帯(約九五%)から回答を得て、負債ある世帯は約八九%、一万八三九〇世帯にも及んでいる。一世帯あたりの負債額は一三四〇円である。四四町村のなかで負債額が最も多いのは梁川町で、一世帯あたり二五八六円、常住世帯の約八〇%が負債を抱えていた(31)。梁川の住民に負債が多いのは、蚕種製造・繭製造に必要な初期投資が生産品の価格低落によって回収できなかったためと推測される。

伊達郡町村長会、農会、養蚕業組合などは、六月二三日に不況対策協議会を開催し、政府や県に具体的な対策をすみやかに実施するよう決議を行った(32)。さらに七月七日には、超党派の全県会議員時局対策協議会が開かれ、政府と県当局に要望する負債整理・窮状打開などの対策を決議した(33)。七月下旬には、伊達郡民は直接政府に窮状を訴えることとし、数十名の代表を上京させる行動まで起こしている。七月二六日、伊達郡農民代表三五名は、斉藤実首相を首相官邸に訪ね、救済策を陳情した(34)。こうした活動の効果もあって、蚕業対策が実施され、政府米の貸し付けなどが行わ

れた。(35)

しかしながら、蚕業の衰退という大勢を食い止めることはできなかった。さらに一九三四年には、東北地方は大凶作に襲われた。繭価は暴落し、産米は平年の五割以上の減収となり、農家経済は極度に窮迫した。梁川町では、食料米不足の窮民のために特別払い下げを受けた政府米をのべ五六日間配給し、補助食料として薩摩芋を配給する施策を実施した。これによって食糧難はほぼ回避できたという。(36)

蚕業の縮小はいかんともしがたかった。前述の「梁川町郷土誌」がいうように「弾力アル多角的経営組織ニ改革」の道を求めるしかなかったが、長年のあいだ、蚕業中心でやってきた生産者が、急に他に変更するというのはなかなか困難であり、しかも蚕業不振そのものが「改革」に踏み切る余裕を失わせていったのである。伊達郡農会は、一九三二年一月、次年度方針として「養蚕偏重主義から多角的農業経営へ」を打ち出していた。(37)ところが前述したような繭価暴落が起き、その緊急対策に追われてしまったのである。

積極的な「改革」というより、減産のなかから養蚕をあきらめる動きが出てきた。一九三二年六月、保原中心の十数ヵ所の町村で桑園を蔬菜畑に転換する動きがあったという。(38)さらに窮状打開策の一つとして荒廃桑園廃止助成金が、蚕業組合連合会からの要望として出された。実際、桑園廃止改植に補助金が交付されることになり、農村匡救事業として耕地改良整理にも補助金がだされた。(39)同年秋の調査では、伊達郡の桑園は七・八％減少、桑園廃止改植補助金受給者は八五七三人とされている。(40)

このような蚕業の衰弱は、梁川の経済に深刻な打撃を与えた。梁川の経済は江戸時代以来蚕業を基幹としてきたのであるから、蚕業の衰弱は蚕種製造業者、製糸業者だけでなく、町のあらゆる住民に影響が及んだのである。特にその影響が深刻で、生活難にまで及んでいったのは住民の中下層、即ち養蚕労働者や農民の大多数を占める小作人層、

商家の使用人層であったと推定できる。(41)

名望家層は前述のように銀行破綻などで苦境に陥り、さらに蚕業衰退によっても彼らの基盤を揺るがされたが、それに耐えるだけの資力をもっていた。しかし、もともと生活基盤の弱い中下層では、蚕業の衰退がもろに生活を直撃した。

一九二九年の職業別統計を表44に掲げたが、(42)「其他」が世帯数では二八%、人口では約五一%をしめている。これらは多くの単身者を含む養蚕労働者や雑業者であったろう。「商業」「工業」でも世帯数に比べ人口が多いが、商家の被雇用者や製糸工場の工員のためである。また「農業」では「自作」は三・九%だけで、自作兼小作が一一・〇%、「小作」が一六・五%となっている。梁川の町の社会構成では蚕業に頼る中下層が多くを占め、不況の深刻な影響を受けたと考えられる。

例えば、養蚕労働者の給料は一九三〇年代大きく下落した。「蚕働日当」、一〇日以内の「上」で、一九二七年には七五銭であったのが、一九三一年には五八銭、一九三二年には三五銭にまで大きく下がっている。農業では、「鋤頭給、上」で、一九二七年には一一三円であったのが、一九三〇年には八七円五〇銭、一九三一年は五三円と半減、一九三二年にはさらに下がって四三円にまでなっている。(43)

表44　職業別世帯数と人口（1929年12月末現在）

業　別	世帯数	各業割合	男人口	女人口	人口計
自作	45	3.9	150	120	270
自作兼小作	129	11.0	265	203	468
小作	194	16.5	260	272	532
農業計	368	—	675	595	1,270
工業	141	12.0	310	567	877
商業	321	27.4	642	568	1,210
其他	340	28.0	1,568	1,991	3,557
計	1170	—	3,195	3,721	6,916

＊『梁川町勢一覧』より作成

このような急激な収入減が、生活窮迫に直結したことは間違いない。「新聞配達元帳」記載の各新聞購読料を表45に掲げた。安価な地元新聞で七五銭、高い『中外商業新報』になると一円二〇銭である。生活費を切り詰めなければならないなかで、もともと新聞購読が生活習慣化していない人々にとって、必需品でもない新聞・雑誌等の購読は切り捨てがちであったのである。まして生活難にあえぐ層が、新たに新聞や雑誌をとり始めることはごく少なかったと考えられる。

梁川の新聞の普及率が、一九三〇年代に頭打ちし、むしろ漸減傾向となった主因は、蚕業の衰退によって町の経済全体が陥った深刻な不況にあると見てよい。新聞定期購読者層である名望家層は不況の影響を受けたが、生活苦とまではいかず、これまで通り新聞を定期的に購読することはできた。しかし、新聞定期購読者層でも、その底辺層は定期購読をやめる者もいて、定期購読者は減少したのである。さらに、その下の中下層＝不定期購読者層では、不況の影響が生活難を引き起こし、新聞を購読する余裕などなくなったのである。

表45　主要新聞販売価格（3）1932年

新聞名	購読料
東京朝日	90
東京日日	90
中外商業	110
報知新聞	100
都新聞	120
福島民報	75
福島民友	75
河北新報	90

＊　月極単位：銭
＊　「新聞配達元帳」から作成

社会階層による新聞購読のピラミッド構造は、上部が縮小し、非読者部分が大きくなるといったかたちに変形したのである。

三　戦争とコミュニケーション

しかし、新聞購読の漸減は、戦争への無関心を意味していたとは思えない。兵士を送り出した地域社会では、兵士への慰問、留守家族への援助などの活動が競うように巻きおこった。ただ、梁川町での動きは新聞に報じられていないため、詳しいことはわからない。だが、報じられていないのは、活動がなかったということではなく、たまたま通信員が通信を送らなかったか、送っても他町村で同様な活動があるため省略されたかであると考えられる。梁川でも、他町村と同様な活動があったと考えてよいだろう。

他の町村の動きをいくつか紹介すれば、隣村の堰本村では兄弟二人を送り出した一家が生活困難であるというので、青年団員が収穫を手伝い、また自ら得た労銀を各自五〇銭ずつ供出した一二円五〇銭をもって慰問袋を作り、二人の兵士に送った(44)。桑折町の男女工四四名は自らが一日一二銭から二〇銭の賃金であるにもかかわらず、満州軍の労苦を思いやり越中ふんどし一〇〇本を調整した。またその中の一人の女工は一ヵ月に五銭ずつ貯めたという白銅貨一〇〇枚を風呂敷にいれて役場に持参したという(45)。また、軍用機「福島号」を献納しようという全県的募金活動があったが、そこでは「動かぬ資本家、集るのは生徒や工場員が多い」と報じられている(46)。

これら美談的エピソード記事が報道するもののなかには、「福島号」献納のように大規模な上からの事業もあるが、多くは住民の自発性に基づく小規模な活動が多い。そうした活動は新聞に伝えられた以外にも数多くあったであろう。小規模な活動は、戦争の大義名分への支持というより、戦場で苦難を体験している兵士たちへの同情と共感が広く中下層において醸成されていたことをうかがわせる(47)。

福島市では、「カフエーにも『軍歌』、事変気分最高調」といった都会風の派手な戦争気分もあったが(48)、梁川や郡部の町村では、戦場で苦闘する兵士への同情とその苦難を分かち合いたいという苦難の共感の輪が広がっていった。自らの生活難が戦場の兵士の苦難の共鳴板になったのである。

無論、その前提には、戦争についてのニュースが中下層にある程度浸透していたことがある。自らは購読していなくとも、新聞や雑誌を借覧したり、ラジオをたまたま聴くこともあったであろう。梁川には映画常設館はなかったが、仕事や休みで福島に出かけた折りに、ニュース映画を見て強い印象を受けた住民はいただろう。だが、それらに増して大きなニュース・ソースは、仕事や茶飲み話で聞くニュースであったと推測できる。

そこでは、新聞購読者層、ラジオ加入者層がニュース伝達者・媒介者として重要な役割を果たした。新聞定期購読者層の多くはラジオ加入者でもあったから、多くのニュースを得ることができていた。しかも、彼らは、町の指導的階層でもあったから、周辺の住民にニュースを話す機会は多かったはずである。さらに不定期読者層も一定のニュースを得ているわけで、彼らは生業などを通してもっと日常的に非読者層と接しており、ニュースを伝える機会があったであろう。

そこでは、ニュースの二段階の流れ、即ち新聞から読者へ、読者を媒介して非読者へという流れを想定できる。さらには定期読者から不定期読者、不定期読者から非読者へという多段階の流れもあったであろう。そうした口コミで伝えられるニュースは、物語化されやすい。上海事変での肉弾三勇士の例を持ち出すまでもなく、新聞の戦争報道はもともと物語化されていることが多かったのだが、コミュニケーション過程で一層強調、再構成されていったのである。この時期の軍国美談物語は、口コミを組み込んだコミュニケーション過程によって膨張していったと考えられる。

新聞購読では、大きな格差は存在し続けていたが、戦争のニュースは地域社会のなかで分断されていたのではなく、対面コミュニケーションによって広く流通していたのである。そこでは、新聞定期購読者がニュースの媒介の上位リーダーの役割を果たし、不定期購読者が下位リーダーの役割を果たした。さらに、先にあげた他の町村の例のように義援金など下からの活動が盛り上がってくるのにも、下位リーダーの役割が大きい。青年団活動家、工場の中間管理職、学校教師などは、ニュースを下に伝えると同時に、下からの動きを組織化し、具体化する役割を果たしたのである。そこには、地域社会内を環流するコミュニケーションが成立したといえる。

しかし、環流的コミュニケーションは、戦争という否応なく全住民が関心を持たざるをえない大問題であるから起きたのであって、日常的には別なかたちのコミュニケーションが作動していた。この時期の他の問題では、ほとんどが上位リーダーのなかだけで議論されるか、上位リーダーで決められた方針の下に、簡略化して伝達する上下のコミュニケーションが中心であった。

前述した不況対策、特に蚕業対策は、ほとんど伊達郡蚕種同業組合幹部[49]、町議会議員などを中心に議論され、それが県や政府にもち出されたのである。伊達郡蚕種同業組合機関誌『時報』には、蚕業挽回策についての意見、全国各地の蚕業動向、関係諸団体の活動などが詳しく掲載され、蚕種業者のあいだでは活発な議論や情報交換が行われていたことがわかる。彼らが新聞ニュースに加えて、こうした専門的なニュースも収集していることが、蚕業対策、不況対策の指導力の淵源になっていることは明らかである。

例えば梁川の住民ではないが、明治末期に梁川蚕種検査所主事を務め、その後梁川蚕業講習所長となるなど梁川と深い関係を有する富田勘之丞は自身が蚕種製造業者であり、伊達蚕種業組合長、福島県蚕種業組合長、全国蚕種業組合連合会副会長などの要職を歴任した、この時期の代表指導者である。先に一部引用したが、彼が地元の新聞や伊達郡蚕種業組合機関誌『時報』に発表した論文を見れば、中国など諸外国の蚕業の動向、アメリカの消費動向などについて知識を踏まえ、また中央の政財界の事情にも通じている。非常に広い視野から梁川や伊達の蚕業の危機を論じているのである[50]。それは、日常生活圏内に生きている多くの住民のもちうる視野とは大きな差があった。

また名望家層が打ち出す対策は、自己利益のためばかりではなく、住民の生活困窮救済策も盛り込まれていた。しかし、住民の意見を徴するために、そうした議論や情報が広く伝達された様子はない。伝統的名望家層＝新聞定期購読者層のなかで決まった施策を、それ以外の層は口コミで知るか地元新聞で知るかだけであったろう。下からの反応も弱く、生活難対策を求める何らかの運動があったことはまったく知られていない。

また、不況対策などとはまったく異なるが、前述した新井石禅師銅像建立は、典型的に町の指導層が上から起こした活動であり、役員には町の指導部のほとんどが名を連ねた。町の住民や近隣の住民は参拝者として参加したのである。上から下へのコミュニケーションの典型であった。

さらに上意下達的コミュニケーションが最も集約的に表れたのは選挙である。普通選挙実現後の選挙については、すでに第三部第一章で触れたが、一九三〇年代前半の衆議院議員総選挙は、一九三〇年二月二〇日の第一七回総選挙と、一九三二年二月二一日の第一八回総選挙の二回である。これら選挙結果には、当時の梁川の指導者層による選挙民動員が端的に表れているのである。

前に述べたように、梁川町の有力者層では民政党支持の傾向が強かった。一九二九年九月二日、県議会議員の補欠選挙があり、政友会の佐藤文次と民政党の加藤宗平の二人が立候補し、加藤が当選した。当時は民政党が浜口内閣の与党であり、加藤は梁川町長田口留兵衛の婿であることなど民政党候補者に有利な条件があったにせよ、梁川町の得票では、佐藤一〇四、無効一〇に対し加藤は一〇一一と圧倒的であった[51]。この場合は、民政党支持者だけでなく、政友会支持者も含め梁川の名望家層がこぞって地元出身者を支持したのだろうが、この得票数は上からの選挙民動員が強力であることを示している。

一九三〇年二月二〇日に第一七回総選挙が行われた。梁川が含まれる福島第一区は、民政党の大島要三、栗山博、政友会の堀切善兵衛、近藤達児の四名の争いとなり、当選者は大島、栗山、堀切の三名であった。梁川における各候補者の得票は、大島七〇九、栗山九〇、堀切二四八、近藤一九〇となっている。党派別では民政党七九九、政友会四三八である。民政党の票は圧倒的に大島に集中し、政友会は二人に分かれている。町の伝統的名望家層を中心とする民政党系指導者が選挙民を組織化したことがうかがえる。

一九三二年二月二一日に第一八回の総選挙があったが、今回は定員三名に対し民政党から栗山博、林平馬、政友会から堀切善兵衛、菅野善右衛門の四名が争った。結果は、林、堀切、菅野の三名の当選となったが、梁川の得票は栗山八六、林六三一、堀切三一一、菅野二五二となっている。[52]林は死んだ大島要三のあとを嗣いだ候補者で票を減らしているが、新人にもかかわらず、梁川では最大の票を集めている。栗山は前回とほとんど同じ票数である。政友会の二候補は票を増やしているが、大島の票の一部と新規有権者の票を吸収したのであろう。梁川の町では新興勢力である政友会のほうが、大島死去の機会をとらえて積極的に集票したのである。

しかし、全体としては民政党と政友会の勢力比は変わらず、特に民政党は固い得票である。この時の選挙では、政友会が折からの蚕業不振を民政党の緊縮政策のためだと攻撃し、政友会系の『福島民報』は「梁川の蚕物商政友候補を支持、流石民政ファンも貧乏神に愛憎づかし」などという記事を意図的に流しているが、[53]結果的にはそう大きな変動はなかった。

さらに、この年の四月一六日に県会議員の補欠選挙があり、政友会の渡辺要助が民政党の松田甲次郎を破って当選した。この場合も梁川での票は渡辺三九四、松田六九三、無効一二と先の総選挙の政友会・民政党得票比とほぼ同じである。[54]

梁川でのこれら選挙の投票結果を見ると、民政党にしろ政友会にしろ名望家層が候補者を選定し、その方針に従って人脈を利用して投票を組織化していることが歴然としている。前述のように有権者の半分は新聞を読んでおらず、中央政治の動向、政党の政策などについて十分な知識をもっているわけではなかった。そこでは、代々町の政治経済の中心として活動し、新聞雑誌、ラジオなど様々なメディアから多くの情報を集積している名望家層の指導力が強くなるのは必然的である。地域社会内の情報格差が、選挙などでは上下のコミュニケーションを作り出していたのである。

ただし、一般的には名望家層が中央の政治経済の動向についてメディアから多くの情報を得ていたことは間違いないが、特に民政党系名望家層は地元の個別候補者や選挙戦についての情報は新聞に依存していなかった。

前述したように福島県新聞界では、長年憲政会・民政党支持の新聞であった『福島民友新聞』に内紛が起き、一九二五年に政友会支持に転じた。これに不満をもつ社員が『福島毎日新聞』を発刊したが弱体で、政友会は『福島民報』『福島民友新聞』の二紙の支持を受ける優勢となった。しかし、一九三一年二月一日、『福島民友新聞』と『福島毎日新聞』は合併し、『福島民友新聞』の題号のもとに民政党寄りの新聞として再発足することになった。(55) ただ、これら一連の騒動によって『福島民友新聞』は『福島民報』に大きく水をあけられてしまった。表41の通り梁川でも『福島民友新聞』はわずかな部数になり、一九三三年三四年と若干回復したが『福島民報』には及ばない。

梁川の民政党支持者からすれば、頼れる新聞はない状況であった。しかし彼らは、東京の新聞で中央の政治経済動向を知り、また『福島民報』で政友会の動きを知り、地域社会内では生業や縁戚などの人脈を駆使して、上から選挙民を組織していたのである。梁川で多く読まれている地元紙である『福島民報』の言論報道の直接的影響力は、地域社会のコミュニケーション・ネットワークのなかでは限界があった。

四　ま　と　め

以上述べてきたように、一九三〇年代の梁川では、新聞の購読は世帯当たり四〇％程度まで下がってしまった。それには椎名新聞店というもう一つの新聞販売店ができたため、阿部回春堂の販売部数が流れたという資料的な問題もあるが、それを勘案しても梁川の新聞購読率は低下か横ばい状態であったのである。

その最も大きな原因は、深刻な経済不況、蚕業不振にあったと考えられる。一九三〇年代、梁川に限らず蚕業地は

「蚕業亡国」といわれる深刻な状態に陥ったのである。繭価は暴落しても生産は減らせず、多角的農業経営の必要は叫ばれても簡単にはいかなかった。蚕業不振と連動して金融不況が発生し、梁川の経済の中核であった第百壱銀行の破綻にまで立ち至ったのである。

深刻な不況によって蚕種製造を主たる生業としてきた梁川の名望家層が大きな打撃を受けた。しかし、かれらの多くがかねてから投資を分散させていたこともあって、没落することはなかった。むしろ、深い傷を受けたのは中下層である。もともと余裕のない経済状態であったところに、賃金の低下などによって深刻な生活難に陥ったのである。生活費を必死で切り詰めなければならない状況の下では、新聞購読料は切り捨てられ、少なくとも新たな新聞購読は我慢するしかなかった。新聞定期購読者層と不定期購読者層の底辺で購読の中止が起こり、購読率は低下したのである。

折しも満州事変が起き、郷土の部隊が出動したにもかかわらず、新聞部数は伸びなかった。それは戦争に無関心であったのではない。むしろ、中下層から兵士たちの苦難への同情が高まっていたと推定できる。にもかかわらず、生活難が足を引っ張り、新聞購読にまでは結びつかなかったのである。戦争のニュースは、たまたま借覧する新聞や口コミによって伝播していたと推定される。

そうした伝播過程では、新聞を定期購読している名望家層＝上位リーダー、さらにその下で不定期購読している下位リーダーの役割が大きい。彼らの媒介によってニュースは、中下層に流れていったのである。さらに戦場の兵士への同情は募金活動など下からの活動を引き起こしたが、それらをまとめるにも下位リーダー、上位リーダーが一定の役割を果たした。そこでは環流的コミュニケーションが成立したといえる。

しかし、不況対策、選挙運動などで見られるのは、名望家層で決められた施策が中下層に流れる上下のコミュニケーションである。そうした複雑な問題では、もともと手広い営業活動によって外部世界と接する機会が多く、新聞雑誌・ラジオなどメディアからも多くの情報を得ている名望家層と、新聞も読まず日常生活圏に生きる住民との情報格差は大きく、情報の流れは一方通行的であるか、あるいはそもそも十分伝えられないまま中下層は従っているという状況であった。

このような地域社会における情報の階層格差は、一九三〇年代の社会を平準化、大衆化ととらえる、これまでの研究の一面性を示している。表面的な統計数字だけ見ていれば、そのような解釈が成立するのであるが、統計的に数えられている人々が実際にどのような生活を送っていたのかを見据えてみれば、まったく違った格差拡大社会のあり方が浮かび上がってくるのである。

注

（1）『梁川町史・年表編』九七頁。
（2）福島県伊達郡梁川町役場編『昭和四年梁川町勢一覧』。
（3）『昭和八年四月十四日執行梁川町会議員選挙有権者名簿（昭和七年九月十五日現在）』伊達公論社。正式な有権者名簿ではなく、地元出版社が作成したもので、人名には誤植がある。誤植が明らかなものは補正して利用した。「新聞配達元帳」の側から有権者を見れば、「新聞配達元帳」に記載ある五四五名のうち三二一人が有権者名簿に記載がある。一二二人が屋号や姓だけの記載であったり、機関名の購読で、九名が選挙権のない女性。残りの一〇一名は、実質的に梁川に居住しながら戸籍は近隣の町村にあった者、二五歳以下の者などであったと推測される。
（4）朝日新聞百年史編修委員会編『朝日新聞史・資料編』（朝日新聞社、一九九五年）三二〇頁。ただし、一九三一年だけが部数減少となったのか、この場合の発行部数が年平均なのか、最大値なのかは注記がなく不明である。
（5）内川芳美「新聞読者の変遷」『新聞研究』一九六一年七月（第一二〇号）。
（6）「梁川町郷土誌」には一九三四年の人口の記載がないため、一九三五年の国勢調査の人口から計算した。

(7)『新聞販売総覧・昭和八年版』。椎名新聞販売店の住所が本町と中町と両方あるが、椎名源吉は本町と中町に、農具店と新聞販売店の店をもっていたようである。
(8)『梁川町史』第一〇巻五一七頁。『梁川月報』は未見である。
(9)『福島民報』一九二九年五月一九日、同六月一七日。
(10)『福島民報』一九三一年九月一七日。
(11)『新聞総攬昭和二年』一四七頁。
(12)一九二六年一一月一四日に阿部回春堂主催一町七村庭球大会を開催し(『福島民報』一九二六年一〇月二二日)、一九三二年四月二四日には梁川野球大会を開催している(『福島民報』一九三二年四月二〇日)。これは、あくまで新聞報道された例なので、これ以外にも行事を主催していたと思われる。無論、これら行事は、読者サービス、販売拡張という性格ももっていた。
(13)拙稿「一九三〇年代メディア受容の社会史――布施市の事例をもとに」東京経済大学『コミュニケーション科学』第一七号(二〇〇二年一一月)。
(14)栗原るみ『一九二〇年代の金融恐慌―福島県蚕糸業を事例として』(日本経済評論社、二〇〇〇年)一一五頁。
(15)『梁川町史』第三巻三三五頁。
(16)前掲栗原、一二六頁。
(17)『梁川町史』第三巻三三八頁。
(18)新井石禅は、一八六四年、梁川の石井仙吉の三男に生まれる。幼名仙次。一八七五年、興国寺新井如禅に就き、得度。新井石禅となる。大本山総持寺に学んだ後、いくつかの寺を経て、総持寺貫首に就任。一九二七年没(略歴は『福島民報』一九三二年四月七日による)。
(19)『福島民報』一九三二年三月二四日。
(20)『福島民報』一九三二年四月六日。記事には、各員の任務分担も記されているが、省略した。町会議員名は、四月七日の特集面掲載の広告による。
(21)『梁川町勢一覧』。残念ながら、生産物全体の「価格」総計の記載はない。また「価格」の意味も説明がない。
(22)「梁川町郷土誌(地域社会実態調査記録)」一九三二年、梁川町史編纂委員会『梁川町史資料集第二九集』一四六頁。

(23)　富田勘之丞「糸価安定の対策に就て」小野常蔵編『富田勘之丞翁』（富田翁功労表彰会、一九四三年）一四二頁。
(24)　富田勘之丞「重ねて時局対策を進言す」（昭和五年五月）前掲『富田勘之丞翁』一四八頁。
(25)　『福島民報』一九三一年四月二五日。
(26)　この時期の地元新聞は、連日この危機の記事が掲載されているが、『福島民報』一九三一年五月二五日、二九日、三〇日、六月一日、四日等を参照。
(27)　『福島民報』夕刊一九三一年五月二九日。全国蚕糸業者大会では、政府による滞貨糸買い上げ、夏秋蚕の五割減産を決議した（『福島民報』一九三一年五月三〇日）。
(28)　『福島民報』一九三一年六月一日。
(29)　『福島民報』一九三一年六月一五日夕刊。梁川支所は二五〇〇〇円の交付を受けた。
(30)　『福島民報』一九三一年六月一九日、二一日。
(31)　『福島民報』一九三一年六月一七日。
(32)　『福島民報』一九三一年七月八日夕刊。
(33)　『福島民報』一九三一年七月八日。
(34)　『福島民報』一九三一年七月二一日、二三日、二五日、二六日。
(35)　『福島民報』一九三一年九月一三日。蚕業対策そのものについては、ここでは触れないが、基本的な問題は原蚕種の国家管理、生産調整、生糸の販売統制である。これらをめぐる議論が、地元新聞には多数掲載されている。
(36)　『梁川町史』第三巻、三八八頁。
(37)　『福島民報』一九三一年一月二二日。
(38)　『福島民報』一九三一年六月七日。
(39)　蚕業組合連合会の要望については、『福島民報』一九三一年八月一四日。桑園廃止については反あたり一〇円、改植には二〇円の補助金が国から交付された（『福島民報』一九三一年八月七日）、交付作業については同紙九月一八日。耕地改良事業補助金として梁川には八〇〇〇円の交付があった（『福島民報』一九三一年九月一一日）。
(40)　『福島民報』一九三一年一〇月一六日、一一月一七日。同紙は町村別の人数と金額を随時報道しているのだが、管見の限りでは梁川の数字の報道はない。ちょうどこの時期に、同社主催の野球試合のイベントのため紙面狭隘になったためかもしれない。

(41) 一九三三年の梁川では、地主は二七戸、自作農四四戸、小作農二一六戸、自作兼小作農三六九戸、合計六五六戸となっている。自作農はごく少数で、大多数が小作農か自小作農であったのである（前掲「梁川町郷土誌」一四七頁）。

(42) 前掲『梁川町勢一覧（昭和四年十二月末現在）』。

(43) 前掲「梁川町郷土誌」一五一頁。「農業」の給料は明記されていないが、恐らく月給であろう。

(44)『福島民報』一九三一年一二月一〇日。

(45)『福島民報』一九三一年一二月八日。

(46)『福島民報』一九三三年四月二三日。

(47) 満州事変に対する新聞キャンペーンと民衆動員については、江口圭一『日本帝国主義史論――満州事変前後』（青木書店、一九七五年）特に第六章「満州事変と大新聞」参照。ヤング（加藤陽子他訳）『総動員帝国』（岩波書店、二〇〇一年）。

(48)『福島民報』一九三三年三月一日。

(49) 一九三〇年度の伊達郡蚕種同業組合長は富田勘之丞、梁川支部長は脇屋隆吉。富田は東北蚕糸業連盟会理事、福島県蚕糸業連盟会議員、梁川蚕業講習所長も兼ねていた。梁川の組合員は二九名、全員を列記するのはやめるが、大竹宗兵衛、中村佐平治、中村佐五右衛門、八巻味右衛門、宮本利七、毛利富之助などである。

(50) 富田勘之丞については、前掲の小野常蔵編『富田勘之丞翁』に詳しく記されている。

(51)『福島民報』一九二九年九月二日。

(52)『福島民報』一九三一年二月二三日。

(53)『福島民報』一九三三年二月一四日、一八日。

(54)『福島民報』一九三三年四月一七日。

(55)『福島民友新聞百年史』三一三頁。

終章　メディアの大衆化という神話

日露戦争期から一九三〇年代にかけて、梁川の町の社会とコミュニケーションをできるだけその内部に分け入って探究してきた。それによって、これまでブラック・ボックスであった地域社会のコミュニケーションについて具体的で新しい知見をいくつか得ることができた。詳しく繰り返すことはしないが、最も早期に普及したのは、諸メディアのなかでは新聞であるが、一九〇三（明治三六）年には二一％ほどであった戸数あたりの新聞購読率は、一九三九（昭和一四）年には三九％にまで上昇した。これまで新聞普及率に関する研究が乏しいのだが、通説的にもたれているメディアの大衆化のイメージからすれば、ずっと緩慢な増加である。

しかも、新聞の購読が顕著な増勢を見せたのは、一九〇〇年代半ばから一九一〇年代半ばまでの時期であって、それ以降はほとんど横ばい状態となり、一九三〇年代にはむしろ下降気味となった。単純に右肩上がりに上昇していったということではないばかりでなく、一九二〇年代、三〇年代に新聞の大衆化が進行したというこれまでの通説とは反する。

また新聞の購読は社会階層と重なったピラミッド構造をなしており、複数の新聞を定期購読する最上層、定期購読する上層、不定期購読する中下層、まったく読まない下層とによって構成されていた。最上層・上層にいたのは梁川の基幹である蚕業家たちであり、彼らは町の経済・政治を担う名望家であった。この構造は、一九〇〇年代から三〇年代まで基本的には変化はなかったのである。

一九二〇年代には雑誌や書籍の購読は増加し、さらに円本のブームまで起きるのであるが、これらメディアは新たな購読者層を開拓したわけではなく、主にこれまで新聞を購読していた層に購読されたのである。特に最上層・上層は、新聞定期購読者に加えて雑誌・書籍・円本を購読したのであるから、依然として新聞も読まず雑誌・書籍も読まない下層とのメディア格差は大きく拡大したのである。

一九二〇年代後半に登場したラジオとなるとさらに限定的で、新聞定期購読者層の一部富裕者にようやく設置されたと推定される。このようなメディア格差の拡大は、梁川の社会に二つの文化を生み出したといえるだろう。一つは新聞・雑誌・書籍、さらに放送など、メディアの複合的利用によって大都市の文化を享受する上層の文化があり、また一つにはそれらとはまったく無縁な直接体験世界の口頭メディアの単色的文化がある。もともと大規模な蚕種家と小作人・養蚕労働者とでは生活は大きく異なり、文化も異なっていただろうが、それに加えて拡大したメディア格差は文化格差を際立たせていった。

一九二〇年代の半ば以降、新聞社や雑誌社などが誇張して発表した発行部数の数字を見ると、メディアの大衆化というイメージをもちやすく、また大衆化したメディアなどが社会の平準化を促すという考えをもつのも無理はない。確かに、当時の総合雑誌には大衆の時代、大衆の登場といったテーマが盛んに論じられている。しかし、発行部数の増加といっても、地域社会に降り立ってみれば、きわめて限定的なものであり、変化が起きていたのは社会の上層だけなのである。中から下の階層はほとんど変化はなかった。それまでも梁川の社会は不均等であったが、メディアの普及は平準化をもたらしたのではなく、メディアは上層に偏在し下層とのあいだの格差を、これまで以上に拡大させたのである。

上層においては、婦人雑誌、子供雑誌、『資本論』、『現代日本文学全集』など、驚くほど多様な雑誌や書籍が読まれるようになった。それは、読書が個人化してきたことを示している。家族の成員が、それぞれ自分の関心で読むようになったのである。もともと読書、特に黙読は個人的な行為であり、個の意識の形成を醸成させるが、個々人が読書のなかだけでも地域共同体から離れて想像の共同体の成員となっていくことでもある。しかし、他方で中から下の層は、依然としてほとんど活字メディアに無縁の生活のなかに生きており、上層との違いはこれまで以上に大きくなった。さらに、一九三〇年代の経済不況は、彼らの活字メディアへの接近を一層困難にしたのである。

これは、一九二〇年代末から三〇年代の社会を大衆化の進行、さらには平準化の進行と捉えてきた見方とは大きく異なる。梁川で生じていたのは、それとは逆の事態である。情報は社会の一部に偏在する傾向を強めたのである。これは、一九二〇年代、三〇年代の社会を考え直す契機となるはずである。

問題は、これが梁川という東北の一小都市の特殊な事例かどうかということである。当然のことながら、梁川の社会は、他の町村とは違う個性をもっていて、それによって住民たちのコミュニケーションのあり方が規制されていたことはある。しかし、個性的であることと特殊であることとは別であって、梁川が特殊な事例であることを意味しない。今後他の地域についての研究が積み重ねられなければ何ともいえないが、梁川で見られた新聞購読のピラミッド構造、メディア格差の拡大といった現象は、その程度や表れ方は違っていたにしても、他の地方都市でも起きていたとの推測も十分可能である。なぜなら、それらの現象を生じさせている構造は、決して梁川だけのものとは考えられないからである。

ただ、梁川が人口一万に満たない小都市であることは考慮しなければならないだろう。都市化が起動し、次第に加速していくことこそが、一九二〇年代、三〇年代の重要な社会変化であり、東京や大阪で生じた現象が時代の大勢であるという立場からすれば、梁川は遅れた事例にすぎず、時代の特徴を見るには不適切な事例ということになるだろう。しかし、さらに検討してみれば、都市における社会の変化、特に都市住民のメディア利用についても、これまで十分明らかにされてきているわけではない。当時のジャーナリズムの言説や社会風俗的挿話がもっぱら資料として利用され、その下にある住民の生活とメディアについての実証的研究は決して十分とはいえないのである。むしろ、当時の新奇な現象を時代の大勢であるかのように論じた、先走りの総合雑誌の言説を単純再生産している嫌いさえある。

東京が特殊なのか、梁川が特殊なのかを論ずることは不毛である。それぞれについて、その地表の下にある地層においてそれぞれがどのように違うのか、あるいは同じなのかを具体的に明らかにしていかなければならない。そして、基本的には地続きである大都市と地方とのあいだの関係性、すなわち断層があるのかないのか、緩慢に変化しているだけだとすれば、その変化の様相にこの時代の社会を特徴を見出すことができるはずである。

また、最後に述べておかなければならないのは、今回のボーリング調査が届いていない深層に確固として存在する非購読者たちである。梁川での新聞購読率は最高で六〇%強程度であったのであるから、残りの四〇%の人たちは、「新聞配達元帳」「雑誌配達元帳」には登場せず、名前すら知ることができないのである。

もともと梁川の社会の名望家といえども小さな町の名もない住民たちであって、大きな歴史に登場することは決してない人々である。しかし、それでも彼らは名前をもっている。ところが読者でなかった住民については名前すら知ることができない。

たまたま、新聞の報ずる入営兵士一覧や地域対抗駅伝競走の選手として「新聞配達元帳」にはまったく出てこない住民の名前が出てくるが、彼らの来歴について知る手がかりはほとんどない。彼らも梁川の社会の重要な構成員であったことには間違いなく、梁川の社会のメディアやコミュニケーションは、この無名の人々抜きに考えることはできないのである。しかしながら、そこから先を掘り進めることができない。これは、下からのメディア史の最も大きな課題である。

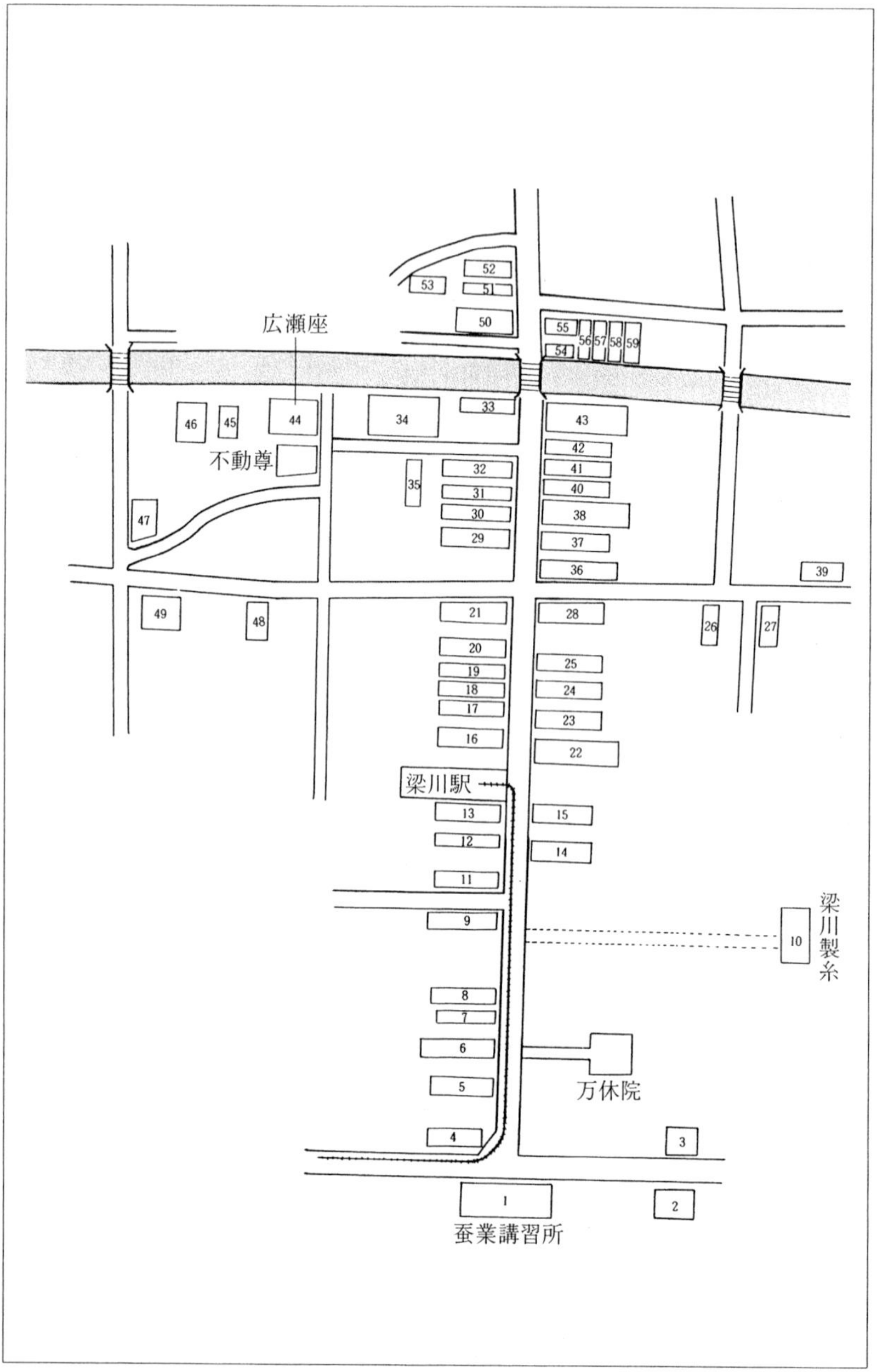
広瀬座
不動尊
梁川駅
梁川製糸
万休院
蚕業講習所
1
2
3
4
5
6
7
8
9
10
11
12
13
14
15
16
17
18
19
20
21
22
23
24
25
26
27
28
29
30
31
32
33
34
35
36
37
38
39
40
41
42
43
44
45
46
47
48
49
50
51
52
53
54
55
56
57
58
59

〈川南〉

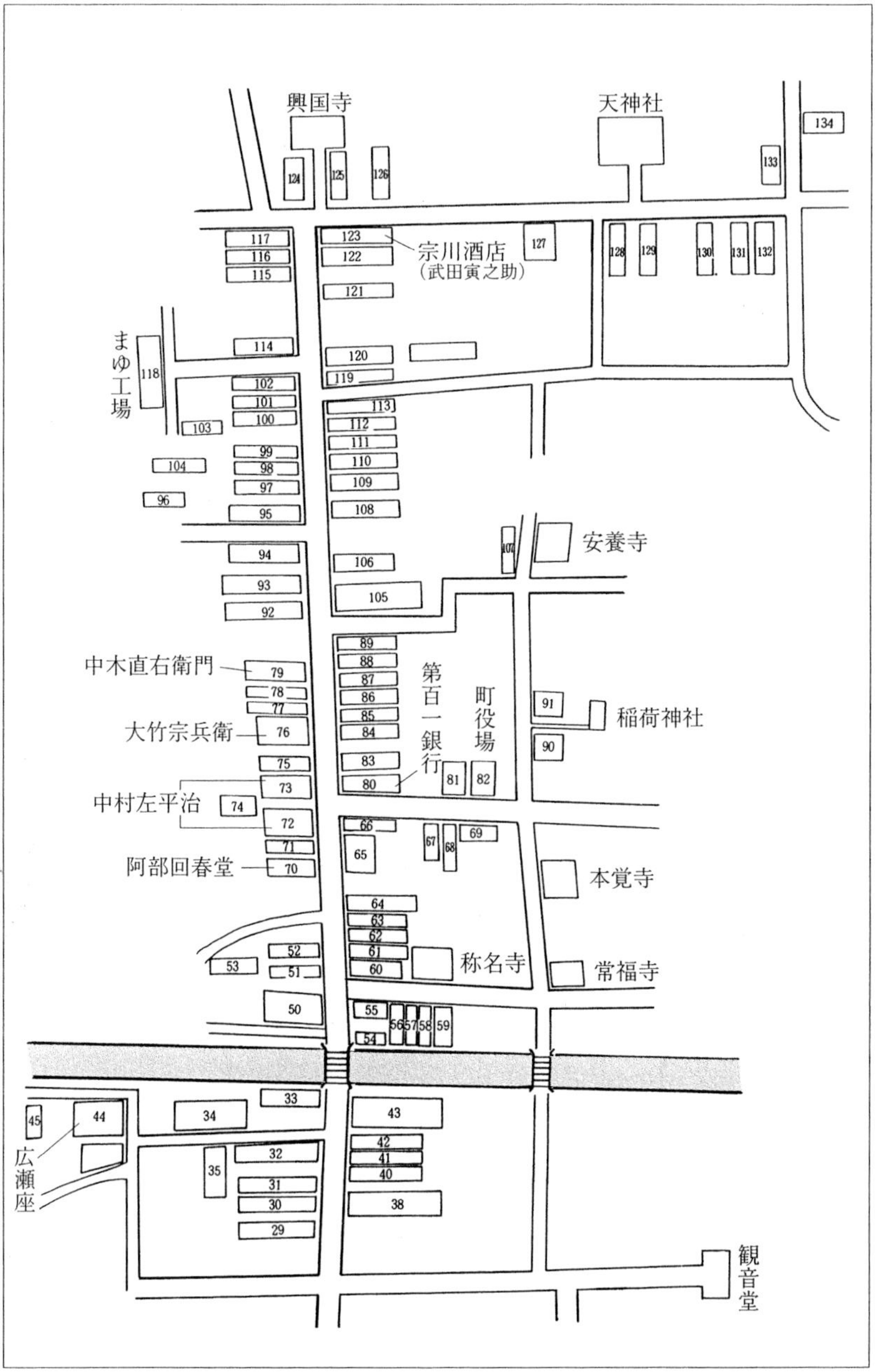
興国寺
天神社
134
133
124
125
126
117
116
115
123
122
宗川酒店
(武田寅之助)
127
128
129
130
131
132
121
まゆ工場
118
114
120
119
102
101
100
103
113
112
111
110
109
99
98
97
104
96
95
108
安養寺
107
94
106
93
105
92
89
88
87
86
85
84
83
80
第百一銀行
町役場
81
82
中木直右衛門
79
78
77
大竹宗兵衛
76
75
73
中村左平治
74
72
71
阿部回春堂
70
91
稲荷神社
90
66
67
68
69
65
本覚寺
64
63
62
61
60
称名寺
常福寺
52
53
51
50
55
56
57
58
59
54
33
34
43
45
44
広瀬座
42
41
40
32
35
31
30
38
29
観音堂

附図　梁川町内事業所位置図（『梁川町史』第11巻より，一部加筆）　〈川北〉

あとがき

最初にも述べたように、メディア・コミュニケーションを研究するうえで、受け手（読者・視聴者）についての研究は不可欠である。現代社会の受け手研究においては、量的調査手法やインタビューなどが用いられている。それらの方法はそれぞれ長所短所があるにしても、受け手をとらえる方法として研究が蓄積されている。

しかし、歴史研究においては、そのような方法はとれない。タイム・マシーンに頼るのでもないかぎり、過去の人々に調査票を配ったり、インタビューすることは不可能である。歴史研究では、読者・視聴者自身が残した記録、読者・視聴者に関するわずかな記録をひたすら渉猟するしかない。しかし、ごく普通に暮らし、平凡に生きた人々の人生については、その家族のなかではしっかり記憶されているにしても、文書などの記録が残ることはきわめて少ない。しかも、新聞を読んだり、ラジオを聴いたりする行為は、生活のなかのごくありふれた一齣にしかすぎないから、それについて記録されることは非常に少ないのである。

読者・視聴者の歴史的研究は、たまたま地中から掘り出すことができたごくわずかな断片を子細に観察し、他の断片と組み合わせて土器を復元しようとする考古学に近いところがある。それでも、すべての断片がそろって、完全に復元できることは稀で、失われた部分は類推で埋め合わせるしかない。

本書で利用した阿部長兵衛氏の経営する新聞販売店阿部回春堂が保存してきた明治末期から昭和初期にいたるまでの「新聞配達元帳」と「雑誌配達元帳」は、断片というより一部が欠けただけの土器がまるごと残っていたといったほうがよい。歴年すべてがそろっているわけではないが、これだけのものが現在残っているのは奇跡にちかい。しかも、購読者と購読新聞が克明に記帳されている。ごく普通に生きた人々について、きわめて具体的に知ることができるのである。

かねてからメディア史・ジャーナリズム史を研究しながら、新聞社と読者を結ぶ環として新聞流通組織・新聞販売店について注目し、資料を探してきた。しかし、歴史の古い新聞販売店についての情報が少なく、たまたま歴史のある新聞販売店の所在を知って問い合わせても、火災などで文書は失われていることが多かった。

阿部回春堂の文書について知ったのは、日本新聞博物館設立準備のための資料収集に協力しているさいに、東京の設立準備室で、こうしたものがあるという例として一冊「新聞配達元帳」を見たのが最初である。瞥見しただけでも、大変貴重な文書であることは十分理解できたし、残っているのは一冊だけではないかもしれないと考え、梁川に行ってみようと提案した。

早速、日本新聞協会の安良城竜太氏と二人で梁川町を初めて訪れ、阿部長兵衛氏にお目にかかってお話を伺ったところ、大量の帳面が保存されていることが分かった。明治末期から昭和初期までの帳面を目の前にしたのは感動的で、即座にこれだけ貴重な資料を何とか活用して研究しなければ、とも思ったのである。阿部氏は文書の利用について非常に好意的で、新聞博物館への寄託ということに話しが進んだ。その足で、我々は梁川町史編纂室を訪ねたところ、町史編纂の事業が進行中で、ここでも多くの史料が保存されていることが分かった。編纂室の八巻善兵衛氏から蚕種の製造販売で繁栄していた梁川の町の歴史についてご教示をえて、阿部回春堂の文書が残ったのは決して偶然ではなく、梁川町の文化の賜物であることが理解できた。

翌日、私は福島県立図書館、福島県歴史資料館に赴き、福島県、伊達郡、梁川町についてどのような資料があるのか、下調べすることにした。その結果、福島県では、県史、市史、町史などの編纂事業がかなり進んでいて、相当の史料が保存されていることが分かった。阿部回春堂の文書と行政資料・新聞資料などを組み合わせれば、何とかできそうだとの感触を得たのである。

しかし、何といっても最大の問題は、私が梁川町や福島県についてほとんど知らないことと、膨大な「新聞配達元帳」をどのようにして整理するかであった。「新聞配達元帳」については、ともかく梁川町の部分をデータベース化することにしたが、いろいろな仕事の合間に購読者氏名と購読新聞をパソコンに入力していくのは予想以上に時間がかかり、かなりの難儀であった。

また、『梁川町史』やさまざまな資料をたどっていくことによって、「新聞配達元帳」に記載されている人々の生業や生活についての手がかりを少しずつ得ることができ、ますます興味がわいてきた。梁川町や福島県に関する資料は東京にはあまりなく、当地に行くしかないことは覚悟していたが、意外に厄介だったのは、福島の地元の新聞が国立国会図書館など東京の図書館などには保存されていないことであった。新聞の記事を探すだけでも、福島県立図書館まで赴かねばならなかった。

試行錯誤的に進めながら、まとめたものを順次発表していくことにしたのだが、なかなか計画通りにはいかなかった。余計な雑事に取り紛れたり、他の研究テーマを優先せざるをえなかった時期もあるためだが、基本的には生来の怠惰に因る。さすがにこの二、三年は反省し、ようやくゴールにこぎ着けたところである。

本書のいくつかの章は、既発表の論文をもとにしているが、発表後得られた知見をもとに修正・加筆を行った。初出を示せば次の通りである。

序　章　「メディア史研究における読者研究」『マス・コミュニケーション研究』第六七号（二〇〇五年六月）の三分

の一ほどの部分を利用して改稿した。

第一部　第一章「ある地域社会における新聞雑誌購読――福島県梁川町・明治期の事例」『メディア史研究』第一五号（二〇〇三年一一月）を増補した。

第二章「日露戦争とメディア――地域社会の視点から」東アジア近代史学会編『日露戦争と東アジア世界』（二〇〇八年、ゆまに書房）をもとに改稿した。

第三章「電話導入初期と地域社会／明治末期から大正初期梁川町における」『メディア史研究』第一七号（二〇〇四年一一月）を一部加筆修正。

第二部　第一章「大正前半期梁川町のメディア・コミュニケーション　新聞・雑誌の普及と情報格差」『メディア史研究』第二二号（二〇〇七年六月）。

第二章・第三章「一九二〇年代の梁川社会とメディア――大衆化・平準化・個人化と地域社会」『メディア史研究』第二四号（二〇〇八年八月）、「『資本論』を読んだ人々　下からのメディア史の試み」『桃山学院大学人間科学』第三五号（二〇〇八年七月）の二つの論文それぞれを改稿のうえ、二つに分けた。

第三部はすべて書き下ろし。

既発表の論文も全体の流れを考えて改稿したが、繰り返しの部分がどうしても残り、やや見苦しい感がするのだが、説明の必要上やむをえなかった。

本書は多くの方々の好意に負うところが大きい。なんといっても阿部長兵衛氏のご好意によって「新聞配達元帳」「雑誌配達元帳」を利用することができた。氏のご理解がなければ、この研究は成り立たなかった。また梁川町史編纂室の八巻善兵衛氏からは梁川の町や歴史について実に多くのご教示を得た。『梁川町史』完成後、仕事を引き継がれた梁川町生涯学習課の方々にも調査のお世話をいただいた。中村佐平治氏、宮本利彦氏、清水昌夫氏など梁川町の多くの方々からは得難いお話を聞かせていただき、しかも、思いがけないところに梁川町出身の方がいて、いろいろ手助けをして下さったのはありがたかった。それだけ、梁川町の文化が広がりをもっているのである。また、財団法人日本新聞文化財団（日本新聞博物館）から資料利用の便宜をえた。最初に梁川町にお伺いしたさい、当時勤務していた大学の民俗学研究グループが十数年前に山舟生村の民俗学調査を行い、しっかりした調査報告書を作成していたことが梁川町の方々に好印象を与えていて、私の研究もスムーズに始めることができた。先学の恩恵にあずかることができ、改めて調査をまとめることの大切さを実感できた。

さらに、昨年一年間、現在勤務する大学から国内研究員の資格を与えられ、研究に専念できたのも幸運であった。それがなければ、本書のまとめにはさらに時間を要したであろう。大変ありがたかった。末尾ながら感謝の意を表したい。

二〇〇九年六月二日

有山輝雄

著者略歴
一九四三年　神奈川県に生まれる
一九六七年　東京大学文学部国史学科卒業
一九七二年　東京大学大学院社会学研究科博士課程単位修得退学
現在　東京経済大学教授

〔主要著書〕
徳富蘇峰と国民新聞　近代日本ジャーナリズムの構造　占領期メディア史研究　甲子園野球と日本人　海外観光旅行の誕生　陸　羯南

近代日本のメディアと地域社会

二〇〇九年（平成二十一）八月一日　第一刷発行

著　者　有《あり》山《やま》輝《てる》雄《お》

発行者　前田求恭

発行所　株式会社　吉川弘文館
郵便番号一一三—〇〇三三
東京都文京区本郷七丁目二番八号
電話〇三—三八一三—九一五一〈代〉
振替口座〇〇一〇〇—五—二四四番
http://www.yoshikawa-k.co.jp/

印刷＝株式会社 ディグ
製本＝株式会社 ブックアート
装幀＝山崎　登

近代日本のメディアと地域社会（オンデマンド版）

2017年10月1日　発行

著　者　有山輝雄《ありやまてるお》

発行者　吉川道郎

発行所　株式会社 吉川弘文館
〒113-0033 東京都文京区本郷7丁目2番8号
TEL 03(3813)9151(代表)
URL http://www.yoshikawa-k.co.jp/

印刷・製本　株式会社 デジタルパブリッシングサービス
URL http://www.d-pub.co.jp/

有山輝雄（1943～）
ISBN978-4-642-73791-3